月河漫笔

朱荣林 著

经济转型的人生视角

学林出版社

图书在版编目(CIP)数据

经济转型的人生视角/朱荣林著.—上海：学林出版社，2012.12
ISBN 978-7-5486-0468-6

Ⅰ.①经… Ⅱ.①朱… Ⅲ.①中国经济—转型经济—研究 Ⅳ.①F12

中国版本图书馆CIP数据核字(2012)第280158号

经济转型的人生视角

作　　者 朱荣林
责任编辑 林震浩
封面设计 周剑峰

出　　版 上海世纪出版股份有限公司
学林出版社(上海钦州南路81号3楼)
电话：64515005　传真：64515005
发　　行 新华书店上海发行所
学林图书发行部(钦州南路81号1楼)
电话：64515012　传真：64844088
排　　版 南京展望文化发展有限公司
印　　刷 上海展强印刷有限公司
开　　本 640×965　1/16
印　　张 16.75
字　　数 24万
版　　次 2012年12月第1版
2012年12月第1次印刷
书　　号 ISBN 978-7-5486-0468-6/F·31
定　　价 30.00元

序

人类对自然领域的研究，其触及之深度，上可九天揽胜，下可五洋探秘。但惟独对人类自身的研究缺乏令人满意的深度和广度，以致时至21世纪的今日，尚有诸多的未知领域无法揭开面纱。诸如，人类作用在大自然演化规律中的定位，人类生存环境底线的确定，以及人类经济活动扩张极限的把握等命题，迄今为止尚无一致的认知结论。人类对自身生存、发展中常识性的行为规范认知的非一致性，彰显了人类对大自然内在运行规律认知的主观臆断性，同时也暴露出人类对自身双重属性认知的主观片面性。这种认知上的偏差，集中体现在对人与人、人与自然、人与未来之间关系把握上的扭曲性。其主要表现在以下几个方面。

一是人类社会的强势群体与弱势群体之间关系的博奕。人类有别于其他生物种群的标志是，它既具备了高于其他一切生物的社会属性，但还带着来自原有体系所具有的生物学上的动物性。人类的这种双重属性导致了行为的两重性。一方面人类需要依赖并利用自然资源来维系自身的生存，恢复其“生存竞争”的天性，甚至为争夺资源曾经发生过无数次的争战，并为之付出过数以千万计生灵的代价。这种缺乏理性的争斗，或多或少地带有动物间为争夺食物而厮杀的野蛮性。从1900年八国联军进犯北京以来的一个多世纪的屈辱史里，我国境内发生过的30余场争斗，赤裸裸地再现了“狼入羊群”般的血腥厮杀。但另一方面，人类又能充分利用自己高度的智慧去调节这种争夺，表现出独特的自我控制能力。国家宪法的问世，便是人类这种智慧的集中体现，它所规定的国家与公民各自的权利与义务，其本质是社会各种力量的冲突走向均衡的产物。历史上每一次修宪的过程，往往是社会强势群体与强势群体、强势群体与弱势群体之间彼此力量互为博弈的结果。由于均衡的过程具有相对性，因而新的失衡往往是原有均衡的产物，又由于强势群体之间发生冲突时，各方的利益诉求机制和社会协调管道相对完善于与弱势群体的冲突。因此，当前社会矛盾的主要方面并不集中在强势群体之间，而是反映在强势群体与弱势群体之间。诸如，地方政府干部与群众之间、货币资本所有者与人力资本所有者之间、城镇原住居民与外来务工者之间冲突的等。

二是人与自然之间关系的博弈。这种关系起源于人类需求的无限性与地球不可再生资源稀缺性之间的冲突，因为，人类社会的物质生产均以开发、利用和消耗自然资源为高昂代价的，而人类社会的物质生产能力及其向自然界索取的财富，早已远远背离了自身生存的需要。这种财富累积性的出超，对地球资源而言实际上是一种负债性的透支。面对大自然日益不堪重负后的资源短缺状况，无论是对于资源争夺战中的胜利者，或是失败者，都无法改变其对未来结果的最终恐惧。这种恐惧令人们想起了人类历史上各种灿烂文明的消失，诸如哈拉帕文明、玛雅文明、阿即其次文明的神秘“失踪”，以及曾经孕育了苏美尔文明、古巴比伦文明的两河流域，早已沦为荒无人烟的不毛之地。这种由人类创造而最终又为人类毁灭的文明，见证了人类的社会属性与生物属性之间博弈的全过程。历史是一面镜子。如果人类至上主义的行为继续凌驾于自然之上，其必然结果是迫使大自然向无机界回归，包括人类在内的一切生命形式终将被地球所抛弃，永远沦丧。恩格斯将人类视作物质运动的一种形态，并看到了其互为转化的能力。因此，他断言：“物质在它的一切变化中永远是同一的，它的任何一个属性都永远不会消失，因此，它虽然在某个时候一定以铁的必然性毁灭自己在地球上的最美的花朵——思维着的精神，而在另外的某个地方和某个时候一定又以同样铁的必然性把它重新产生出来。”(《马恩选集》第 3 卷第 462 页)1991 年世界环境日唤醒了人类社会属性中“思维着的精神”，从而印证了恩格斯的这一颇具前瞻性的判断。联合国环境规划署在当年的世界环境日上，向人类社会发出了“不要让地球变成不堪忍受的环境”和“气候变化急需全球合作”的警告。20多年来，人类将自身面临的三大问题归之为“发展、环境、安全”。这是人类历史性觉醒的开始，是深刻反思自己短视行为的起步。但是，这一过程是艰难的，不可避免地伴随着人类社会内部既得利益群体之间的分歧、论争、博弈，以及人类身临困境所发出的频频阵痛和痉挛。

三是人与未来之间关系的博弈。人与未来的关系，体现在地球资源配置速度的时间维度之上，这种维度可以直接度量一个国家和地区可持续发展的能力。以速度而非质量为考核依据的传统发展模式，之所以能暂时维系下来，全仰仗于各级政府可以毫无顾忌地去透支未来人类赖以生存的稀缺资源。由此派生出的两大后果正在危害未来人类：其一，大大减少了他们可供配置的稀缺资源，挤压了未来人类的发展空间。换言之，今日人类社会的繁荣，或许是建筑在未来人类社会付出高昂代价基础上的“海市蜃楼”。而支撑这座“海市蜃楼”的地基是土地锐减、淡水短缺、矿藏储量下降、森林消失、物种灭绝等。其二，将恶化了的生态环境留给子孙，危及了未来人类的生存空间。由于环境破坏的后果具有滞后效应，因此即便人类社会立马停止对环境的破坏，其已经产生的后果也会延续至下一代人甚至是更远的未来，何况目前环境污染的趋势尚未见底。在严峻的环境问题上，今日人类的痛苦是前人错误决策行为的结果；而当今人类的错误决策行为正在加剧后人的痛苦。由于未来人类是一种缺失话语权的虚拟主体，因此它往往处于被动接受当今人类一切行为结果的地位，这也是当今人类敢于义无反顾地对地球环境施加一切错误行为的根源。

人类历史上曾经发生过两次认知世界的颠覆性革命，一次是哥白尼的学说颠覆了“地球中心说”的宗教教义，另一次则是达尔文的进化论颠覆了“人类中心说”的正统理念。但从改变人类思想观念的深度而论，达尔文的进化论远远超过了哥白尼的学说，尤其是在科学技术日新月异发展的今日，人们对之在生命世界中重大影响的领悟正在与时俱进。这一领悟，迫使人类重新评估正在博弈之中的三大关系，即人与人的关系、人与自然的关系、人与未来的关系。三大关系优化之后的“生命世界”大厦，将建筑在三大理念的巨型顶梁柱之上，它们分别是人与人之间的和谐发展理念、人与自然之间的协调发展理念、人与未来之间的可持续发展理念。

上述判断，正是我解读人生的一点体会。

朱荣林

二〇一二年九月一日写于荣竹斋

目 录

第一篇
认知世界的前提是认识人生

科学巨人恩格斯说过:“人只须要了解自己本身,使自己成为衡量一切生活关系的尺度,并按照自己的本质去评估这些关系,真正依照人的方式,根据自己本性的需要,来安排世界。这样的话,他就会猜中现代之谜了。”恩格斯话里的一系列关键词,诸如人自己的“本身”、“本质”、“方式”和“本性”等,既是人类安排世界的标尺,更是人类探求自我的方向。这是数千年的人类文明史中,始终困扰人类的一个基本命题,它曾经“萌生过无数神话和传说、宗教教义和哲学体系、科学假说和荒诞幻想、乌托帮和反乌托邦”。人们经过长期探索和反思,不得不接受这样的现实,那就是降生于天地之间的人,在其生命周期内的一切行为,包括经济活动,均必须遵循天地运行之自然法则,无一可以置之度外。原因在于,人类在地球上任何一种“安排世界”的活动,无不留下人类属性的印记,并直接或间接地改变着地球生物圈的物质和能量的循环与交换,进而影响自身赖以生存的空间环境。因此,认识人生,无异于认识世界、认识自然、认识未来。那么,应当如何认识人生呢?

要从哲理高度看人生

人生哲理是贯穿于人的生命资源配置全过程的一把钥匙，对其认知和把握有助于有效地体现人生的价值。人生价值之所以有重于泰山或轻于鸿毛之别，全在于对人生哲理认知上的差异。

一、生死无间。人在啼声中来，又在哀泣中去；阴阳两界，声泪一片。俗语曰，稚嫩易伤，衰老易朽。生与死，既是远距离，又是零距离，正如午夜的24点与凌晨0点的距离一样。

来世与去世同在声泪之中发生，原因在于：去世之不幸，不是对去世者，而是对在世者；来世之欣喜，也不是对来世者，而是对在世者。这是因为，去世者告别的是祸福相倚的世界，摆脱的是酸甜苦辣之人生，在回光返照瞬间的情感只有惊而无恐。但是，在以死者生前为中心的关系结构中却留下了“真空”，导致人脉关系的利益结构面临大盘整，进而引致悲、痛、怜、愤之情并发。而刚降生者智商不全，涉世未曾，不识人生，无从喜忧；但迎生者却为未来养老送终队伍添丁增口而欣喜若狂。

二、人事无常。月有圆缺，人有离合，苦乐互倚，得失相济。事物变化是常态，不变是瞬间，所谓“人不可能走进同一条河”。

万物周而复始，演化无穷。其过程既是动态的，也就无常态。正是基于这一点，佛教教义认为，我们周围的一切都是瞬息即逝的，永远不是固定不变的。用固定眼光看待生活，便会陷入某种无穷无尽因果链的恶性循环之中而不能自拔，即佛教所言的“苦海”之中。

三、人不殉财。敬业增收减寿，惜身减支增寿，人财权重，千古困惑。长期以来人们之所以为私利勾心斗角，为财产手足反目，为资本伤天害理，全在于对身外之物寄予不切实际的奢望。

人是财物的创造者和支配者，但不应是财物的殉葬者。换言之，人是财物的主人，而不是仆人。但古往今来，人为财死者不乏其例。为此，老子在《德经》中告诫后人：对于财富，“甚爱必大费，多藏必厚亡”，故“知足不辱，知止不殆”。

四、因时之序。反节饮食伤五脏，逆季起居袭五内。人们随着物质生活水平的日益提升，而健康状况每况愈下的根本原因，除人类生存环境质量下降之外，一个十分重要的因素是现代社会的起居饮食违逆了时序。

春播、夏长、秋收、冬藏，是大自然一切物种(包括人类)无法规避的成长规律，顺其者昌，逆其者亡。应季而长的一切植物，是人类因时而生的必需品。为人处事也往往是顺之者成，逆之者败。《易经》象传说：“天行健，君子以自强不息。”意指日月运行、星辰变化、四季交替永无止境的规律性运动，是成就大事者效法的榜样。

五、物极必反。过密则疏，过巧则拙，过谋则失，过察则寡。事物的发展遵循的是螺旋形上升的轨迹，其在平面上的投影是一个周而复始的圆周。因此，起始是重复的。当行为过程靠近“最大”值时，实为“最小”值的到来。经济发展轨迹也是如此。

周而复始的演化轨迹，是从原点出发回归原点，其过程仿如圆周，其直径是轨迹的峰值，即“极点”，它是一个新的转化的开始，事物自此向其反面运行。对立统一的双方会互为转化，转化的条件是极点的出现，因此万事不能过分。自然灾害的发生与经济危机周期的形成规律，正合此理。正如老子所言：“曲则全，枉则正，洼则盈，敝则新，少则得，多则惑。”

六、吃亏不亏。于人方便，于己方便。吃今日亏，得明日福；贪今日利，得明日害。因此，聪明的企业家懂得在利己的同时去利他，即让福利给社会。因为他们深知得利与让利是会转化的。

有道是无私即大私。老子云：“天下万物生于有，有生于无。”有“亏”也就寓于无“亏”之中，无亏即不亏。原因在于，一切事物的生成变化都是“有”与“无”的统一。

七、心无妄念。屋宽不如心宽，物静不如心静，富足不如心足。心满与意足的关系，指的是人的欲望与感受的关系，“心中无求品自高”，点明了心欲与物欲的关系。当前人类征服自然的物欲无度，其实质是心欲无度。禅语中的随缘，不是得过且过，而是尽人事，听天命。广交有道之人，莫结无义之友。存平常心，行方便事，则天下和谐。怀慈悲心，行慈善事，则心中无愧。

在大乘佛教看来，所有人的本性是佛，具有佛性是为进入涅槃，任何人要做到这一点就要忠诚于自己原来的佛性，而可以分割的自我是不存在的。古人所云：正心、诚意、修身、齐家、治国、平天下，此句揭示了人的主观心态与客观存在的辩证关系，即心灵是行为的主宰。

八、与世勿争。累极则伤，气极则亡。市场竞争是一种经济法则，但其前提条件有二：一是必须遵循物质演化规律，不以高昂的社会成本和环境成本为代价；二是必须界定在法治规范和伦理规范的边界之内。离开这两大前提的竞争，是一种毫无价值的争抢，偏离的是人类社会属性，回归的是人类生物属性，即动物性。

世上万物对于人类而言，均系身外之物，是被人支配的对象，不值得人去搏命争抢。与世无争符合《易经》履卦所言“素履往，无咎”。老子在《道经》中所言“上善如水”、“夫唯不争，故无忧”、“功遂身退”、“天之道也”，便是其理。

九、祸福相随。良药三分毒，口福七分害。在医保体系日益完备的今天，医家往往“过度医疗”，患家则多追求吃贵药、多吃药，这实在是一种误解。抗生素是一把双刃剑，便是证明。

原因是药物发挥效力的载体是血液，它在对病灶去邪匡正的同时，其杀伤机理同样在对非病灶的细胞发生作用。世间凡有口福者，必易贪食；贪食者易积食，积食者易伤脾胃。而胃乃后天之本，伤本必害身。

十、君子之风。受人之恩莫忘，予人之惠不言。企业与企业之间，人与人之间，乃至民众与官员之间的人际关系，若缺失君子之风，一味以个人得失考量为前提，则社会和谐的目标如水中之月，镜中之花。

君子恪守“宁天下负我，我不负天下”的信条，故阴柔在外，阳刚在内，正合《易经》泰卦认定的理想状态，社会便会趋于和谐。从辩证的相反相成视角看行为，“受人之恩”未必利己，“予人之惠”也未必利他。正如老子曰：“圣人无积，既以为人，己俞有；既以予人矣，己俞多。”老子的为人哲理是，没有积蓄的圣人，助人之后反而富足丰盈起来。

十一、心情两适。初交不抛一片心，知己莫失半点情。在当前市场交易之风充斥社会的年月里，人际关系中不乏骗术，行骗目标已遍及人们生活的每个角落，其中尤以年迈者为主要对象。因此，自我防范、自我保护，已成人生必备。

人类理性的脆弱点，是不愿面对自己的缺陷。因此，便有“知人知面难知心”之警语。这种表里不一的假象，古已有之。为此，老子早在《德经》中告诫人们：“信言不美，美言不信。知者不博，博者不知。善者不多，多者不善。”

十二、礼尚往来。君子之交，平淡如水；受人馈赠，情半债倍。诸多的事实证明，交友过深，受赠过重，往来过密，是一旦面临泥潭碍于情债而不能自拔的主因。

礼尚往来，是礼义之邦平等待人的起码准则。来而不往的非礼之所以会成为一种时尚，在于平等的社会被权贵的特权思想所侵蚀。而从权钱交易的角度判断，送小礼者是为图大礼；而敢于受小礼者，自知会由国库替他还人情大礼。

人生目标是要让身上的“太阳”发光

哲人苏格拉底说过：“每个人身上都有太阳，只是要让它发光。”人生价值的体现，取决于人们对自身能量的认知和开发的程度；而人生价值度量的标尺，主要不在自我的追求，而是社会的需求。

一、生命的价值与人格的尊严

生命的可贵在于体现人生价值，而价值的本质在于经典，而非流行。流行是时尚催生的结果，往往是一个时期社会从众心理的“宠儿”，它是短暂的、流逝的。而经典是时代不可磨灭的印记，是历史的沉淀，它是永久的、不朽的。莫扎特不为贫病而去追逐流行，其肉体生命虽然在 36 岁生日前夕消失于悲风凄雨之中，但其艺术经典却流芳千古。这正是庄子《缮性》中倡导的“以恬养知”和“不为穷约趋俗”。莫扎特以自己的行动，向世人宣告：“**劳动不仅是谋生的手段，而且是人自我确认的形式**（马克思语）。”

因此，真正意义上的生命，其价值在于延续着前人的生命，而又惠及当代的生命，并能寄寓于未来的生命。

人格是人生价值正确体现的灵魂，而人格被深深地烙上了民族的“胎记”，肤色、母国语言才是人身的“护生符”和“防伪”标识。经济全球化的今天，人的国籍变更易如反掌，但“胎记”难改，尊严是人生胎记中最重要的信息。历史的伤痛令人们不会忘怀头号强国的“国籍”也难保入籍公民的人权：因美国威尔逊总统的大法官被刺事件，而涉嫌被驱逐的对象是全美的美籍前苏联人；“珍珠港”事件的代价是全美的美籍日本人被关进集中营；因“9·11”事件被迁怒打击的几乎是所有的美籍阿拉伯人。严酷的现实告诉人们，**当重大历史事件降临之际，受辱国选择报复目标时，国籍在肤色面前无能为力。**寄希望于外力，而不是内力来成全自己走完人生历程的做法者，尤其是大批携巨款移民海外的富豪们应细读庄子在《缮性》中的警语：“丧己于物，失性于俗者，谓之倒置之民。”庄子在这里告诫人们，千万不要因外物而丧失自我，因世俗而迷失本性，去做本末倒置的人。

二、人生的属性

人类对自我属性认知的偏颇，是导致人生价值的体现偏离社会道德规范的根源。人类之所以有别于其他生物，在于它具有双重属性。除了它们还带有原来体系所具有的生物学上的动物性之外，人类同时还具有高于一切其他生物的社会属性。**在这两种属性的关系上，社会属性在上，动物属性在下，两者之间常常处于极度诱惑和极度克制的博弈之中。**这种博弈的结果，往往取决于人类行为的约束力量在向博弈的“天平”两端如何增减砝码。许多人在人生价值体现的巅峰，因有权力去规避约束，而在“一念”之间导致人生价值归于消失，这正是两种属性关系错位的结果。

人类在地球上的出现，是自然界物质演化过程中的最重要事件，它标志着一种智慧生物有目的地作用于自然过程的开始。从此，地球的演化轨迹永远地留下了人类的足迹，最终使自己成为人类一切理性和非理性行为结果的被迫接受者。当今地球面临的一切灾难性的后果，证实了恩格斯的判断，地球最终不可避免地循入“形成——成长——消亡”的历史过程，而人类将是这种过程的加速者和见证人。当然，**这一过程的结束，并非意味着物质运动的终结，而是一种形态的转化，预示着新的历史过程的开始。**人类既是自然界最重要的“发明”，那么为自然界而献身，其实正是为更多的生命而存活的一种代价。“利己”排斥“利他”，是动物属性的本能；“利己”寓于“利他”之中，则是社会属性的本能。古人提倡的修身养性，旨在将动物属性严格限止在最低程度，而将社会属性升华至极致。这种升华的深刻含义，可见庄子《逍遥游》中的佳句："若夫乘天地之正，而御六气之辩，以游无穷者，彼且恶乎待哉？故曰：至人无己，神人无功，圣人无名。"

庄子按人修性程度分为三等，即至人最高，心中无己却立己；神人次之，不争功却建功；圣人位三，不图名却成名。

三、人生的大智

智慧是人生价值得以充分体现的保证，因此，准确解读智慧的内涵和外在表现，是确保你身上的"太阳"能发光的前提。"大勇若怯，大智若愚"是宋代诗人苏东坡的观点。其实，我国古代道家和儒家均主张"守愚"，《论语·为政》中讲孔子的弟子颜回会"守愚"，深得其师喜爱。守得住愚，是大智的表现。能守愚者，往往会虚怀若谷，宽容敦厚，不露锋芒，其木讷的背后是大智大慧。这就是智慧人生。因此，可敬可畏之人是"守愚"者，而非张狂者。我国历史上元末的朱元璋在攻占南京之后，面对群雄并恃的局面，采取了耆老朱升的建言，以"高筑墙，广积粮，缓称王"之策"守愚"，终于暗渡陈仓于众目睽睽之下，最后统一群雄获取天下。但"守愚"不易，故清代文学家、书画家郑板桥将"难得糊涂"四个字刻印成章，藏身自勉。这里"糊涂"的讲究，在于小事糊涂，大事清楚，能信守"得饶人处且饶人"的处事原则。

大哲人老子从无为而治的辩证视角，提倡守愚。他在《道经》中用三章的篇幅阐述其观点，在第七章中他从天道推论人道，折射出以退为进、以失为得的辩证思维。他在文中写道："天长、地久。天地之所以能长且久者，以其不自生也，故能长生。"在老子看来，利他与利己是统一的，二者互为转化，天地因"无私"而长存，有志向的人会因退而忘私而造就大业。乍看起来，利他不利己是愚人之举，而从长远看，此愚不愚，是大智也。《道经》第八章中，老子用水性柔和的特点来比喻高尚的人格。文章说："上善如水。水善，利万物而有静，居众人之所恶，故几于道矣。"水甘愿身处卑下的地方，随物而形，滋润万物而与世无争，看来愚下，实为上德大智也，故被称为七善之首——上善。《道经》第九章中，老子阐述了急流勇退的思想。他写道："功遂身退，天之道也。"老子认为，万事物极必反，盈久必亏，锐久必折，富久必奢，高久必寡，因此应当见好就收。但在物欲横流的今天，见好就收将成为社会笑柄。当今社会主流，将事物固化，认定“愚”与“智”只有对立，不会转化，因此，贬“愚”褒“智”成为时尚，加之社会浮躁之风日甚，人才选拔也重表轻内、重言轻行，导致人们好强弃弱，不甘人后，守愚当然又比守智难了。

四、人的遗传本性

正确认知和发挥人的本性，是有效体现人生价值的重要前提。人类作为自然界物质运动的一种形态，其本性是人类在漫长的历史中不断演化的结果，它遵循物质运动的总规律，而不会屈从于人为的主观干预主义的压力。当前，作为生物种群的现代人的遗传本性，正面临被遗传学方法、神经外科手术或神经药理学改变或是改良的问题。这种改变的背后是“人类至上主义”的另一种表现形式，尽管其出发点有其正当的一面，即医治和预防人类的遗传病。其领域有三：一是从优生学的角度，去弄清楚种群的基因组成中所有的基因组合，从而有针对性地预防那些可能会导致遗传疾病的基因组合；二是从遗传工程的角度，去定向改变遗传基质；三是从人种改良的角度，去有意识地监督和改变某种机体中已有的基因功能，从而获得改良的表型。

然而，这种不去改变社会因素，而一味地改变人的纯遗传因素的新优生学观点，正在导致唯科学主义和操纵主义的合法化。为此，**令人不安的前景敦促人类学家发出了良知的呼吁，要求必须确定操纵作为生物物种的人的基本遗传材料所允许的界限。**换言之，必须确定对人的个体特质施加任何一种影响所容许的界限，其包括要求重建新的伦理和立法，以便明确地界定出允许和不允许去干预社会伦理、家庭以及隐秘关系的底线。这里隐含了社会对人工获取人的胚胎试验的操纵主义危险性的担忧，因为它将导致爱情、亲属情感等人类生存的基本价值被否定。这种担忧，引发了医学伦理学、道义学等新兴学科的发展。

对于人的遗传本性的改良，尽管反对声浪不绝，但其历史的必然性似乎正在压倒这些声音。在正确对待人的遗传本性的态度上，真理只有一个，而不可能有多个。据此，著名人道主义者奥尔伯特·什韦采尔的精辟论述，令世人玩味。他说：“**只有绝对和普遍的合理性才是合乎道德的，崇仰生命的伦理学的宗旨即在于此。**任何其他的必然性或合理性都是不道德的，因为其只具备某种程度的必然性或某种程度的合理性。在保护我的生命与消灭或危害他人生命的冲突中，我永远不能在某种道德的内涵中把道德的东西和必然的东西统一起来，而是必须在道德和必然性之间作出抉择，如果我存心选择后者，那么我就应当清醒地意识到：我将永远承担危害他人生命的罪责。”在“道德”与“必然”之间的选择上，再度折射出人类的社会属性与动物属性之间的博弈。

即便是具备正当理由改变人类遗传基因的领域，诸如人类遗传疾病的防治，其做法也值得商榷。因为，人类的遗传疾病是遗传因素与社会环境因素共同作用的结果，因此离开了社会环境因素的改造，一味去改变人的纯遗传基因，其结果是徒劳的。尤其是在人与自然关系严重扭曲的今天，社会因素的作用力正在日趋强化。据资料显示，至 2011 年 8 月止，全球 32％的人无法呼吸新鲜空气，17％的人无法饮用干净的水，1％的人感染艾滋病毒，20％的人生活在精神恐惧之中，14％的人是文盲，50％的人没有可靠的食物来源；另有 20％的人营养不良，还有 1％的死于饥饿，24％的人家中没电，80％的人只消耗着全球 1/5 的能源，1/5 的人口只拥有全球 1/50 的财富。换言之，当今人类的多数人仍然生活在极易诱致各种疾病的社会环境之中，其防治绝非单靠改变遗传基质所能奏效。

现代人们关注的焦点恐怕已远远超越人类遗传疾病的防治，而是惊恐一场“新生物学革命”的到来。在过去的 5 个世纪里，全球发生过 5 次科技革命，包括两次科学革命和三次技术革命。第一次革命是近代物理学的诞生，第二次是蒸汽机和机械革命，第三次是电气和运输革命，第四次是相对论和量子力学革命，第五次是电子和信息科技革命。第六次革命之所以被称之为“新生物学革命”，是因为人类正在获得人体的全部遗传信息，已经认知了成千上万的生物体内的分子和细胞，以及各种组织和器官。所以，现代医学已经有能力“制造一个生命”，方式是生物体与机器（技术）的组合。因此，这场革命也可称之为“创生和再生革命”，它包括仿生、创生、再生的技术革命。

是的，器官可以仿生，肉体可以创生，人体可以再生，但是，灵魂可以重生吗？

五、人的关系结构

人生价值体现的前提是对自然规律的正确认知。但是，人类社会之所以在有涉自身生存环境等一系列重大问题上缺乏统一的意志和行动，其因素极其复杂。人类意志的非统一性与人生错综复杂的关系结构不无关系，这种关系格局大至国家、地区和利益集团，小到族群、家庭和朋友的圈子。这种利益集团或圈子，会从不同的既得利益视角去左右自身与物质世界的关系，包括了人与人、人与自然、人与未来的关系。例如，在对待 CO_2 排放的控制上，发达国家与不发达国家、工业主管部门和环保职能部门、生产者与消费者、机动车车主与骑自行车者的态度不可能一致。那么，这种圈子是如何形成的呢？

每个人，乃至每一个团体在漫长的社会生活中，都会程度不同地拥有一个以自己为中心所形成的“圈子”。这个圈子半径的大小与他们存在的社会价值成正相关，并以此构成关系结构，宛如一个微型社会。任何一位存在于社会的个人或领衔人，他对周边人群都会产生一种影响力。这种影响力来自两个方面：

一是强制性影响力。它由每个人在社会上高低不等的地位及其由此派生的权力所决定，这是一种刚性的、外延的、有期限的（如任职时间）支配力。这种影响力因为与个人在社会上的等级定位有关（诸如政府官员、学者、企业经理、学校教师、直至营业员），也称“位置”影响力。

二是非强制性影响力。它是由一个人的风格、气质、素养、心胸、秉性等构成的，这是一种柔性的、内涵的、无期限的支配力。这种影响力与个人在社会上的等级定位无关，故也可称之为“无冕”影响力。《易经》的象传说：“地势坤，君子以厚德载物。”指的就是那种胸怀宽阔，与人为善的品格，它能吸纳并熏陶周围的人。

因此，**人生经历中的每个转折关头，直至谢世，均系人生关系结构稳定性的试金石，无论是对自己，还是对这个圈子中的每一个人都很灵**

验。人生经历转折的本质是个人的社会利用价值发生调整，从而使赖以形成的个人圈子内全部人脉资源随之发生结构性的重组。**死亡，是人生社会价值被利用的终点，同时它又是对人生全部社会关系可靠性的“大盘点”。**而对于有幸劫后余生者来说，这是你客观地重新认知朋友，重新审视自己关系结构的难得机会，平生这种机会出现的几率大概是零。

正确认知和判断新朋旧雨可靠性的难度，在于人际关系可供利用的价值，掩饰了利用者言行的本来面貌。这正如老子在《德经》中第八十一章所言：“信言不美，美言不信。知者不博，博者不知。善者不多，多者不善。圣人无积，既以为人，已俞有；既以予人矣，已俞多。故天之道，利而不害；人之道，为而弗争。”老子从真假、美丑、善恶、有无、多少等矛盾对立的视角，揭示了表里不一的根源，进而提出了循天之道的行事准则。这些准则，对于我们正确把握和处理人生的关系结构不无裨益。

六、人对世界的感知

人类对物质世界感知的客观度，决定其行为结果的合理度，进而决定人生价值的体现度。而长期以来，人们素以眼、耳、鼻、舌、身作为自己感知事物、接受知识的全部器官，俗称“五官”。当然，偶尔也有“第六感觉”的说法，但此“感官”尚未入流，尤其是无法进入社会主流意识的认知“门槛”。其实，世界上的知识有两种，**一种是理性知识，它与科学相联系，普遍为社会认可，已登主流社会大雅之堂；另一种是直觉知识，它与宗教相联系，普遍为社会所忽视，也易被主流社会所弃。**理性知识的认知过程是线性的、逻辑性的，是有因果关系的一种确定性质的思维，不仅可以表现为定性，也可以定量，又能用语言、文字和数学模型表述，还能通过书本阅读和教师口授进行规模性传播。当今，全球的教育就是这种传播形式。

而直觉知识的认知过程则是非线性的、非逻辑性的、不具备因果关系的一种不确定性质（或称为近似性质）的思维，它无法定性，更不能定量，也难以用语言、文字和数字去表述，只能通过实践者在实践中沉思和省悟，即可意会，却不能言传。因此，它长期被排斥在各国政府国民教育系列之外。但它的存在和有效性，终于有了被社会察觉的机会。

20 世纪初叶，经典的牛顿力学被量子力学和相对论力学所取代，极负盛名的瑞士洛桑国际管理学院对全球 100 位成功企业家问卷调查的结果（近半数是凭感觉在管理企业），终于使人们开始醒悟：**线性思维的分析方法，只是人们出于用确定性质的语言和文字去从事研究和传播认知结果的需要，而被人为地归纳提炼的。**但这种归纳与现实世界的现状大相庭径，原因在于自然界是具有无限的可变性和极其复杂的多维性，根本不存在理想之中的线性和有规则的图解，事物的存在往往不是有序的、孤立而又可分割的状态，而是形成一个彼此关联的整体而已。正如现代物理学已经探明的那样，“这个世界即便是完全真空的，它也是弯曲的”。换言之，概念性思维的抽象系统永远无法准确地理解和描述这个实在的世界，其过程犹如“制图员试图用一张平面的纸去包密弯曲的球体一样无能为力”。经典的牛顿力学是一种基于线性思维的逻辑推理分析方法，当它去解释光速已经变化的天体力学现象时，也曾经出现过这种惊讶和无奈。X 射线的发现，以及卢瑟福用 α 粒子轰击原子核所得出的结果，同样令牛顿力学茫然无比。原因在于，牛顿力学赖以统治物理学界 200 年的线性思维远离了这个现实世界的本源，它只是一种具有严格假定条件（诸如光速不变和粒子不可分）的知识，而其研究的对象却根本不具备这样的“假定条件”。亚原子的问世和光速的改变，迫使 20 世纪初叶的现代物理学界敲开东方神秘主义的大门，向我国春秋时期的老子去讨说法。这个“说法”，就是事物的整体性和可变性。而对这种说法的认知，离不开基于非线性思维的直觉知识，而传统意义上的“五官”对它无能为力。

中国哲学的高度智慧，体现在将理性知识和直觉知识统一于人的本性之中。在他们看来，无休止运动和变化的循环性便是宇宙之道，它决定着物理世界和人类自身所表现的来与去、有与无、张与弛的循环形式。当这些思想体现在中国艺术国画的“留白”、声乐的“无声”和围棋的"围空"之上时，曾令西方高雅的艺术家百思不得其解。中国历史上诸多落榜不丧志的范例，从一个侧面佐证了人类求知成才之路的非单一性。苏洵落榜3次，发奋而为唐宋八大家；明朝归有光落榜8次，立志著成40卷《震川广集》；名医李时珍落榜3次，含辛著成《本草纲目》；蒲松龄4次落榜，潜心撰成《聊斋志异》；曹禺落榜3次，奋而著就《雷雨》、《日出》；苏阿芒3次落榜，专志修学成为20多门外语的大翻译家。

这就从一个侧面部分回答了在过去的10年中的一个疑惑，即虽然美国人几乎垄断了诺贝尔经济学奖的奖项，但全球最严重的经济危机为什么多半还是不可避免地发生在美国？自从弗里德曼开创"货币主义"以来，为了给日益复杂的金融衍生品进行精确的定价与分析，经济学家们便日益钟情于用数学模型和定量计算的方法去研究经济了。历史上一些大数学家都十分清楚，数学不仅是一种描述自然的语言，而且也是自然界所固有的。这种信念来自毕达哥拉斯，他曾说过一句名言"万物皆数"。但是，当科学用抽象的方法有效地并精确地定义概念系统时，问题便发生了。原因在于，理性知识和理性活动并非是构成科学研究的唯一组成部分，如果研究的理性部分得不到直觉知识的补充是难以实现的。而直觉知识却是难以用语言描述的，语言中词汇的多义性便是这种描述的障碍，而数学是一种高度抽象和浓缩的语言，其离开现实程度之遥远更是可想而知的。

在解释美国经济危机之所以难以用数学模型预测时，萨金特教授的理性预期理论认为："公众对于政策的预期将会影响政策制定本身。同样，现实政策反过来也会影响预期。所以，美国经济运行中即将发生的事，将部分取决于公众对于即将发生事情的预期。"由此可见，数学模型根本无法对经济的变迁作出精确的预期，原因是一系列预期的变量正处于交互作用之中。

本来，经济学家犹如普通的科学家、艺术家、教育家、文学家，只是一种职业，他们之所以让人觉得似乎可以左右社会，是被经济型社会神秘化了结果。根据诺贝尔的遗嘱，在五大奖项之中本无经济学奖，它是由瑞士银行在1968年为纪念诺贝尔而增设的，并不在自然科学系统之列，而是一种衍生品，离诺贝尔设奖本意相去甚远，但愿不要离现实生活太远。

与诺贝尔设奖的初衷相对照，人们不难发现，116 年以来“将基金所产生的利息每年奖给前一年中为人类作出杰出贡献的人”中间，无情地排斥了所有对地球生态环境有“杰出贡献的人”，以致于整个地球日益成为被“化学”主宰的天下，这是诺贝尔这位化学家所始料不及的结果。

人的理性有脆弱面吗

诸多事实证明，**人类理性中最脆弱的一面往往是不愿意面对自己不想承认的缺陷。**诸如，各国政府不愿意面对100年以后地球资源枯竭的前景；也不愿意面对地球温度升高6℃之后，所有生命体将归于灭绝的结果；更不愿意面对爱因斯坦关于第三次世界大战之后是用木棍打仗的预言。这种脆弱性反映在人际关系上，主要来自两股力量，一是行为成瘾，导致人们进入"神经适应"状态，进而无力，或是根本不愿意去改变这种依赖性的缺陷；二是为图虚荣而蓄意加以掩饰，以求平衡"外界印象"与"内涵本质"之间的反差。诚如，政客往往不愿意面对自己行为的虚伪性，商家不愿意面对自己行为的欺诈性，学者不愿意面对自己行为的嫉妒性，军人不愿面对自己行为的怯阵性，恋人不愿面对自己行为的虚荣性等等，均是人类理性脆弱面在人类个体行为上的表现形式。

人类理性的这种脆弱面，从一个侧面揭示了人类生存的一个潜在秘密，那就是人类不只是在为"活着"而耗神费力，还在为"如何活着"而煞费苦心。无怪乎，**鲁迅先生一语中的地描述过人生："舞台小天地，天地大舞台。"人生是一场梦，更是一台戏。**因为，人人都是"天幕地台"上的演员，只不过角色有大有小、有悲有喜而已。

人类的这种为"体面"地生存而矫揉作秀的费力，其实在古人老子看来，就是一种"有为"。老子在《德经》里，将德分为两大类，即上德和下德，它们的分界线是：上德是不德，下德是失德；上德是无为而无以为，下德是为之而有以为。上德是无为所以近"道"，下德是有为(为之)所以离开了"道"。下德又可分为三个等级：一是上仁，二是上义，三是上礼。因为这三等均是“为之”，所以都是下德。尽管如此，这三个“下德”之中还可分为“三流”：上仁为之而无以为（即并非故意表现它的“仁”），是下德的“上流”；上义为之而有以为（即故意表现它的“义”），是下德的“中流”；上礼为之而莫之应（得不到任何响应），所以是下德的“下流”。

上述分类的界限有二：一是“有为”与“无为”之别；二是“表现自己”与“不表现自己”之分。其中“下德”的第三等级“上礼”之所以被老子列为“下德”中的“下流”，其源在于：礼最讲形式，最讲表现，最为作秀，也就最为虚伪，故被称之为“忠信之薄，祸乱之首”。在老子看来，最高层次的“德”是顺其自然，无意表现自己的“德”，最低层次的“德”是做些表面上道德的事，来刻意表现其作为，从而掩饰自己的“失德”。据此判断，老子又作如下推理：丧失了“道”的人，才去讲“德”；丧失了“德”的人，才去讲“仁”；丧失了“仁”的人，才去讲义；丧失了“义”的人，最后才会去讲“礼”。所以，“礼”往往是为掩饰自己“失德”而去作秀的最后一根“救命稻草”。因而，在冠冕堂皇的场合，人们讲究的“礼”数，往往是表里不一、言行二致的，它是人性脆弱一面的表现。在崇尚本源、追求真实、憎恶虚伪、藐视作秀方面，鲁迅先生是哲人老子的一位出色的弟子。

正因为人的理性层面具有脆弱性，因此在古人眼里，修身比治国更为重要，在逻辑顺序排列上是先修身后治国，原因是修身的质量决定治国的水平。而修身的前提是得道，“道德”是一个复合概念的词汇，“道”是指客观规律，“德”是指行为准则。因此，人的行为是由“道”支配的。例如，传统发展模式的经济行为是违逆客观规律的结果，而科学发展模式的经济行为则是顺应客观规律的产物。“道”这个概念出自我国春秋时期思想家、道家的创始人老子，指的是宇宙的本源和实质，引申为真理、原则、规律等。它的含义博大精深，既可以从历史的角度来认识，也可从文学的层面去理解，还可从美学的原理去探索，更应从哲学思维去考量。老子认为，视而不见，称它无形；听而不闻，称它无声；摸而不着，称作无迹。这三者无法分清，因为原本浑然一体。无形无名是天地的始端，有形有名是万物的根源。“无名”、“有名”都来源于“道”。但是，作为个体的人要想悟道、得道，必须修身、养性，排除杂念，放弃个人得失的顾虑。

老子所言“道”之神妙莫测有四层意思：其一，“道”没有具体形状、声音、颜色、触感，常人无法凭感官知觉去认识它；其二，“道”虽为无形之状、无物之象，但可以“迎之”、“随之”，因而它是与时俱在的；其三，“道”有巨大的功用，人掌握了“道”，就把握了事物运动变化的规律，便可知古治今；其四，欲想求“道”，必须做到两点，一是戒欲，以便集中心力去深入观察无形（无名）的奥妙。人们理性的脆弱面，便是一种虚荣之欲；二是闭窍，以便让五官专注于有形（有名）的端倪。人们之所以不能闭窍，其实也是一种“表现欲”驱使的结果。因为，在老子看来，“无名”、“有名”均源自“道”，构成“道”的两种不同的形态和境界，指的是同一个真理。既然“道”是两种形态的本源，因此“道”是洞悉从有形的奥妙到无形的奥妙变化过程的门径。透过这个门径，人们会发现，一切事物的生成变化都是“有”与“无”的统一，即“有无相生”，而二者又是有主次的，“无”是基本的。因此有“天下万物生于有，有生于无”之说。但是，这种“有”是基于艰苦努力行为的基础之上，往往与政府短期政绩的偏好相背。政绩利益偏好也是理性执政行为中的一种脆弱性。

这种朴素的辩证法运用于当代社会认知经济运行规律时，便有了“经济危机与经济繁荣”互为转化的反思。如前所述，老子认为凡事都有正反两面的对立，并能互为转化，如说“正复为奇，善复为妖”，“祸兮福之所倚，福兮祸之所伏”。有无转化的思维，同样可以解释市场经济高效配置资源的规律。当今世界资源高度禀赋地区，往往生产力水平低下；而生产力水平发达地区，往往又是资源严重短缺之地。这种“资源悖论”正是印证了“有”与“无”的转化关系，因为资源的流向是从资源配置水平低的地区流向配置水平高的地区。而资源配置水平高低取决于市场的效率。市场的这种“无中生有”现象，正合老子“有生于无”的思想。以浙江省嘉兴市为例，不产木材的嘉善县，成就为全国最大的木材交易市场；不产羊毛的桐乡市，成为区域性最大的羊毛织品交易市场之一；不产皮革的海宁市，成为全国乃至亚洲最大的皮革交易市场，等等。我国西部地区许多执政者明知这一事实，但由于理性的脆弱面促使其不愿意接受这一点，因而仍然继续在资源粗放利用上下功夫。

正因为“道”有如此神奇的力量，所以老子认为，只要是顺了“道”的人，四肢变得强劲，思想变得豁达，灵耳聪，灵眼明，用心而不劳心，有灵活的应变能力，无刻板的奋斗纲领，老子以此道理曾告诫过前来向他请教得“道”机会的孔子。他对孔说：“你持斋守戒之后，来了一番心灵大扫除，把你的精神洗洗干净，把你的所谓‘真才实学’一棍子打了个粉碎，方可修道。”又说：“一切有序的结构来自无名无状的混沌。阴阳二气合成内神，阴阳二精合成外形，就有了生命，生命有形道无形，无形生有形。”又道“人生投胎，无形变有形，离世还本，有形又变回无形。无形、有形、无形；否定、肯定、否定。这是常识，不必讨论。你若真心修道，就不必去研究所谓的学问。人既得道，不会再多言。夸夸其谈，说明他离道甚远。守住沉默，胜他雄辩”。老子又说：“博学不见得真知，辩才不是善德。圣人务虚道，不追求实学，因为实学有限，虚道无限。传道哪能巡回讲学，道可道则非常道也”。最后，老子告诫孔子：“记住，关闭眼窍耳窍，内视内听，才有可能得道。”人们之所以难以关窍、内感，全在于理性层面具有虚荣的脆弱性，甚至连圣人孔子也难以独善其身。

经过老子的教诲，将孔子洗刷了一番。其意在于，学风浮躁、举止轻飘、耳根不净、利欲悉习者是无法得“道”的。老子提倡关闭眼耳之窍，意在从“天道”推论“人道”，让后人明白“闭”与“启”的辩证道理。这里的“闭”，是闭“外视”、“外听”，开启的却是“内视”、“内听”，意在开导孔子将心力由外张引向内收，专注才能得道，这又是老子“有”与“无”相互转化思想的再一次体现。老子曾经从天长地久的原则引申到无私与有私的辩证思维上来，他认为，天地由于无私而长存永在，人间圣人由于退身忘私而成就其理想。诸如大禹为人民治水，8 年内三过家门而不入，被人民拥为天子。因此，得道者，遇事无争而化事，有功不居而定功，修果不言而得果。得道者能静观世态变迁：顺境要去了，他不挽留；逆境要来了，他不规避。因为，在他们看来，顺逆是对立互变的关系，因此才能宠辱不惊，终生心平如镜，身体安康如初。多数人之所以终生心境难平，在于理性中的脆弱面迫使其邀宠避辱，导致丧失了人生得道的机会。

中国人的性格特殊在哪里

由于历史、地理、法律、文脉、民俗、风情，甚至是文字的差异，决定了不同国家的人有其不同的性格特征，中国人也不例外。研究这种特征，有助于解读一个民族经济活动模式的选择。古老的民族，加之认知世界的时代局限，我们的祖先自以为地处世界的几何中心，故自称为“中国”，又自感山河壮丽多姿，故喻之为“中华”，华是美丽的意思。中国人长期的生活方式和作业特点，决定其特定的性格及行为结果。

一是长期落后的交通工具，固化了国人对时空关系的传统判断，扭曲了资源配置进程与时间维度的关系。自18世纪清政府一直追溯到公元前三世纪与匈奴人作战的2 000年间，中国人的交通难以突破骑马的方式，城市之间通勤所需的时日，始终以马匹速度计。为此，在全国各主要城市设有驿站，传递公文时有两种速度，一种叫“限期”，其以马匹普通速度为标准。另一种是“加急”，多半用于军事紧急公文传递，驿马以四足同时离地的速度狂奔，其铃声可传至1公里开外。当下一个驿站闻铃声后，待命的驿卒迅即策马疾飞，直至两马飞奔并驰时，在马上完成文书交接，但马蹄并不落地。据说，驿马往往因劳累过度而倒毙，如果5年之内幸运不死，则会被冠以“宝马”身份退役，改由政府养老，以奖励其对国家的贡献。由于长期以来交通与马匹相辅相成，故在中国人心目中，交通干道用“马路”的称谓相沿至今并不称奇。甚至对城市繁荣程度的比喻、地貌地形特征的评价、发展速度状态的描述，也会以马来喻之，诸如“车水马龙”、“一马平川”、“快马加鞭”等。这种理念延伸的结果，使人们无形之中对时空关系的判断，在空间距离与时间距离上的换算出现了习惯性误区，即低通勤速度放大了时间距离。例如，北京至齐齐哈尔的空间距离为 800 公里，当时的“限期”马速为 40 天，“加急”速度也要 18 天；北京至广州的空间距离为 1 400 公里，“限期”马速为 56 天，“加急”速度也要 32 天。理念长期的固化，淡化了人们对空间变迁过程中的时间维度可变性的积极认知，导致社会经济发展战略的决策陷于时间维度的扭曲性考量，不是稀缺资源配置缺失与同时代相适应的技术手段支撑，从而延缓了中国社会发展阶段的历史性进程，就是稀缺资源配置超越时代的步伐，弱化了经济可持续发展的能力。

二是漫长的农耕生活，使社会深深地打上了“农”的印记，形成了中国自身固有的生活方式和思维特性。中国人的这种生活方式成形于周王朝时代，在漫长的岁月里，逐渐产生了以家庭为基本单元，以土地为安身立命的基石，以伦理文化为纽带的社会结构。基于这种结构所形成的国人性格是：其一，追求和平稳定，反对战争动乱。中国人世代与土地为伴，与世无争，期盼上苍无灾，人间无战。其性格是怕变惧乱，不像游牧民族或是商人具有先天的争斗冲动。其二，崇尚自足守旧，不求冒险图新。这正是中国农村成为全世界最少变化的社会形态之根源，即便是无数次的农民起义，也只是变更社会形态的编年番号而已，并非社会形态本身。在农业为主业的国度里，没有竞争，不求刺激，有的只是忍耐，这也正是儒家学说赖以上升为主流社会思想，并最终获取社会控制权的基本原因。其三，人们不求富足，小富即安，甚至安于贫困。农业作为受制于气象的弱势产业，却又常逢天灾人祸的交替相逼，其产出难以确保人们常年温饱。因此，中国人因长期适应于忍饥挨饿的经历，逐步演化成一种低代谢能力的生理基因，一旦生活富足，动物蛋白摄入过量，便迅即出现代谢障碍。我国改革开放以来的“三高”人群低龄化趋势，便是明证。

三是严重的从众心理导致社会化性格凸显。中国多数人受社会观念的束缚深重，个人的行为总是尽量自觉不自觉地限制在社会所能理解和容忍的范围之内。中国社会上流行的“人言可畏”之说，在西方社会则断然不会存在。“人言可畏”派生出来的观点，便是“枪打出头鸟”和“人怕出名，猪怕壮”。北京标新立异的相声新秀和上海耳目一新的海派清口，其最终结果也很难善终。社会化的性格，其正面意义是鼓励人们不走极端，谨慎处事，忍让为人，凡事讲究适度。但其负面效应则是爱虚荣、图热闹，随波逐流，亦步亦趋，丧失个性，缺失创新，进而形成模仿型社会，而非学习型社会，最终的后果是抄袭成风，侵权沿袭，亵渎了民族的灵魂——创新。

从晚清到近代中国社会的转型之所以如此艰难，源自缺失推动社会变革的启蒙思潮，因为作为思想转型，这种思潮是社会转型的先声。转型的先声难以出现的一个重要原因，便是学术思想长期被束缚在社会化性格之中。在宗教势力的严酷禁锢之下，中世纪的西欧也同样没有学术思想的自由，但其独特的修道院和教会为主导的教育体系孕育了现代思想的文化。相比之下，中国的四书五经和科举制度耗尽了国人的才学与年华，推迟了中国追赶西方列强的历史性进程。

新生婴儿与达·芬奇

人生知识的承上启下，折射出知识的传承与创造的关系，本质上又是知识与潜能的关系。对于这种关系的不同理解，导致东西方国家之间出现了不同的教育思想、教育理念、教育制度，以及不同的教育立法。格伦·多曼指出："每个儿童出生时就有的潜在智能比达·芬奇使用过的还要大得多。"儿童出生时，显然是学龄前的阶段，即未接受过任何知识传授的原始阶段。有研究证明，婴儿的大脑完成了50%的大脑细胞连接，这些"通道"是未来学习的基础。因此，有专家断言，人一生中头四年里发展起来的是学习能力的50%，而非知识的50%，也不是智慧的50%，故有"三岁看到老"之说。与西方相比，我国教育思想和理念的差距，主要表现在其投入结构的扭曲上，即重高学历教育，轻学前教育；重知识传承，轻智能的开发。知识的传承只解决"承上"，而智能开发才能解决"启下"。原因是知识的更新和再创造，靠的是智能开发。传统的教育方式是将人脑作为一个储存器，教师的任务是向它里面输入知识；现代教育方式是将人脑开发成加工信息、处理信息和创造知识的机器。

但是，智能开发对体能的替代，又不能以人与自然关系的背离为代价。法国著名思想家卢梭告诫过人们：科学技术是悲喜交集的福音。科学技术是人类智能开发的产物，它凝聚着人生的智慧，在为人们创造大量物质财富的同时，既伤害着自然，也自伤着人类。作为未来学科前沿的生命科学，无论其如何领先，均无法取代大自然造就人类的低成本性、无公害性和可持续性。30多亿年前首先在海洋中萌发了生命，继而生命从海登陆，大地披上绿装，呈现一派勃勃生机。到了距今300—

500万年前，大自然终于产生了人类。人类决不是用机器造就的，而是靠廉价的、绿色的、可以再生的资源——空气、阳光、水和土壤养育的。因而，人类具有先天的自然属性，习惯于“粗茶淡饭”却又无病无灾。随着生物技术的发展，粗粮被精加工食品取代之后，人们的牙齿功能开始退化；当天然水被化学加工乃至合成的水取代之后，人们的肠胃功能开始退化；当机动交通工具代步之后，人们双腿的功能开始退化；当计算器工具进入课堂之后，人们的四则运算功能开始退化；当先进的医疗检测设备进入医院之后，医生“按脉开方”的功能基本丧失；当空调进入寻常家庭之后，人体阴阳自我平衡功能遭受破坏。因此，还人类以自然属性，既是为人类自身生存着想，也是出于为人与自然和谐共处着想。

智能的开发要从童年开始，并以此确立教育的起点。我国构建科学的教育体系应当借鉴农民育种，农民将选种看作全年庄稼丰收的根本，这是颇有远见的。华兹华斯曾经说过：“婴儿乃成人之父。”二者相似之处是“同为成人之师长”，这里指的是童年时期对事物的敏感能力和老年时期丰富的知识经验之积累。邓小平也曾说过：“计算机训练要从娃娃抓起。”原因是金色的童年，往往是成人梦幻的摇篮。孩提时代的模仿是从游戏中开始的，而人生的职业选择又会与这种模仿行为产生联系，因为，这种联系在某种程度上是一个人的兴趣、爱好和性格的基因在起作用。诸如成人领兵打仗之梦是从“官兵抓强盗”的游戏开始的；率众起事之梦是从“孩子王”的游戏开始的；策马扬鞭之梦是从“骑扫把”的游戏开始的；传经讲学之梦是从“讲故事”的游戏开始的；贤妻良母之梦是从“过家家”的游戏开始的；保育员之梦是从“喂洋娃娃”的游戏中开始的。因此，养成教育要从孩子抓起，孩子的天赋要从兴趣中诱导，而孩子的兴趣则要从游戏中发现。为人父母必须意识到，孩子的游戏绝不是简单的天性发泄，而是孩子走向成熟的启蒙。

但走向成熟的孩子，不可避免将遇到他们父辈曾经面临过的挑战。未来学家托夫勒曾在其权力转换理论中，将知识概念扩大至信息、数据、图像、态度、价值观及其他一些象征符号。这一概念性的扩大，显然使知识的领域从理性知识引向了直觉知识的范畴。在知识爆炸的今天，新的社会问题和法律问题已呈现在世人面前。这些问题将成为人类社会新的挑战。它们分别是：其一，当知识取代暴力和金钱在控制社会中的主导地位之后，法律将面临暴力的知识化倾向和财富的知识化倾向，前者是指高智商犯罪，后者是指知识资本化；其二，矿产资源与廉价劳动力不再成为推动经济腾飞的神话。技术性的替代品可以节省大量的原材料，超导力量又可以大大降低对能耗的需求，智能型生产流水线又可大大降低劳动力成本在财富创造系统中生产总成本的比重。基于暴力、财富、知识之间的相互关系，会随着农业社会向工业社会，进而再向信息社会的演进而重构，由此人与自然之间的互动关系必将有必要重新进行评估，这种评估的结果最终将促使传统的经济和社会发展模式的全面转型。

人的潜能的积聚和发挥大体可分为三个阶段，30岁之前是积蓄能量，俗称"磨刀"的阶段，为三十而立作准备。30岁至60岁是人生释放能量的阶段，俗称为"砍柴"阶段，这一阶段是人生事业的黄金时期，历经人生的不惑之年、知命之年，进入了杖乡之年。人与自然的关系在这个时段定型。60岁之后是颐养天年阶段，按现代人均寿命计算，多数人可逾杖国之年，期颐之年也不是可望不可企及的了。如今是市场经济的天下，投资经商成了人生潜能发挥道路上的热门话题，但未过而立之年的年轻就业者不断地为自己未来的事业到处奔波时，往往收效甚微，究其原因除经济周期性波动导致市场深陷疲软困境之外，另一个重要因素是事业成功的内在规律与个人主观努力方向之间出现了偏离。

事业成功的内在作用规律可用两句话来概括，即"万丈高楼平地起"和"磨刀不误砍柴功"。它揭示了成就事业的客观规律有二：一是不平凡的成功来自于平凡的积累。一个成功的企业家之所以成为成功范例而为人们推崇，初看起来它似乎只是靠了不起眼的几个招术作为支点而已。实际上这是一种误解，企业真正崛起离不开创业者个人无形资产的积累，其中既有相关专业知识和技术的积累，又有同业人脉关系的人格化积累，还有在行业从事生产、经营和捕捉市场细分的积累。这些积累与他们的年龄、资历和人生阅历不无关系，但年轻人的生理年龄段决定了尚无法积累这种无形资产。二是凡事预则立，不预则废。"预"，指有准备，诸如砍柴者的"磨刀"，经营者的"客户积累"，投资者的

“市场预测”和运动员高强度的“热身赛”等，均是一种“预”。

隐匿在成功者“光环”背后的艰辛只有成功者自己心知肚明，大凡成功发展的企业家，他们的“预”集中于两点：一是投资资金的来源。资金来源渠道通常有三种方式，即自有资金、合股资金和银行融资。初始投资者往往先动用自有资金探路起步，特点是选择规模小、见效快、获利不丰、风险不大的试探性项目，并在经过可行性论证的基础上试水。这类“见习性”的投资多半是支付学费性质，其主要目标还不是寻求利润回报，而是追求价值回报，即积累无形资产；二是物色可靠的投资项目。物色项目远比解决“资金来源”难度大，原因在于当前我国投资者整体上主要不是缺失资金或融资手段，而是缺乏投资方向。在正常的经济运行年月里，我国投资失败率不下于30%，更不消说是在经济波动强度加大的时代。

投资失败的原因大致有三种情况：第一种是市场预测失误。其中既有投资者对产品生命周期判断的失误（诸如在产品衰败阶段而不是上升阶段进行投资），又有投资管理失误（尽管市场判断正确，但囿于成本控制不力而导致资本产出率低下）；第二种是涉足不熟悉领域的投资。由于专业技术的特定要求，导致投资者在不熟悉的领域里，会疏于对特殊投资项目规律性的把握，进而受制于雇聘人员。这种受制形式往往是受聘人员（雇员），利用投资者（老板）缺乏专业技术眼光，或是市场判断力的弱视，通过设计让投资项目产出的效益分流，从而加大了管理上内部人控制的“道德风险”。第三种是疏于经济合同管理。由于市场有效性程度不高，我国商业环境存在重大缺陷，导致经济行为出现“三低”，即经济合同率低、合同有效率低和合同执行率低。“三低”现象为经济欺诈者提供了非法套利的活动空间。

为此，年轻的投资者寻求投资方向的过程中，应将“先砍柴后磨刀”的行为逻辑顺序，改变为“先磨刀再砍柴”或至少是二者同步进行。“磨刀”的功夫主要是下在增加社会实践（尤其是失败的实践）积累之上，以弥补低年龄时段的先天性缺陷。人们知识积累的能力与学历高低相关，但知识积累的程度则与社会阅历有关。社会实践的积累有两个途径：

一是投身实践,身体力行。可以先找到一个小项目,从项目论证开始起步,学习商业谈判、制订投资管理计划、聘请专业人员,直至进行人、财、物的专项管理。当全部环节摸熟以后,即使投资失败,已付了学费,也学到了本事,这就达到了初期投资尝试的主要目的,即用失去的利润换来了价值。换言之,这是一种价值投资,而非利润投资,而价值是未来的利润、持久的利润和规模性的利润。当今世界上,几乎没有一位成功的投资者能超越这个坎!

二是用读书的办法去"购买"前人的实践积累。这种途径实际上是在前人成功或失败的基础上学本事,目的是少走弯路,加速积累速度,途径是读点书。书是将前人付出高昂学费后形成的案例,经过作者加工整理,使之系统化、条理化、规律化和理论化之后"卖"给想要投资的人。书本浓缩了投资者无法规避的操作技巧,诸如投资管理、市场预测、产品生命周期管理和产品开发、成本管理(机会成本、边际成本等)、要素管理(俗称人、财、物管理)和风险管理等内容。但读书有其窍门,即有过实践、有过教训的人读得进、记得牢,容易进入角色;而无实践、无教训者则难以入门,更难以受益。根本原因在于,书本是人类社会实践及其教训的总结,因此它与实践者有共同语言,容易产生共鸣。

总之,"磨刀不误砍柴功"中的"误"字,有两解:一解是点明了磨刀与砍柴之间的逻辑顺序是先磨刀、后砍柴,而不是相反;二解是磨刀可以收到事半功倍之效,反之则会事倍功半。"砍柴"与"磨刀"是目标与过程(或叫手段)的对应关系,离开了"磨刀"便无法成功"砍柴"。年轻人踏入社会的初始阶段下功夫的重点往往专注于"砍柴"上,而不愿花时间去"磨刀",后终因刀太钝,而砍不了几根柴。须知,顺序颠倒必然导致南辕北辙,不仅有误事业,还会虚度年华。

人生苦短,青春更速,稍纵即逝。只可惜,此话往往只有待到不惑之年人们方才顿悟,但为时已晚。中国有句富有哲理的话,叫做"欲速则不达"。人生三十而立,讲的也有这层意思。换言之,三十岁之前是人生"磨刀"的最佳期,而非"立业"的最佳期,颠倒了"佳期"资源的配置,则属于"欲速",其结果必然是"不达"。社会实践积累是成功的开始,年轻人应三思而后行。

《安提格涅》唤醒“经济人”良知

成立于上世纪60年代的伦敦商学院，是英国，乃至全欧洲最早传播“企业社会责任”理念的场所。该校招收的第一期MBA学员在上课时发现，每人座位上都摆了两本书，一本是《企业会计的意义》，另一本则是古希腊悲剧《安提格涅》，这是一本关于人性冲突和永恒真理故事的书，旨在让学员领悟什么是道德和责任。支配人类经济活动的理论依据是18世纪亚当·斯密在《国富论》中阐述的经济学体系，与物理学相比，它只有几百年的历史。作为经济学的泰斗，亚当·斯密的学术理论成为近代经济学、马克思主义经济学，乃至现代经济学的基石。但是，世界工业革命以来发生的环境破坏问题及其成因研究，却被排斥在传统经济学的领域之外。换言之，在传统经济学领域中，环境研究是空白的，社会责任是被忽略的。在《资本论》中，马克思指出，工人居住环境的恶化是伴随着资本积累而产生的贫困化现象。但由于时代的局限性，当时的马克思主义经济学关注的重点是消除社会不公的理论与方法，即重新分配资产阶级的财富，并显然对蒸汽机这一动力源泉的问世，寄予极大的期望，而还没有精力注意到世界工业革命的环境后果甚至比贫困更难对付。

历史总是那样的离奇曲折，非业内专家往往会与业内专家提出殊途同归的结论。与马克思处于同一时代的英国经济学家威廉·斯坦莱·捷沃斯于1865年发表了揭示现代化进程中负面效应的专著《煤炭问题》。同年，德国物理学家鲁道尔夫·库拉吾丘斯发表了关于“废热、废物"的论文，文章在研究人类生命活动及其与之相关的活动过程后提出了"废热、废物增大法则"，并认为其最直接的表现就是公害。面对经济学家和物理学家同年提出殊途同归的结论性启示，令传统经济学陷入了危机。这一危机，使经济学直面两大难题，即化解环境破坏型的经济结构和转变由"大量生产、大量消费"为主导的世纪文明方式。其问题产生的背景是，战后资本主义世界进入后工业化时代之后，巨大的生产能力在利润最大化的诱使下，坠入了消费与生产互为推高的恶性循环之中，而大量的"三废"加速恶化了地球原始的自然环境。这种循环正是福利国家基本国策的结果之一，即以经济增长为过程管理，以"再福利"扩张为目标管理。日本 20 世纪 90 年代的泡沫破灭，便是日本公共投资占国民收入比例位居世界第一的必然结果。

痛定思痛，反思最有效的还是日本学者。由日本经济新闻社主办的"地球环境经济人"的国际会议至今已经举办 12 届。会议主题是对人类经济活动社会成本的深刻反省，并试图召唤人类从"征服自然"的"理性经济人"走向"适应自然"的"地球环境经济人"，进而实现社会成本的最小化。

这一议题确立的依据是 N·马依亚 2003 年在《环境和成长同时并举》中的数据证明：自然提供的流域机能、污染的稀释、水土的保持、气候调节等，以市场价值计算，一年可达 42 兆美元（兆，即亿亿）。而另据《日本新闻社》2003 年在《加速循环型社会的实现》中的数据，由于生态破坏，人类给自然环境带来巨大的经济负荷，地球上可以利用的淡水和植物成长量被浪费了一半以上，原材料和资源被浪费 90%以上，即使是一种可持续的发展，也要消费掉自然资源的一半。在过去的 10 年里，CO_2 排放量增加了 11%，遭受水资源危机的人口由 11 亿人增加到 12 亿人口，由此而增加的全球贫困人口达 2 亿人以上。

"地球环境经济人"的提出，是一个以人与地球和谐共存为基点的崭新经济体系，从而将社会基本价值与日常商业活动的运作和规制有机不悖地相融合。在世界经济论坛上，全球 CEO 的共识是，这种社会责任归纳为四个方面：一是良好的公司治理和道德价值，主要包括遵守法律、现行规则及国际标准，防范腐败贿赂，坚守道德行为准则和商业规则；二是承诺对人的责任，主要包括员工安全计划、就业机会均等、反对歧视、主张薪酬公平等；三是承诺对环境的责任，主要包括维护环境质量，使用清洁能源，共同应对气候变化和保护生物多样性等；四是承诺对社会发展的责任，主要指对社会和经济福利的贡献，比如推行国际标准，向贫困社区提供要素产品和服务，诸如水、能源、医药、教育和信息技术等。

由此判断，企业的发展史已经历过三个阶段，即从原始资本积累的起步阶段、利润最大化的规模扩张阶段和履行社会责任的协调发展阶段。与之相适应的企业榜行榜的评估标准已悄然地从追求规模和利润的单纯经济指标，转向了全面发展的综合评估体系。由《21 世纪经济报道》发起并主办的“2004 年首届中国最佳企业公民行为评选”活动，一改流行的财富排行榜的评估模式，选择了 UT 斯达康、佳能、诺基亚、欧莱雅、思科等 12 家企业率先入围，从而揭开了企业进入社会责任承诺阶段的历史性序幕。然而，令人遗憾的是上述入围企业之中均无本土企业。这从一个侧面折射出我国企业的治理素质和道德意识仍然停留在企业的第二发展阶段，离实现“地球环境经济人”的价值目标任重而道远。

心不静，则百病丛生

当前，社会上反季节作物盛行，有毒食品畅销无阻，公款吃喝愈演愈烈，这与人们缺乏养生常识不无关系。在消费者往往身兼生产者的今天，养生的重要性已今非昔比。养性是养生的前提，性情又与心志密不可分，故养性也称为养心。中医所言“心不静，则百病丛生”，便是其理。庄子告诫人们，勿妄想，勿盲动，养神要紧。其逻辑点明了“想”、“动”、“神”之间的联系。庄子认为从养性角度评估，有五种人不值得提倡。这五种人是：

励志矫情，洁身自诩，规避社会，疾恶世俗。平素清淡迂论，讥天讽地，以不同政见者自居，寡欲清高。他们往往会牢骚满腹，且与日俱甚，活到老发到老，最后不得志而以身殉志。这是一种人；

宣传仁义，推行忠信。克己奉公，谦让待人。恪守传统文化，注重个人修养。居间于朝野之中，年轻时出游讲道，暮年时服务于桑梓。终生不闲，终老不静。这是第二种人；

注重政绩，在乎形象。上下有礼，尊卑有序。在位谋政，执着敬业，维护一方安定。他们崇尚权贵，力主拓疆扩土，终日疲于奔命，累得要死。这是第三种人；

害怕多事，贪图清静。移居山野，垂钓寻趣。自从事业竞争失利之后，决计退出江湖，甘为在野的闲士。他们无功无名，远离红尘，万事不争不计，终日不忙不累。这是第四种人；

做深呼吸，通丹田气，打太极拳，练鹤翔桩。笃信活命哲学，坚持老而不死。无论坐朝落野，从不懈怠，力效彭祖长命八百。这是第五种人。

庄子之所以嘲笑上述五种人，固然也有其消极的一面，但其本意却在推崇另一种人。他们用不着费心励志，却为人品德高尚；他们忘却了仁义，但自我修身养性；他们谈不上有政绩，却实现了一方平安；虽然寓所远离山野，但依然宁静悠闲；他们并不刻意强身健体，却仍能延年益寿；他们精神恬淡，心胸开阔，厚德载物，感召了天下志士，追随其左右。这是靠什么？靠的是天道，靠的是圣德，而非作秀式的刻意。

庄子的倡导，其意在告知世人：修道养性的最高境界是恬静、寂寞、虚空、静止、无为。这是天地最灵验的水平仪，它要求圣人休“俗虑”。“俗虑”一休，处境就平安顺适，精神也就恬淡。恬淡的精神和平顺的处境，足以排遣忧患，抵御妖邪。至此，方能做到：生，能顺其自然成长；死，能参与物质演化；静，能阴气般地凝静；动，能阳气般地波动。

以此引申，便能理解保养精神之法。人们必须悟得：悲和欢的失度都是德性的偏斜，也是道理的错误；偏好与疾恶均是心态的失衡。所以，高尚的道德应该是忘悲忘欢，戒喜戒怒，无好无恶。高度的静止是专一，决不去感应外界；高度的虚空是宽容，不去触犯外界；高度的恬淡是独立，不去结盟外界；高度的纯粹是和谐，不去干预外界。这样做，既不会无端地消耗精力，更不会消耗体力，不会成为“憔悴累垮”的人。而“憔悴累垮”的人，正是常见于庄子所嘲笑的上述五种不懂养性的人之中。

庄子的主张是基于对人体精神力量的正确判断，他认为，人身上最具有能动性的元素便是精神。精神外射，能穿透任何屏障，上穿天，下入地，东南西北无论是多遥远，它无所不射，无所不及。精神能遥感万物，遥控万物，遥变万物，遥养万物。作为宇宙精神的一个分支，人的精神来无影去无踪，是人体内的上帝，是人的主宰，具备造化功能，等同皇天后土。因此，精神守住，灵魂与肉体不再发生矛盾，也不会分裂，能合二为一了。

太古时代，天地间的阴阳二气，各自安静，人类也共同分享恬淡的日子，四季循环有序，生命颐养天年。社会的发展步伐，打破了这种恬淡和有序。因此，欲修性养生，就必须遵循天地之道，顺随自然之法，重温《黄帝内经》。

《黄帝内经》认为，**阴平阳秘，精神乃治。**这里讲了三层关系：一是人体健康长寿之本，是阳气潜藏封固，不要轻意外泄；二是阴阳平衡是抗御病邪侵袭的关键，但平衡不是平等，二者的关系是阳为主、阴为从。阳气固不住，人就短命，故称“阳寿”；三是养生的本质是“养阳气”。**现代社会生活习性，是现代人阴盛阳衰(亚健康)的主因。**

人要养生，讲的就是要养阳气，其方法是避开导致阳衰的社会因素，其要如下：

一是远离被污染的空气和食物。因为，人是天地所生，天以“气”养人之阳，地以“食”养人之阴。换言之，空气养阳，食物养阴。人类生态学者提倡重返田园便是其理；

二是不食寒凉之物。凡生冷寒凉之物均是损阳的，夏日上市的饮品配方多为苦寒泻火之品，有损脏腑阳气，尤其对脾阳损害最烈。啤酒是酒类中唯一寒品，也应酌饮，不可贪杯；

三是切忌饥饱不均。《黄帝内经》讲“气胜形者寿，形胜气者夭”，意指气为阳，有形之物为阴。如果气胜过有形之物，则长寿，而反之，则早逝。有形之物是指人的四肢躯体，气指气血。当人大吃大喝时，进食超过消化能力，食物无法被吸收而成体内垃圾，则“形胜气”，长而久之，必早衰；

四是慎用抗生素。抗生素的性味基本属苦寒，极易攻伐阳气。例如感冒多为受风寒所致，发烧症状是人体驱寒的生理反应，其所需“援兵”是加热，而非抗生素的添寒。正如《黄帝内经》所言“寒者热之”，而决非“寒者冷之”；

五是尽量避开空调。空调制冷机理是强行遏制人体阳气，导致阳气无法正常抵御寒邪而被迫收缩，使阳气受伤而“寒主收引”。鼻炎、痛经、婴儿哮喘等均系寒气长期伤身之故；

六是节制房事和房思。房事过度导致阳气外泄，伤身折寿已成共识。但未成家之青年，由于当今社会道德滑坡，伦理沉沦，房事开始“异化”，除未婚同居之外，色情挑逗的影视和网页比比皆是，其引发的“房思”，同样能使阳气耗散；

七是要按时作息。古人从“天人合一”理念出发，主张“因时之序”，即“日出而作，日落而息”。现代都市人阳气不足，根源在于“日出而息，日落而作”。因时之序遵循的是“夜间阳气内收，以实现阳气归根来复”之规律。一年四季由于人体脏器保护的重点各异，起居规律也应随之调整。通常说来，春天以养肝为主，宜迟睡晚起；夏天以养心为主，宜迟睡早起；秋天以养肺为主，宜早睡早起；冬天以养肾为主，宜早睡晚起。但迟睡不得过子时，晚起不得过辰时；

八是不发火为最有效的养生心态。工业化社会地下矿产大量挖掘释放（如煤的燃烧），导致地球“外热内寒”之势。这种格局通过“天人合一”传导到人体，导致现代人类火气外泄，阳气难藏，以致心不静而百病丛生。

但是，纵然养生之道再有成就者，也难免有西归之日。当前，全球保健品市场的非理性扩张和醉生梦死理念的万古不绝，均萌生于人类对死亡巨大的恐惧，而这种恐惧又源自于人们对物质世界演化规律的无知。所以，古往今来，人类总是以生为幸，以死为悲。死亡总是与哀情相伴，哀乐、哭别、伤逝，成为死亡的解读和表白。**从哲学研究视角来认知，生与死是一个复合体，没有生，便不会有死，没有死也不会有生。死是生的代价，生是死的升华。**此乃正合《易经》“泰卦”中“**无平不陂，无往不复**”之意。

庄子晚年丧妻，惠施闻讯赶往吊唁。惠是庄子旧友，此时已非梁国宰相，不必再摆官架子了，自觉有必要去安慰庄子。庄子家居陋巷，马车太宽，只得停于巷口。惠施徒步进巷，遇庄子的长子跪在家门口接吊唁之客，口称“俺娘给伯父道谢了”。惠施扶起孝子，面露悲悯之容，随即进了大门，步入灵堂。见庄子坐守棺旁，两腿八字摆开，实不雅观。双手还击拍瓦盆伴奏，毫无愁容，放声歌唱。看见惠施前来吊丧，也不招呼，继续唱他的歌。

惠施责问道：“你们伉俪多年，同床共枕，她为你养儿成人，送走了自己的青春，老了，死了。你看得淡，不哭也行，可你竟然敲盆唱歌。你不觉得太过分了吗？”

庄子答道：“你说错了。我也是人啊，哪能不悲伤？但我不能一味地受感情支配，还得冷静地想想呀。我想起从前，那时她未出生，不成为其生命。更早些时呢，不但不成为生命，连胚胎也未成。再早些呢，不但未成胚胎，连魂气也没有。后来，恍恍惚惚之际，阴阳二气交配，变成一缕魂气。再后来呢，魂气变成一块魂体，于是有了胚胎。再后来呢，胚胎变成婴儿，生下来后成了独立生命。生命经历了种种苦难，又走向死亡。回顾她的一生，我联想到春夏秋冬时序的演变，与之多么的相似哟。现在她即将从我家小屋迁往天地的大屋，坦然安卧，再无苦难和忧虑。我不唱歌欢送，那就太不懂得生命的原理了。这么一想，我便节哀，敲盆唱起歌来了。”惠施双手奉上一袋赎金，放入瓦盆，暗自骂了一句“活见鬼”，便告辞了。

惠施不明“无往不复”的生死观，当然无法领悟庄子的举动。庄子对生死观的认知，与佛教关于“人生苦难”的教义不谋而合。一天庄子南下楚国，路迷荒野。时近黄昏，无处投宿。正在踌躇，看见草丛中有一具人头骷髅，已朽坏一空，棱角依然分明，骨色泛白，可见风吹日晒已有多年。庄子下马之后，用马鞭敲打人头骷髅，其声响，酷似岁月回音。庄子问：“先生，你是贪图享受，违背养生，一病呜呼的吗？”庄子又敲两下，问道：“那你是惨遭亡国之祸，被敌军俘获处斩的吗？”庄子再敲两下，又问：“那你是出了丑闻，怕给父母丧德，怕给妻儿丢脸，再自杀的么？”庄子继尔又敲问：“那么你是贫穷，衣食无着，饥寒倒毙的么？”或曰：“你活够了应享的天年，自然死亡的么？”

问毕，均不见所答，庄子便燃起篝火，头枕骷髅，就地露宿。半夜，庄见骷髅主人，衣冠整齐，仪态潇洒，站在面前笑道：“听你问话，蛮有口才，还像个读书人。不过你问的那些伤心事，只有你们这些活人挂在心头。人一死，什么忧患都了无牵挂，没有一个死人会有兴趣回答你们活人的问题。人死后的快活，你想听听吗？”庄子说：“想听。”骷髅主人说：“人一死，上无君，下无臣，实现了社会平等，废除了等级差别。连气候也不冷不热，不分四季。春播、夏长、秋收、冬藏，种种辛苦全都解脱。也不必纪年了，人人痛快，天长地久，比国王还快活呢。”庄子存疑，估摸这家伙是在替鬼城做广告，便试探道：“先生，我与鬼城司神颇有交情，可以私下求他准你再生，为你免费提供全套骨肉肌肤，遣你返回故乡，发还你的父母妻室儿女邻居友人，你愿意吗？”骷髅主人收敛笑容，愁眉紧锁，反问："你要我放弃国王般的快活，回去受活罪吗？唔？"

正确的"人死观"与正确的"人生观"是互为因果、同为表里的关系。不管是庄子与骷髅的对话也好，或是庄子为亡妻鼓盆而歌也好，既是庄子对正确"人死观"的生动诠释，又是庄子对当年拜金主义"人生观"的无情鞭挞。

人类既是自然界造就的物种之一，其生生灭灭遵循的是"同自然界连体"的轨迹。这种"连体"，不仅体现在自然与人体功能规律的传导性上。诸如，日月星辰运行导致人体"心血来潮"，进而引致人体节律（包括体力节律、情绪节律和智力节律）的演化。它还体现在自然与人体形态结构的相似性上，诸如年有四季、12 月和 365 天，人有四肢 12 个大关节和 365 个小关节；地球有昼夜，人体有男女；时空有金、木、水、火、土五行，人体有五脏；而且，地球与人体的碳元素和氧元素的比例完全相似。据此判断，单体的人既是为维系人类种群延绵不息而降生和死亡，又是大自然演化流水线上的一件"作品"。因此，**理解"生与死"，不只是一个简单的道德伦理范畴的命题，还是哲学和生物学的共性命题。**这里，**需要的并不是乐观主义，也不是英雄主义，而是现实主义。**

此外，生命的真实性，体现在生命系统的完整性之上，即涵盖了生理生命系统和精神生命系统。生理生命系统终结形式的选择，往往会决定精神生命系统的价值。生理生命系统的终结之所以会有重于泰山，也有轻于鸿毛之别，印证了两大生命系统之间的作用关系。至于认定"必须破除执著，才能至佛境界"的佛法，更是将死看作"自落的花，成熟的果，落地的叶"，是"永远不代表毁灭的"。在进入"物我两忘"真如境界的李叔同大师看来，人生最后的瞬间无非是"去去就来"那样的了无恐惧。佛法对生死独特领悟的奥秘之处，只能从他们"人身难得，佛法难闻"的妙语中去求解，而求解的结果则由求解者的修身境界和彻悟程度所决定。原因在于，求解的过程无异于寻找佛性，而在禅宗大师眼里，**寻找佛性犹如"坐在牛上找牛"**。

第二篇
自食其果的危机

哀与乐贯穿人生始终，而哀往往又是乐的结果，因为，乐极会生悲。长时期的安逸和稳定，会使人异想天开，妄生是非。人类需求的无限性与地球资源的稀缺性的冲突，始终是新古典经济学试图调和的目标，但其方法是将包括人在内的一切生产要素数字化。这种数字化的代价是扭曲了人与自然、人与人、人与未来的正常关系。这种扭曲可以追溯到原始人类的生命活动。当时，我们的先祖感觉到自然界对自己束缚太多，开始以争取改善生存环境为宗旨的“挣脱”活动，从而使人类迈入从原始向自由转变的历史阶段，这就是人类实现的第一次大变革，使原始社会进入了农业文明社会，彻底摆脱了原始的生存方式，产生了与当时生产力相适应的古罗马文化、波斯文化、印度文化和中华文化。这一阶段人类初尝向大自然索取的甜头，为自己偷摘了“伊甸园”中的几只“禁果”而窃喜。17世纪牛顿力学的出现，人类开始掌握了能量转换的能力，揭开了第二次大变革的序幕。人们藉助第一次工业革命的力量，在大规模集聚财富的同时，将人类引向人口结构老化、环境污染、资源匮乏、贫富对立、社会冲突、战争频仍的境地。与

人类从原始社会进入农业文明的一万年周期相比，人类从农业文明进入工业文明的发展周期仅仅花了短短的300多年。人类在提升向自然索取财富能力的同时，也形成了人类自诩之为“现代意识”，即主宰地球的主人意识。

然而大自然对人类强加于它行为的容忍是有限度的，因而报复也随即开始，其手段被人们喻之为“天灾”，却不承认是“人灾”。天灾与人灾一字之差，折射出人类对自身行为反思程度的差异。认定为天灾，表明人类将大自然报复的根源和责任归之为“天”；若认定为人灾，则表明人类将大自然报复的根源和责任归之为人。殊不知，全球性的表土流失、土地沙漠化、草原退化、森林锐减、物种濒危、资源日趋枯竭、大气水体严重污染等现象，正是人类滥垦肆伐、穷捕乱杀、盲目开采、大肆排污的结果。简言之，自然的一切反常现象，均是人类长期“与天奋斗、与地奋斗”失度的苦果，只不过人类文过饰非、不肯承认罢了。

1775年，当伏尔泰为里斯本大地震中死去的千万生命愤慨不已时，著名思想家卢梭则回应道：发生灾难，错误不在大自然，因为不是大自然“把2万家庭聚集到六七层的楼房中的”。卢梭精辟的回应道明了一个事实：人类的一切行为到头来均会自食其果，善有善果，恶有恶报。

物欲能无度吗

当今世界，凡经济越发达的国家，其主导力量往往是超常的消费能力。究其消费理念和习惯有“二超”：一是超越自己支付能力的消费，即所谓超前消费；二是超越自身生存需要的消费，即所谓超需消费。为此，发达国家在近一百多年时间里，其商品和服务的总量几乎每15年翻一番，而且其翻番周期渐趋缩短。这些国家每人每年约消耗30顿物资，其中仅有1%—1.5%变为消费品，剩余的全转变成“三废”而留存地球。为适应这种需求，形成了占全球人口15%的发达国家配置着全球3/4资源的格局。因此，人与自然已经成为同一事物互为依存的两个立面，一荣俱荣，一损俱损。正如马克思、恩格斯所断言的：“历史可以从两个层面来考察，可以把它划分为自然史和人类史。但这两个方面是密切相连的；只要有人存在，自然史和人类史就彼此互为制约。”

如果说，科学技术是为人类向大自然索取创造了功能性武器的话，那么现代经济理论，尤其是现代金融理论，则是为人与人之间争夺财富提供了文明的手段。但这种手段其实是一把双刃剑，剖析这次美债危机就可以明了这一点。美国债务虽不能断言已进入危机状态，但2011年7月31日奥巴马总统正式宣布两党对政府债务上限达成一致意见前的状况，大有危机前夜“山雨欲来风满楼”之势。**经济危机是经济波动的一种极端形式，其作用机理是通过非常手段促使经济活动回归理性，**但其回归过程往往会伴随着危机负面效应放大的杠杆作用，这个杠杆便是社会的预期。**面对20世纪30年代经济大萧条，罗斯福总统说过：“最大的恐惧，莫过于恐惧本身。”**罗斯福所说的“恐惧”，便是指社会预期的恶化。当前，**发达国家债务危机正面临着全球投资者“预期”的**

考验。

首先，应正确解读美国债务危机。

马克思曾经就信用发展与危机之间的关系说过："信用制度加速了生产力的物质上的发展和世界市场的形成，使这二者作为新生产形式的物质基础发展到一定的高度，是资本主义生产方式的历史使命。同时，信用加速了这种矛盾的暴力之爆发，即危机，因而促成了旧生产方式解体的各要素。"美国极度扩张的信用关系在这次金融海啸中起着推波助澜之作用，它足以证明资本主义进入国家垄断之后，并没有弱化这种关系。美国主权债务危机发生以来，之所以会引起全球舆论的关注和恐慌，源自于**在过去的10年里它是发达国家中经济增长最快的国家，成为全球最大的经济体、贸易体和金融体，更是全球最大的直接投资输出国和流入国，占了全球金融资产的40%。**当美国两党激辩国家债务上限提高的前夜，世人不寒而栗地想起了2008年雷曼危机和2010年希腊引爆欧洲债务危机时出现过的类似险情。随着奥巴马总统宣布两党达成债务上限协议之后，在党派影射、媒体炒作和标普评级的作用下，国际社会对美国金融实力和美元地位的怀疑气氛开始漫延，其焦点集中于对美国经济的信心。这里，必须厘清的问题有：

一是美国债面临的"赤字财政"规模之争，其本质是信用货币发行管理机制之争。与欧洲部分国家丧失还债能力的欧债危机不同，美债问题的关键是通过国家债务上限的提升，允许政府在提高赤字水平的状况下继续举债，而并非缺失还债手段的问题。美国债构成主要有三部分，包括金融海啸期政府从私人部门接手的庞大债务，为刺激经济而增加的财政支出以及历年财政赤字的积累。由于**美元作为全球各国主要储备货币的地位，加之经济基本面尚好于欧洲和日本，美国增税和减支的措施完全可以实现偿付债务。**此外，与欧洲国家信用级别调整导致市场信任降低和资金链断裂不同，美国国家信用级别调整主要是提高了其融资成本和伤及存量国债的价值，而于经济基本面产生的实质性冲击并未比预期的大。其实，美国政府真正关心的并不是能否偿还债务，而是债务能否"缩水"。

在这场危机的背后，折射出深刻的政府执政思维上的误区：首先是主权债务的偿还，主要依赖改变政府财政收支，还是靠实体经济的发展？其次是各国央行的目标管理是为金融体系提供流动性服务为主，还是为政府公共开支和公共债务买单？最后是国际储备货币发行者的职责是稳定储备货币币值，还是规避本国经济衰退的风险？令人遗憾的是，在应对主权债务危机过程中，各相关主权国家政府几乎无一例外地选择了后者。这里的要害，是主权国家信用货币发行管理问题。

二是美国债务危机与当年金融海啸的主要区别在于债券市场的继续运作。从表面上看，当下的危机不仅仅是货币和银行危机，还增加了一个主权危机。尽管美国主权信用评级下调，欧元区债务危机继续扩散，**但是，至今没有一个债券市场彻底被冻结，包括一些金融衍生品市场仍在继续交易之中。这与金融海啸期间全球整个信用市场被冻结的情况不能同日而语。**其中一个重要的信号是，人们对美元的地位尚未完全失去信心。有数据证明，随着国际资本避险意识的强化，2011 年三季度黄金、美债作为安全资产和美元、人民币等作为安全货币，日益受到追捧，收益最大。其美债规模占了全球债市的“半壁江山”。当前，市场的诸多消极反应，只是基于**对未来经济复苏前景的忧虑，是全球投资者对货币政策作用效果的失望。**因此，目前将金融市场的消极反应视作新一轮金融危机的“前兆”，尚缺乏足够依据。当然，**值得警惕的是当前全球金融衍生工具的市值达到 600 万亿美元，已是全球实体经济的 10 倍以上。**这种金融市场流动性的泛滥，与欧洲债务危机的“做空产品，释放风险”的预期相背道，也正是它加剧了欧债危机的风险。为应对危机，欧洲国家普遍采取了增税和减支，这种急功近利的手段，收到的往往是社会动荡的效果，英国伦敦的街头骚乱便是证明。正是基于物欲无度的信用关系之极度扩张，才导致全球金融市场流动性的泛滥。这种扩张偏离了实体经济的需求轨道，才是危机的本质。因此，实体经济的增长才是从根本上摆脱国债危机的出路。

三是美债危机的根本出路是培育经济新的增长点。历史上每一次**重大经济危机发生之后，均会孕育一场创新活动，**其中包括制度创新和技术创新。20 世纪 30 年代的经济大萧条之后，美国推动了新一轮科技革命，从而积累了全美 40％的科技创新成果。因此，有专家断言，

2008年金融海啸以来的经济衰退，是人类社会第三次科技革命（核能、航空航天、计算机和信息技术）推动经济增长的动力，**走向衰竭的必然结果。美国人口占全球仅5%，而其科学家、工程师及研究人员占全球1/3，研究经费开支占全球40%，发表的科技论文占全球30%。**有鉴于此，尽管美国经济复苏步履艰难，但它仍然处于全球以创新驱动为特征的世界经济发展的中心。当前，美国债务的增长和迫使债权国货币汇率变化（如中国人民币升值）的手段，之所以不能有效解决其失业问题，根本原因在于国内尚未出现新技术革命的征兆，进而制约了新经济增长点的形成，严重制约了实体经济的发展。但是，**"尚未出现"不等于"不会出现"。**一旦新技术革命萌生，辅之以美元的"超级货币地位"及其良好的经济社会制度架框，其经济复苏不一定是空话。事实上，从2010年2月份以来美国私营企业已增加了410万个就业岗位（以每月16万个速度增长），而政府部门出于节省开支，已削减了100万个工作岗位，其数据反差不值得我国反思吗？当然，问题的关键是美国政府还要纠正三大决策错误，即国内危机国际化、实体经济虚拟化、储备货币发行政治化。全球投资者维系的信心也基于此。因此，尽管标普降低了美国政府债务的等级，但美国债的价格却不跌反升。又据国际货币基金组织2011年6月30日公布的官方外汇储备数据显示，截至2011年第一季度末，全球确认的5.3万亿美元的外汇储备中，3.2万亿美元为美元债务，占60.5%。

其次，从美国债务危机引出正确的思考。

通胀本质上是一种货币现象。2008年金融海啸之后，各国央行无一例外地从最初为金融体系提供流动性服务的主旨，转向了为政府公共开支和公共债务埋单的目标。其中，作为国际储备货币发行者的美国，率先背离了储备货币币值稳定的目标，坚定地选择了规避国内经济衰退风险的目标。目标选择的转向，导致当前仍有15万亿至16万亿美元的"热钱"在全球金融市场大规模地快速流动。这种法定信用货币的发行过程受到政治因素影响的事实，不得不令人怀念起"各主权国家的纸货币供给数量和增长率都严格受制于本国货币当局的黄金储备，国内价格水平受到严格控制"的金本位制度时代。人们的这种"怀旧"

情结，折射出全球投资者对货币发行“非政治化”的诉求。而这种诉求的背后则是对这场全球发达国家债务危机的深刻反思：

一是对高额外汇储备的反思。宏观调控的四大目标之一是国际收支平衡，赤字和盈余均属“失衡”。收支赤字，降低了国际支付能力；收支盈余，将国内储蓄免费给外国利用。因此，传统理念上的国际收支追求的是适当盈余的“平衡”。而按照现代经济的理念去认知，盈余的功能大体有三：① 作为外汇储备的资产；② 作为国家战略投资基金；③ 作为社会经济改革的风险资金。基于这样的认知，外汇储备不仅仅具有支付和结算功能，而更是国家实力地位的象征，是信用、信任和信誉的体现。从2000年到2010年，我国人均外汇储备从130美元上升到2 044美元，人均外汇储备占人均GDP比重从13.7%上升到46.6%。当前问题的关键，既有人民币占位超发之患，更有管理模式僵化之忧。当储备资产日益面临贬值和国民福利净损失的关头，需强化的对策有：

第一，加快形成双向浮动的人民币汇率制度。我国3万多亿外汇储备作为充裕的国际支付能力，正在为人民币升值创造条件，而75万亿人民币的高额国内存量（超过GDP1.8倍的储蓄余额），却意味着人民币具有贬值条件。6年来，我国人民币单边升值的历史证明，其对于改善中美贸易的失衡和遏制通货膨胀并无实效，而造成的最大危害却是引发国内资产价格的暴涨，进而加剧整体经济的泡沫化。因此，建立更有弹性的双向浮动的人民币汇率机制是时代呼唤汇改的声音，这种声音体现在通过对人民币汇率波动进行动态管理和调节，来保持人民币汇率在合理、均衡水平上的基本稳定。这种稳定的取得，其前提条件是有利于“三大关系”的优化：① 汇率浮动预期与国内经济情况的把握之间关系；② 中国货币与国际主要货币之间汇差和利差的关系；③ 短期打击投机套汇资本与长远解决贸易顺差的关系。这才是真正意义上的“参照一揽子货币，有管理的汇率浮动制度”的目标指向。

第二，调整外汇储备管理思路。我国庞大的外汇储备的一半左右投资于包括美国国债在内的美国债券，这在当前资产收益率有失对称的情况下，就等于我国央行正在用高收益率的股权资产去交换低收益率的资产。这是因为，在2000—2006年间，美国对外金融资产收益率（即资本投资回报）高达9.8%，而美国国债收益率仅为3.5%。**这种债权国与债务国之间权益分配上的严重失衡，必须靠调整我国外汇储备的货币结构和改变外汇储备的管理思路来解决。**解决的方向是将我国的资本优势向制度和配置优势转变，目标是提高在全球配置资源的能力。对策上可将外汇储备资产分解为战略性储备资产和收益性储备资产，实行“两手抓”，即：① 通过合理使用外汇储备，逐步建立要素资源战略储备制度；② 通过设立主权财富基金提高储备资产的收益率。主权财富基金已成为当今各国政府管理外汇资产的重要平台和长远战略。据资料显示，全球主权财富基金管理的资产已高达4万亿美元，而我国的主权财富基金不仅规模偏小，而且在投资结构上又过份追求资产的流动性与安全性，严重制约了股权投资比例。以我国中投公司2008年的资产配置为例，其现金类资产占比高达87.4%，固定收益证券占比9%，而股权投资仅占3.2%。与此相对照，全球主权财富基金平均资产配置水平是：债权占25%，股权占45%，其他资产占30%。当然，在金融寡头垄断大宗商品定价权的今天，提高储备资产收益率是极富难度和风险的。

第三，借势提高人民币的国际地位。将人民币与我国巨额外汇储备货币挂钩，是人民币走向国际化的捷径。历史上英镑和美元的核心储备地位，是靠国家曾经拥有全球75%以上的黄金储备获取的。如前所述，尽管当今储备货币面临各种风险，但由于市场的信任依然存在，因此它并没有失去金本位制下的“准黄金”作用。据此，**有人提出可以尝试允许世界各国或机构凡持有人民币的，可以随时兑换为储备货币（固定汇率和浮动汇率均可）。**这样做，实际上将我们曾经向国际货币基金会和美国申请争取“把人民币作为特别提款权（SDR）的定值参照货币（没有获准）”的诉求，转变为由国家外汇储备规模自定话语权。这一设想，充分体现出一个国家外汇储备的规模性价值。但是，从根本上说，只有当我国拥有更深化和具有更高流动性的金融市场后，人们才会持有大量人民币。而要实现这一目标，必须加大金融改革的力度，逐步放松资本管制。

当然，近来时有将庞大的外汇储备能否“分点给老百姓”，或是“支持社保基金”的争论。争论的出发点是基于合理化解储备风险的良好愿望，但人们也许有所不知，外汇储备对应着人民币负债，如果对其进行重新分配，势必要对应发放人民币的基础货币，会再次推动人民币供给规模的扩张，转而导致更加严重的通胀，这于人民根本利益有害无益。

二是对高福利制度的反思。这次面临主权债务危机的国家，往往正好集中在高福利的国家。这些国家巨大的公共福利开支，正在日益背离着“减税”的社会诉求。这种背离，隐含着宪政与民主的历史关系。当20世纪中叶普选制盛行于西方国家之后，改变了长期以来选举权被少数人操纵的格局，多数人的利益诉求取代了少数人的利益诉求的结果，孕育了“高福利社会”。少数人垄断选举权时，选举人更多的是关注宪政问题，对政府滥用权力进行了限制，而对多数人的痛痒缺乏关注，他们的权益(集中在福利上)往往得不到有效主张。当多数人获取选举权之后，必然对自己长期以来的关注点予以主张，它直指政府与人民之间的利益分配格局，要求政府减少税收和增加公共福利支出。减收与增支是一对难以两全的矛盾，但无论是对于选举权人，还是对于政府，这都是取信于民的基本条件。而这种条件的满足必然以政府无节制地举债为代价。因此，欧元区的希腊、爱尔兰、葡萄牙、西班牙、意大利等国总债务余额高达1万亿欧元，而美国更是提高政府债务上限为21万亿美元。一旦到期债务缺失偿还能力时，危机便会降临。美国国会深知其中利害，因此在提高政府债务上限的同时，设定了附加条件，即必须在2013年之前削减政府赤字财政约2.5万亿美元。

高福利国家削减赤字贯有的两策，正好与民众诉求相背，即一是增税，二是减支。增税只是饮鸩止渴。因为，一旦增税财政是解困了，但企业必陷困境，导致破产和失业，反而增支失业救济金(高福利政策之一)。若削减政府公共支开，虽可减少举债，但又必将导致社会动荡。英国伦敦街头持续不断的骚乱，便是代价。这正是国际社会广泛反思的课题之一，也许是我国未来强盛之后终将面临的课题，尽管它还属于遥远的将来。

三是对国际社会经济分工的反思。由于国际经济分工中的高端环节几乎全为发达国家所掌控，他们通过手中的技术优势牢牢地控制着能源丰富的国家和劳动力丰富的国家，固化了支配与被支配的国际关系，从而导致了占全球人口15%的发达国家配置着全球3/4资源的结果。这种分工格局主宰着全球贸易失衡：**东方制造实物产品，西方制造金融产品；东方储蓄，西方消费。**日益困扰全球经济的“经济失衡”，正是这种分工的必然结果。但也正是这种结果拯救了美国广大失业者，原因是大批微利，甚至是无利的中国便宜货（远比国内便宜）犹如潮水般地倾销美国，缓冲了当地高物价，使失业者靠救济金就能过上安稳舒适的日子，从而免遭20世纪30年代大萧条时美国失业者之厄运。但中国为之付出了沉重代价：中国出口便宜货是第一次损失；尔后用创收的外汇去换回正在贬值的美元是第二次损失；最后为规避美元币值的风险，赶紧去购买被动贬值的美国债是第三次损失。正因为如此，国内引发了持续不断的有关购买美国债的非议之声。

国内争执的要点有二：① 明知美元走弱，美国债已风声鹤唳，为何央行还要出手购买？持这种观点者忽视了一个重要的背景，即经济全球化条件下的国际经济关系是一个“一损俱损，一荣俱荣”的唇齿相依的关系。我国作为美国头号的“债主”，美国债一旦出事，损失最大的莫过于中国，因此挺“美债”无异于救自己。当年金融海啸袭来时，美国政府出手收购岌岌可危的“两房”债券，不也救过中国一次吗？否则，中国持有的数以千亿美元计的两房债券必将损失惨重。② 美国会不会借印发美元的手段赖账。持这种疑问者又忽视了美国“特色”的国情，即举债主体（美政府）与货币发行主体（美联储）的相对独立性。因美联储是一个民间机构，与政府的相关度完全不同于我国政府与央行的关系。在美国，增不增发美元，由美联储这个货币当局是否需要购买美国债而定。其实，当前美政府发行的国债主要买主是各国政府的央行，而非美联储。眼下为应对全球债务危机的长远之策倒是我国应尽快实行经济转型，通过要素地位的改变，去改变我国在国际经济分工格局中的低端地位，进而改变人民币在国际货币中的从属地位。

最后，应重视美债危机对中国经济的启迪。

经济全球化是一个利害相间的过程，其负面效应的作用系数，在我国传统的发展模式和超量的外汇储备之间的扭曲关系之下被放大。美债危机对我国经济的震荡，便是这种负面效应在金融风险管理上的集中体现。而对危机局面，我国的应对之策应当是：

一是尽快转变发展模式，改变我国在国际经济分工格局中的低端地位。 20 世纪中叶以来，全球曾出现过两种完全不同的经济发展模式，即以巴西为代表的“拉美模式”和以四小龙为代表的“东亚模式”。拉美模式的特征是在经济高速增长的同时，伴随着大量的贫困和严重的贫富不均，最终因导致严重的通胀而一枕黄粱。而东亚模式则不同，在经济快速增长的同时，并没有出现大量的贫困和贫富严重不均等现象。发展模式决定分配方式，因此两种模式在税负公平上有天壤之别：如 2009 年度的个人所得税来源，中国有 60%来自工薪阶层缴税，而新加坡有 93%来自富豪贡献。我国这种税收格局的形成，原因在于根据起征点决定的个税，只占全部税收的 7%。作为税收主力的消费税，是由个人消费量来承担。而**根据消费边际理论，穷人群体的消费总量远远大于富人群体。**中国经济发展路径中的经验和教训，并非中国特有，也可以在其他国家找到“范本”。

当前我国面临的困难和挑战，与 20 世纪六七十年代拉美模式的相似度极高。美国政府屡屡挑起中美汇率争端，除其平息“占领华尔街”行动的意图之外，另一个重要口实就是我国基于传统发展模式之上的出口规模。其实，尽管我国出口规模占经济总量有 1/4 之巨，但从出口产品生产过程分析，包括原料和中间零部件相当部分不是中国生产，如按附加值计算，中国出口仅占经济总量的 12%左右。要使我国经济高效益地可持续发展，就必须尽快从拉美发展模式转到东亚发展模式上来，这是最根本的，也是最关键的对策。中国经济高速增长的两大主轮——工业化和城市化模式，其面临的转变是：① 工业化进程要从增量模式转到效益模式上来，即从要素投入拉动模式转到创新拉动模式上来；② 城市化进程要从房产化模式转到功能化模式上来，即从扩大贫富差距的争利模式转到造福于民的让利模式上来。原因在于，靠大规模投资推动的城市化，不是一种普惠的发展模式，而是一种贫富“马太效应”的发展模式。这就是中国老百姓消费水平低于印度的根本原因。因此，发展模式的选择指向归根结底是民生地位的确立。民生目标下的GDP是物欲有度的经济模式，政绩目标下的GDP是物欲无度的经济模式。要想转变我国发展模式，必须先做好几件事：

第一，立即停止GDP竞赛。GDP是一种国民经济交易的精确的货币规模统计，在中国国情条件下，它有两个“软肋”，即无法反映经济质量和水平，又便于政绩工程师从数据上造假。据2011年7月底统计，全国31个省市统计“半年报”的GDP总量为230 867.47亿元，超出全国官方统计GDP的204 459亿元。其后果有三：① 导致中央宏观决策失去正确的判断依据；② 诱导全国追求低水平、低质量而又能高产出的GDP。这种GDP的构成巩固了传统发展模式的地位；③ 助长了地方政府欺上瞒下之风。

第二，克服浮躁的民族情绪。我国历史上曾先后出现过自暴自弃和妄自尊大的两种民族情绪交替主宰的格局，各地“赶超”战略决非图一时之快，而是有其深刻的民族情绪渊源的。其实，妄自尊大与自暴自弃互为表里，是同一种情绪的不同表现形式而已。有人断言，中国2030年经济上将超过美国，但这是指GDP总量，而GDP不能全面反映国家的经济实力。包容性指数才能衡量一国的财富，它包括财富来源的人力资本、实物资本和自然资本的总量。盲目的赶超思想在我国具有普遍性，是一种民族思潮的折射，其不当之处是忽视了中国仍然是一个发展中国家的基本事实，它尚未走完社会主义初级阶段的历程。经济发展中的不平衡、不协调和不可持续性已经到了不可等闲视之的田地。基于这种脆弱基础上的经济，面临的主要不是赶超，而是转型。正如列宁同志所言，叫退一步，才能进三步。原因是，**“赶”是指比速度，其驱动力靠资本要素和劳动要素的投放。**这一点我们经常在干，已是轻车熟路之举。**而“超”是指比质量比水平，驱动力靠综合要素生产率水平的提升。**这是我们的弱项，它基本受制于发展模式转变的进程。

第三，将自主创新作为发展模式转变的牛鼻子来抓。要改变国际分工的低端地位，必须推进产业升级，而产业升级的核心指标是技术升级，而技术升级主要体现在自主创新的能力上。**判定一个地区自主创新的效果，其标准应当是形成技术、材料和工艺的持续更新能力的资源基础和制度安排，以及这些能力是否成为提高工业效率、改善民生质量和提升地区竞争力的源动力。**尤其是北京、上海这样的创新资源相对丰富的地区，应率先实现如下转变：在技术管理上要从追踪模仿转向自主创新；产业管理上要从“代工制造”转向“创意设计”；增长机制上要从有形资源投入为主转向无形要素投入为主；比较优势发挥上要从低成本价格竞争转向自主品牌的竞争。随着 3D 打印机、人工智能、工业机器人等现代装备和生产技术的成熟，全球第三次工业革命将不可避免地降临。届时，传统的低要素成本大规模生产同质产品的比较优势，终将被先进制造手段生产的个性化、高附加值的优势所取代。

二是尽快转变宏观调控模式，降低经济波动的强度和频率。学界曾一度担心的“滞胀”，在中国现行宏观调控模式之下并非纯属“杞人忧天”之谈。原因在于，传统的宏观调控模式难以应对当前三重叠加力量所推动的物价上涨，即：超量发行的货币不能被供给吸收，地方财政积累对房地产业的高度依赖和农产品价格蛛网模型的周期性波动。在发展模式长期依靠投资和出口拉动的现状不能改变的态势下，全球债务危机的作用链在投资增速走向控制的国度里，必然会促使经济下行，其结果很有可能出现经济下行、失业上升、物价高涨的滞胀局面。

为避免这种局面的出现，我国宏观调控必须转变思路和模式，其内容有：① **财富分配的重心要从对政府倾斜转向对民生倾斜。**财政收入增长速度，应与居民收入增长速度相适应。旨在增强居民消费能力，以逐步取代投资和出口对我国经济的拉动地位；② **税收优惠政策重心要从对资本倾斜转向对劳动倾斜。**要为吸劳率高的中小企业减轻负担，促使“就业——收入——消费”良性运行格局的形成。著名的拉弗曲线告诉我们，税率不是越高越好。当税率提高到 100%时，等于是零税率的效果。因为，当把人所有的收入都当成税收上缴时，劳工不愿生产，投资者不愿投资，政府就收不到税收。③ **货币流向的重心要从大型企业转向小型企业。**货币政策调控要与银行体制改革联动，旨在打破银行业高度垄断局面，从体制上确保货币能流向小型企业；④ **社会**

热钱流向的引导要从提供炒作空间转向有利于增加土地供给。宏观调控应与土地制度改革相结合，要引导和鼓励投机炒作哄抬物价的社会资金到未利用的土地改造中去得利，以求增加土地要素供给；**⑤ 政府开支的重心要从“三公”领域转向公共服务领域。**要严格压缩“三公”开支的规模和比重，减轻社会通胀压力，增强公共服务财力。

三是强化对地方债务的监控和管理。地方债务问题的关键在于其融资体系缺乏透明度，其提高的方向是要有利于规范政府与市场、财政与金融、规模与效益、短期与长远的关系。截至 2010 年年底，我国三类地方政府债务，即负有偿还责任的直接债务、负有担保责任的债务，以及或有债务、偿债困难时可能需要政府给予一定救助的债务，合计共有 10.7 万亿元，约相当于我国 2009 年 GDP 的 26.9%。加上我国公共部门债务，其债务率应在 50—55%左右，尚未达到国家设定的 60%警戒线。当然，国际信用评级机构（如穆迪）根据中国统计数字的习惯性偏差所形成的惯性思维认为，这个数字被低估了，差值为 3.5 万亿元。

且不管评估数字存在的争议，有几点认识可以取得一致：**① 我国地方政府债务因资金周转不灵而引发“多米诺骨牌”效应的可能性并不存在。**其原因在于我国经济盘子巨大，各地经济不平衡性明显，只要监控得当，引发“连锁”的可能不大。**② 地方债务融资管理的重点应当从规模管理转向效益管理。**必须改变长期以来“投而不问，亏而不究”的投资局面。而对于基建类长远投资项目，应在严格可行性论证的前提下，针对其短期内不可能有现金流产生的特点，允许其以新债偿旧债，以确保资金供应。**③ 规范地方政府举债行为。**根据《预算法》的规定，地方政府不能列赤字，即没有举债权。以法而论，当前地方政府通过融资平台的举债是一种规避《预算法》的不当行为。这种行为大有“无法无天”之嫌，因为它既无《预算法》保护，又离开了人大制约，还规避了人民群众的监督。据审计署的最新公告，全国 2 000 多个县级市中，仅有 54 个县级政府没有举债。严重事故频发的铁道部已借债 2 万亿元，是个大债主。但其“身份”不明，因为它既非地方政府，又不像企业，是个政企合一的大杂烩，其担保主体应当尽快由国家明确，要确认其债务究竟是由铁路企业的资产去担保，还是由国家公共财政作担保；**④ 应多**

元化解决地方债务问题。地方债务短期内的局部风险比较集中，尤以最近二三年为最。据审计署数据，有24.5%和17.2%的地方债务集中在2011年和2012年到期，3年内需偿还比例超过53%。至2010年底，全国有78个市级和99个县级政府的债务率高于100%。当年地方政府债务余额中，承诺用土地出让金收入作为偿债来源的债务余额共2 573.51亿元，涉及12个省级、307个市级和1 131个县级政府。**这种偿债承诺的利益指向，严重背离了房价调控的目标指向，其后果必然导致房价调控政策的效应被吸收。**为此，地方债务管理不可小视。

解决的方案之一是可以将地方债务与地方资产统筹考量，进而将其"负债表"与"资产表"对账管理。地方政府的资产储备可包括国企股权、矿产、土地等资源，应将资产盘活之后通过央企和大型民企进入市场化运作。据上海国资委公布的63家上市公司为例，其中地方政府持有股权按2011年7月市值计高达5 000亿元，这还未包括政府持股的未上市企业的股权，而上海市的债务据说在3 000亿元左右，如加上土地等其他资产，还本付息应该不成问题。

方案之二是财政部可尝试通过2011年下半年和2012—2013年的预算，增加向地方政府的拨款，以求支持这些合理的项目和保持我国金融业的稳定。尔后，再将大批地方政府融资平台的贷款转移到一家大型的政策银行，由具有专业水平和理财经验的人才去管理这些贷款。这一方案的实施，离不开中央政府的鼎力支持和要有一家政策银行去发行大量的新债券。计划中可成立一个"基础设施偿债基金会(ISF)"，由超额财政收入作为资金来源，专门用于债务到期前回购政策银行的债务。这样，可大大改善投资者对资金偿还的预期。

大凡金融危机多为经济繁荣时期的产物，这就证明了其与经济扩张、监管失控的内在联系。2008年金融海啸前夕，华尔街的投资银行家们为攫取更大的利润，无一不将银行监管视为其业务扩张的绊脚石。摩根大通和高盛集团等独立投资银行在规避监管状态下，积极介入风险投资、进行杠杆交易，利用巨额债务创造丰盈利润的"业绩"，令那些备受存款准备金和银行业务范围规定双重限制的商业银行垂涎欲滴。于是，1999年在空前的经济繁荣时使《金融服务现代化法案》获得通过，从此允许商业银行与投资银行合并，宣告了诞生于美国经济大萧条时期的《格拉斯—斯蒂格尔法案》的寿终正寝；该法案将投资银行和商业银行严格划分开来，银行证券实行分业经营模式。银行经营模式的回归，顺应了金融大享物欲日益膨胀的胃口，模糊了投资银行与商业银行的界限，涵盖全面业务的“金融超市”犹如雨后春笋。其必然结果是，美国金融企业利润占到全部上市公司利润的份额从 20 年前的 5%飙升至 40%。随之，金融衍生品市场也允许商业银行介入，投行领域的高风险借势向商业银行渗透，使严密的风险交叉感染的“防火墙”归于消失。当年格拉斯法案的诞生正是基于人们对金融巨鳄催生金融体系风险的担忧，如今废除格拉斯法案无疑是放纵金融巨鳄在华尔街兴风作浪。于是，历史开始重演，2008 年金融海啸前夕“山雨欲来风满楼”之势与 1929 年大萧条来临前的征兆如出一辙。

至此人们不难明白，人类危机乃是人类贪欲无度的结果。

天灾的帮手是人祸

当今大自然被强加的一切非理性行为，均是人类出自私利目的所作出的错误决策之结果。这种决策正在引导人类以强化第二产业和第三产业为目标，不管信奉哪种意识形态的国家，都在走这一条殊途同归之路。当人们在无节制地依赖动力源推进经济发展的车轮时，有人以19世纪诞生的热力学理论为据，提出了人类经济活动以及它所消耗的动力源是否具有极限的质疑。1865年，鲁道夫·库拉吾丘斯第一次提出了“废热、废物”的概念，其一个基本点是能量与物质的扩散以及劣化，所有的材料资源一旦成为废物的话，那么其热量资源便成为废热。于是，他的结论警告说：“世界的能量是有限度的”，“世界的废热、废物会向最大值方向演进。”

于是，另一个疑问便应运而生，那就是：基于石油、二氧化碳、“废热、废物”的日益增加，生态环境严重恶化的“大量生产、超前消费”型社会，会给人们带来幸福吗？当然，人们在对付大气污染时，首选考虑的能源替代对策会放在发展原子能上。但是，原子能所产生的放射性公害具有生产链的特性，包括其生产过程、运输、储藏、废弃，甚至是灾损。全球的核电站大多建在沿海地区，因此多半使用海水作为电站的冷却水，这就必然会通过温排水的方式向大海排放，不仅会提高海水温度（上升7℃），而且会使有毒物质转化为一种能致命的氯，再加上人类活动排放的二氧化碳，导致海洋出现最近3亿年来速度最快的酸化，从而严重危害了海洋与大气层。

除此之外，一旦核电站位于地震海啸多发地区，则其破坏系数将数十倍地放大。全球平均每年发生的大小地震多达500万次，其3级以上约10万次，5级以上约1 000次，7级以上约18次。问题的关键还在于地震发生的位置和区域，它决定由此诱发出的其他灾害（如火山、海啸、滑坡、泥石流、城市火灾等）的程度。日本2011年3月15日的大地震之所以会造成极其严重的经济后果，就是由其灾发地点所决定的。

日本这次里氏9级的大地震发生在东北沿海工业区，其对经济产生的深刻影响，**可从日本经济在国际分工中的地位、该国资源特征、产业布局结构及其发展模式的视角去综合评估，才会得出正确的结论。**这种结论有助于我国各级政府把握机遇、趋利避害。

第一，大地震对日本经济的影响。

自2010年秋天以来，日本经济整体都处于低速状态，当年第四季度的经济增长率为－1.3%，2011年第一季度刚扭转局面变为增长2%。这一转变的贡献主体是汽车、材料和半导体产品的出口拉动。但是，这次大地震中，日本的日产汽车、丰田汽车和本田汽车三家日系汽车企业，鉴于其在灾区的工厂受损，又因短期内运输渠道尚不能恢复，均宣布暂时实施停产。而作为占全球半导体市场五分之一天下的日本芯片制造商的东芝公司和索尼公司等，先后已关闭了生产企业，或是停止了产品出货。经济规模占日本GDP8%左右的地震重灾区，虽非日本主要工业区，但其集中的汽车、核电、石化和半导体等众多重要产业群，在日本经济复苏进程中占有举足轻重的地位。为此，**日本野村中国经济学家孙驰表示，地震已将日本经济复苏时间推迟到下半年，甚至到第四季度才能看到复苏的迹象。另据新加坡经济分析人士当时预期，这次地震可能使日本全国GDP降低1%，恢复期可能需要一年。**这种分析基于如下的判断：

一是地震对日本实体经济影响的评估。据不完全统计，三井化学、三菱化工、JEE制铁公司、住友金属工业、丸善石油公司等21家日本大型企业的数十家工厂均进入停工状态。例如，起火的COSMO石油公司千叶炼油厂是该公司最大的炼油厂，日处理原油能力22万桶。日产公司停工的5家工厂涵盖了发动机生产、车辆组装、车用电池等多个部门。日本电力供应有很大比重依靠核电。当年，全日本有56座核反应堆，供电比重占20%，本次灾害导致11座核反应堆关闭，如果短期内无法恢复供电，将迫使东京电力公司实施轮流停电的非常措施。一旦电力供应不足，加上物流渠道不畅，位于全球供应链供货地位的日本产业将被迫处于停产困境。除汽车之外，重灾区的高质量钢材和其他金属材料，如特种玻璃、发动机、微型轴承等均是全球主要供应商。据称，其中该地区的微型轴承产量占到全世界总产量的70%。

但是，**从日本产业在全球经济中的分工地位判断，地震对其影响的程度并没有严重到令人悲观的程度。**首先，由于日本政府注重"产业立国"政策，其低端产业向海外转移已成定势，国内生产总值(GDP)与国民生产总值(GNP)的偏差很大，地震影响的只是GDP，而于GNP毫发无损；其次，日本自主研发的核心技术利润丰厚，但并未因地震而受损。因为技术研发和管理部门并不在灾区，而集中在公司总部云集的东京和大阪；再次，灾后重建所创造的GDP，也许会大大抵消因灾损导致的企业停业损失。

二是地震对日元汇率影响的评估。在经济疲软之中寻求复苏的日本，其动力主要指望出口。而决定出口规模的关键是规避日元升值。虽然地震当日之后，东京外汇市场日元对美元汇率一度大涨约1.4%。但由于企业应对重建以及保险公司出售海外资产应对理赔等避险性需求，又迅速导致美元兑日元刷新至83.28，直至第4日日本中央银行宣布将向金融市场注资18万亿日元之后，才使之徘徊至82.00附近。**此前的"金融海啸"的影响已经使日本金融市场出现了动荡，如今发生的"地震海啸"必然会导致日本金融市场的雪上加霜。**况且，日元走势的影响因素已经从基本面的关联走向了市场情绪的关联，而这种情绪将在更大程度上取决于地震事态的发展和最终灾损评估的"决算"。

三是地震对日本财政影响的评估。日本大地震发生之日，正值政府与财政赤字艰难博弈之时。当时，日本的债务已经上升到GDP的200%之高度，高于全球任何一个发达国家。据日本财务省2011年2月10日发布的统计数据，截至2010年12月底，日本政府债务余额已高达919万亿日元，日本国民人均债务为721万日元。同时，预计从2011年4月1日开始的日本财政年度中，政府债务还将增加5.8%，达创纪录的997.7万亿日元，占GDP的比例将高达230%。大地震发生之后，鉴于大规模的财政需求，日本债务有增无减。**据此，国际货币基金组织(IMF)当时预测，日本公共债务相对于GDP的比例，到2012年和2016年将分别达到232%和277%。从而使日本成为发达国家历史上财政最恶化的国家。**在此背景之下，国际信用评级机构纷纷对日本采取了不利的评级举动。2011年2月22日穆迪宣布，将日本主权信用评级前景从“稳定”下调为“负面”。标准普尔则在1月份已将日本长期国债信用评级从“AA”下调为“AA-”。**日本的债务危机不仅大大提高了日本政府融资的成本，也强化了其债务风险，而且还影响到全球市场，造成连锁反应。**

第二，大地震对世界经济的影响。

当时的日本毕竟在世界第二大经济体(仅次于美国)的宝座上已稳坐42年，其对全球经济的关联和影响绝对不可等闲视之。11日大地震后，全球股市应声大跌便是证明。亚洲股市普遍下跌，欧洲三大股指盘中跌幅近1%，稍后开盘的美股小幅低开后震荡下行。当天原油期货同样大幅下挫，盘中一度跌破每桶100美元，原因是日本这个全球第三大石油进口国的炼油设施已遭受重大破坏。日本投资者避险举措和保险公司理赔举措的双重作用，导致外汇市场上日元急速走高。**由于全球保险业和再保险业受到地震的致命打击，使瑞士再保险有限公司、慕尼黑再保险集团和汉诺威再保险公司的股价下跌均超过4.55%。**

尽管日本GDP只占全球的2.2%，但**由于国内高端产业的集中和海外低端产业的扩散(号称已打造了一个“海外日本”)，从而构建了“雁行形态”的日本经济。**雁头是日本本土的高端产业链位置的企业，掌控着全球上游的产品和技术，诸如韩国、中国台湾地区等主要为日本技术提供配套。而中国大陆很多企业在产业链上只是日本经济的“雁尾”，搞搞组装而已，处于产业链的下游。

以电子产品领域为例，东芝公司在灾区内的一家工厂，由于其生产的芯片主要用于更为高端的产品，诸如手机、闪存、汽车的自动控制系统等，如果一旦停产，下游代理企业拿不到货，就会囤积惜售。而如果灾区工厂不能很快恢复生产，市场又无替代者，则全球芯片价格必涨无疑。中国企业所面临的此种风险，便是上游产品供应不足引起的。如前所述的还有日本灾区工厂供应的微型轴承(占全球产量的70%),一旦断货,对世界经济的不利影响不言而喻。例如,受日本芯片供应不足影响的就有苹果公司的iphone和ipad等产品的关键部件,因为它们高度依赖日本厂家的NAND闪存,甚至连美国波音公司的787型“梦想”客机的机翼和主起落架等重要零部件均由日商提供。这些关联都充分体现了日本在全球产业链分工中的重要地位,一旦供应链发生危机,危机时间的长短将决定全球厂商损失的大小。**“一损俱损,一荣俱荣”是经济全球化的生动写照,也是日本大地震对全球经济关联性影响的客观描述,更是全球主要国家火速向日本灾区伸出援手的行为逻辑。**这种关联性不仅体现在全球的产业链关系之上,而且还表现为大地震对全球商品期货和资本市场的互动之中。国际油价走过由跌到涨的历史,油价在应声下跌之后,又因灾区重建启动而增加原油需求导致油价反弹。此外,日本又是全球铁矿石需求大国,由于其许多钢厂停产而减少2 000万吨铁矿石的需求,从而打压了全球铁矿石的价格,进而拖累了全球经济。

第三,地震对中国经济的影响。

中国是日本近邻的一个贸易大国,又是一个制造业领域“代工生产”的大国,其受日本大地震的影响主要集中在以下方面:

一是对我国贸易的影响。据我国商务部当年公布的《2010年日本货物贸易及中日双边贸易概况》,我国是日本第一大贸易伙伴、第一大出口目的地和最大的进口来源地。日本也是中国最大的进口来源国。据我国海关统计,2010年我国对日出口1 210.6亿美元,进口1 767.1亿美元,逆差达556.5亿美元。该年我国从日本进口的主要项目中,机电、音像设备及其零件、附件达848.127 4亿美元,占48%;而车辆、航空器、船舶及运输设备为167.117 0亿美元,占9.5%,其中车辆及其零附件(铁道车辆除外)154.591 2亿美元,占9.0%。而日本汽车和电机公司的生产基地正位于地震重灾区。资料显示,2010年我国有1/3的进口车辆来自于日本(25.3万辆),仅次于欧盟。其中广东在2010年1—7月间自日本进口的汽车零部件价值16亿美元,增长近4成。此外,由于日本是消费电子产业的大国,地震对我国进口日本电子产品及零附件的企业影响很大。

二是对我国制造加工业的影响。日本大地震对我国汽车、玩具、石化、电子产品等行业的生产发生不同程度的负面影响。**这些行业的产能利用率因为日本上游中间产品中断供货而降低。在建和改造项目因为日方设备的生产、交货流程中断而被迫减速，而对于从事日本进口零部件组装再外销的加工贸易企业而言，则更是影响深远。**当然，我国部分对日投资企业也难免日本大地震影响。当年 2 月刚刚完成合资的我国联想与日本 NEC 的合资公司也被迫宣布停产。

三是对我国经济提供的发展机遇。这些机遇源自日本大地震对我国产生的正面效应：**其一，有利于扩大我国工程服务输出。**我国作为全球最大的建材、钢铁生产大国，也是全球建筑市场最大的国家，日本灾后的重建为我国提供了大规模工程服务输出的良机；**其二，有利于缓解我国输入性通胀的压力。**由于日本地震拉低了石油、铁矿石等国际大宗商品的价格，在近期内暂时减轻这些商品价格上涨所引发的我国输入性通胀的压力；**其三，有利于缓解我国部分行业的产能过剩压力。**如日本灾后重建的需要，拉动了我国铝的出口，有助于缓解铝产能过剩的局面。据数据显示，我国 2010 年电解铝产量达 1 619 万吨，比上年增长 26.1%，但出口到日本仅为 41.13 万吨，产能过剩已成定局。日本大地震形成的对电解铝需求格局，有利于释放这种过剩产能。

第四，地方政府的应对之策。

优势是转变劣势的结果，正确把握日本大地震所引发的正负经济影响，是趋利避害、捕捉发展机遇的重要途径和手段。

经济全球化形成的国际分工格局是：各国经济在分工中合作，又能在分工中竞争，呈现此起彼伏，一浪盖过一浪的发展态势。日本大地震之后，全球钢材供应减少，意味着钢价上扬；日系汽车市场萎缩，意味着美系、德系汽车受益；芯片短缺，意味着那些在局部市场自成体系的电子产品获得商机；核事故爆发，意味着全球化石类能源和光伏能源受青睐。**以嘉兴市为例，她是一座位于江湖河海之滨的新兴工业城市，其特征有三：① 海岸线与国土面积的特殊比例关系，决定其对外开放系数被放大。**对日经济合作关系是嘉兴经济中的主要海外关系；**② 经济**

要素的高密集度与风暴潮三碰头机会频繁的地理位置关系，决定其自然灾害系数被放大。日本东北沿海地区此次多重灾害的复合性，便是嘉兴防灾工程的"后事之师"；③**"一衣带之水"彼岸的福岛核事故教训与嘉兴百姓对正在运转中的秦山核电站的担忧，放大了社会情绪系数。**福岛事故必然引发嘉兴社会对秦山核电站核废料的处理、核心技术的研发、专业人才的短缺和应急机制的建立等管理水平的关注。为此，市政府应做好以下工作：

第一，认真调查梳理全市受日本大地震"牵连"的相关产业，及时采取对策，化解困难。根据日本产业受损的评估，市政府将关注的重点放在以下产业：南湖区汽配机电产业，嘉善电子信息产业，平湖光机电产业，海盐核电关联产业，桐乡洲泉化纤产业，嘉兴经济技术开发区的汽车零配件产业和嘉兴港区化工新材料产业等。

第二，会同有关部门强化对秦山核电站的协同管理。核电安全具有小概率和高风险的特点，作为暴利行业日益为国人追捧的同时，其"城门失火，殃及池鱼"的风险已在福岛事故中显露无遗。在我国《原子能法》尚未出台之前，嘉兴市政府作为可能被"殃及"的对象，有责任参与秦山核电站的"应急联动机制和信息沟通机制"的建立和实施。

第三，积极把握日本大地震救灾和重建的机遇，输出相关产业的服务和产品。如前所述，日本灾后重建所能创造的GDP将部分抵消受损企业减少的GDP增量，这就是日本本土之外产业的发展机遇。为此，嘉兴市政府应通过信息采集渠道，开展对口活动，以确定参与援建的内容、方式、途径和规模。

日本大地震过去一年之后的余波引人深思：

2012年7月1日，日本关西电力公司在一片抗议声中，重新启动了福井县大阪核电站3号机组。它意味着2012年5月5日开始，日本50座商用核电机组全部处于停运状态的"零核电"时代的终止。它的结束标志着两个时代的再现：一是日本进入了电力供应严重短缺的时代；二是显示了日本政府重返依赖核电时代的决心。距日本关西电力公司决定重启核电后的4天，同年7月5日日本国会的福岛第一核电站事故独立调查委员在东京举行会议，向参众两院议长提交报告称：

事故并非自然灾害所致,“明显是人祸”。这份长达64页的分析报告在未受到“政治干预”的情况下作的判断是,日本政府和核电监管部门以及东京电力公司“实际上剥夺了国家在核电站事故中享有安全的权利”。因为,由于他们之间的“共谋”,才导致了这个危险事故的发生,因而这起事故是“明显的人祸”。报告认为,事故是可以预知的,但由于行业机构的强大,并向监管部门施加压力,要求放松监管,或延迟推出收紧监管的措施,导致“监视、监督机制崩溃”。而他们在事故发生前又高估了核电站的安全性,因而“没有正确地提升最基本的安全规格”,失去了预防核泄漏事故的最佳时机。报告对“人祸”的核心反思,集中于日本“政府危机管理体制”的失范和“政企关系”的严重错位。日本大地震的教训在人祸,人祸的根子不除,天灾依然会再度降临扶桑。

增长与发展不是一码事

在西方的传统理念看来，发展和经济增长是同一个概念，或是同义词。美国版和英国版的《国际社会科学百科全书》的“经济发展”条目下注明“见经济增长”。

《牛津英文词典》中将“发展”释义为“与进化是一个意思”，在其众多的含义中，常用“种子发芽与生长”、“植物与动物的生长过程”喻之发展。唯有西德前总理勃兰特领导的勃兰特委员会在其研究报告中首次提出：“发展是指社会和经济取得称心如意的进展，必须意味着生活条件的改善”，“如果忽视了增长的质量，也不注意社会改革，那就谈不上什么发展”。该报告进而指出，“发展必须包括对整个经济和社会结构进行深刻的改造。这包括生产和需求方面的变化，收入分配和就业状况得到改善。这就意味着发展更为多样化的经济”。

另有专家认为，“发展”主要适用于发展中国家和不发达国家。如美国经济学家、诺贝尔奖获得者刘易斯认为，发展经济学的对象应是1980 年人均产值低于 2 000 美元的国家和地区的经济结构及经济行为。另一位美国经济学家克拉伦斯则认为应将发展概括为消除贫困、失业和不平等。法兰西学院名誉教授、法国数学科学和应用经济研究所所长、著名经济学家佩鲁更是干脆认定，经济增长不等同于发展，二者是不同概念。

面对两种截然对立的发展观，作为最大的发展中国家的中国，应当选择哪一种观点是不言而喻的。对于中国的国情而言，其所选择的发展观应当有利于人与自然、人与人、人与未来这三大关系的和谐发展。在与之相对应的操作层面上，经济发达地区，如长三角地区城市应当在发展模式转变、稀缺资源的高效配置、生态型田园城市建设、城际经济互动及“三农”建设上下功夫。

长三角城市是国际流动资本青睐的地区。资本套利与货币避险，是资本增值与资本保值的关系，形式各异，本质相通。它们对资本(货币)输入国经济而言，是一把双刃剑。在国际热钱大量输入我国时，它与人民币被动超经济发行的态势合力之下，我国已经进入了新一轮通货膨胀周期。这一通胀既带有结构性的特征，又具有成本推进型的特征，其最关键的作用因素是内外夹击的流动性过剩。这种局面，既加大了企业的生产成本和居民的消费成本，更为我国和谐发展提出了新的挑战。为此，我国在加强对跨境资本流动监管的同时，应逐步放松对资本流出的监管，旨在改变经常性项目和资本项目下的“双顺差”。**而国内和谐发展的重点则应放在恢复宏观经济的平衡之上，旨在有效提升自身经济的发展质量。国内经济的不平衡性充分体现在商品、资金、劳动力配置格局的“过剩”与“短缺”并存的局面之上，以致于商品价格、资金利率和劳动力工资已难以有效调节和高效配置供求关系。**为充分把握机遇，发挥自身优势，加快产业转型升级、注重城市功能培育、落实“十二五”规划，正确应对挑战，长三角地区城市政府应努力处理好下述若干关系。

第一，产业升级与发展模式转变的关系

产业升级和发展模式转变是和谐发展的根本，而二者之间又是一种互为因果的关系。长三角地区区域规划中提出的“一核九带”布局结构中，涵盖了铁路公路线，沿海、沿湾和沿运河的“线带”，而产业升级的发展门类中又覆盖了现代制造业、临港产业、现代物流业与特色旅游业(滨海海韵渔情、历史文化和古运河风情)。为充分把握这一国家层面战略规划的历史性机遇，各级政府应改变长期以来传统的产业发展模式，将产业升级与发展模式转变有机地结合起来进行。

首先，要将产业升级与投资模式创新结合起来。在传统的国民经济和社会发展考核指标体系误导下，又在间接融资盈利模式的作用下，我国地方资金的流向几乎共同向低效高耗的传统行业倾斜。由于强大惯性的累积作用，估计我国制造业总产值在不远的将来可望超过美国稳坐全球第一把交椅。**这种得益于投资拉动型而非效率推动型的行为模式，其形成的庞大的产能结构并不符合政府优化产业结构的政策指向，而是由国际采购集团的利益指向和国内提供间接融资的商业银行利润诉求指向所共同主导，因此它总难持久。**换言之，除我国传统外贸战略的局限性之外，国内的间接融资模式弱化了政府产业政策的效应，导致升级产业往往缺乏资金支持，而某些传统产业反倒往往流动性过剩。这种基于落后产能快速扩张的存量结构，已经成为产业结构升级的巨大障碍。这种障碍体现在两个方面：一方面是落后产能陶汰过程伴随着一个社会动荡的过程，其必然涉及到实业破产、职工分流；另一方面是产能投融资模式具有路径依赖性，落后产能的累积效应是其必然结果。为此，政府应做好两手准备：① 建立起落后产能退出的补偿机制，使行业退出管理建立在有效的补偿基础之上。这犹如征地补偿的机理一样，唯此才能落实诸如浙政发［2010］34 号文件的精神。② 扩大企业投融资渠道，改变单一的银行间融资方式。除争取升级产业企业上市融资之外，还可向中央有关机构申请基金资助。例如，可将年利润在 2 000 万以上、具有自身核心竞争力的智能电网企业经过包装申请列入中科院有关发展基金资助项目等。

其次，要将产业升级与企业技术创新方式转变相结合。我国传统的企业技术创新方式基于产学研相分离的体制格局，它使企业沦为一个纯生产单位而与研发无涉。将研发环节集中游离于企业之外的体制，固然有利于发挥科研的规模效应，有助于降低企业创新的直接财务费用。但这种体制的有效运行，必须基于一个大前提，即市场配置科技资源的基础性作用发挥正常，而这正是我国的市场能力所缺失的。为此，应借鉴韩国成功的经验，在有条件的企业内部逐步设置研发机构，或是与科研机构共建紧密（而非普通协作关系）的研发平台。这种做法有利于我国制造业从低效、低智能的传统工业向高效、高智能的新型工业转变，进而顺应全球制造业与服务业高度融合的趋势。

最后，要将产业升级与政府职能转变结合起来。产业升级往往主要不是政府行政干预的结果，而是有效市场正确导向的产物。在产业升级上，政府应将主要精力转到优化产业升级的市场环境之上，其手段是：① **优化知识产权保护环境。**旨在降低创新主体（企业）的创新成本，起到保护全社会创新积极性的作用。手段是打击假冒伪劣产品，保护名特优产品，恢复和强化市场的对称性；② **优化稀缺资源配置效率。**旨在确保地区稀缺资源（诸如土地、能源、高端人才、环境容量和资金等）流向优势产业而远离落后（高耗、高排、低效）的产能。手段是落实相应的产业政策、财政政策、人才政策、能源政策和信贷政策管理。

第二，现代物流业建设与物流资源整合的关系

现代物流业的发展，是地区存量经济地位向流量经济地位转变的重要标志，其转变的目标指向是使制造业、商业和物流业这三大利润源的增长相协调。对于我国经济而言，物流业发展的滞后已严重制约了整体经济的发展，这种制约集中体现在产品和原材料流动的高成本之上。以浙江嘉兴为例，该市已决定将现代物流业发展列为"十二五"规划的重点任务，这与长三角地区区域规划的要求相符合，更与嘉兴不可替代的物流区位优势相适应。地区优势的完整定义，应指不可替代的优势，周边地区共有的优势，不能归之为个别地区的优势。从区位交通条件而论，能兼具如下优势者，在长三角地区，乃至全国范围内非嘉兴莫属：① 多种交通干线聚焦；② 海陆空多重交通系统兼备；③ 地处特大型城市（沪、杭、甬、苏）的地理中心。如此交通优势的凸显，正在吸引周边各地物流供需资源的广泛追捧。人们显然已看到了其中蕴藏的无限商机及其投资机会，这种机会在于嘉兴必将成为长三角地区的综合物流中心，而改变整个地区的物流大格局只是一个时间问题而已。因此，包括世界500强企业和国内第四方物流企业等已先后抢占该市物流市场。但要实现嘉兴主导未来物流市场的这种潜在优势，政府还应适时将嘉兴物流业的发展与物流资源的有效整合结合起来。

一是对内要将嘉兴本级地区分散的物流资源整合起来。现位于嘉兴市秀洲区王店、洪合两镇境内的嘉兴现代物流园，已作为浙江省与交通部共建的重点物流基地，享受特殊的发展政策。其发展目标是在3—5年内打造华东地区商业零售企业区域配送中心、"三大经济圈"制造业原材料分拨中心和嘉兴及浙北地区第三方、第四方物流枢纽中心。为此，复旦大学、南京大学、东华大学、浙江省城乡规划设计院、仲量联行和杭州通创物流咨询有限公司已完成或正在进行有关园区发展战略规划、园区控制性规划、空港物流规划、科技创业园概念性规划及电子商务规划等报告。为此，**不难判断：嘉兴未来能培育出一个堪称国内一流的物流园区，舍嘉兴现代物流园莫属。**所以，整合嘉兴本级范围各类物流园的资源已迫在眉睫，整合的目的是充分发挥嘉兴地区政策资源、财力资源和人力资源的集聚优势，全力打造嘉兴物流高地。整合途径是，采取错位发展、分工互补的手段，建立以嘉兴现代物流园为主体的嘉兴物流管理体系，切忌内部无序竞争，浪费稀缺资源，延缓现代物流高地的形成进程。

二是对外要将周边地区物流供应链资源整合起来。物流资源分散既是重复投资的根源，又是物流市场无序竞争的种子。我国物流业之所以难以做大做强，这是重要原因之一。嘉兴地区发展现代物流的优势条件，已为周边地区所共认。**当前是利用嘉兴优势资源和基础性条件，吸引周边物流供需资源、有效整合物流供应链的最佳时机。**目标是建立第四方物流服务平台，吸引从事与物流相关的交易信息、诚信认证、金融、保险、结算、咨询、技术设备服务等机构和企业，以便能面向长三角地区为客户在物流方面提供全面的供应链解决方案和信息服务，构筑以物流管理和交易为核心的信息服务平台。**只有建立起这样的物流高地，嘉兴才能在我国物流市场上居于支配、领衔和高端的地位。事实证明，地区物流行业从低附加值走向高附加值的途径，实际上是一个从传统的第三方物流走向供应链管理的第四方物流的过程。**嘉兴要率先走出这一步，而嘉兴（王店）现代物流园已经具备了坚实的起始平台，关键是市政府要加大对之扶植的力度。

第三，田园城市建设与既定功能目标实施的关系

田园城市概念的提出，是城市发展史上的革命性升华，它是人类与自然和谐共存发展的城市宣言。田园城市（Garden City）的概念起源于19世纪末、20世纪初叶，是应对工业化导致环境的污染和住房短缺的社会矛盾之产物，其指导思想来自城市产业发展的“功能分区”理论。随着工业化进程的推进，城市规划关注的重点从物质空间形态布局转向了社会、人文和生态环境的优化。**“田园城市”并不是一般意义上的“花园城市”，其内涵已经从传统理念上的“花园建在城市里”走向了“城市建在花园里”。**

从此意义上判断，**田园城市的深刻内涵是：体现有机疏解、城乡融合、社会公平的三大主题。**田园城市建设，旨在通过一系列规模不大的城市组群（田园式）的相互有机分工、城乡融合，共同承担起特大型城市的功能。为此，田园城市建设的重点将涉及：① 完善土地利用方式，建设紧凑、多样、绿色、安全、愉悦和混合功能的城市社区；② 改革交通方式，使其有利于除汽车以外的其它交通方式通行；③ 恢复被破坏的城市环境（主要是城市水系）；④ 创建能融合强势群体与弱势群体的混合居住区；⑤ 倡导社会公正，为妇女、少数民族和残障人士创造更好的社会福利机会；⑥ 促进地方农业、城市绿化和社区园林项目的发展；⑦ 促进资源循环利用和资源保护；⑧ 通过商业行为支持，有助于生态保护的经济活动；⑨ 提倡有利于资源节约利用的生活方式，限制无节制消费的物质追求；⑩ 加强舆论导向，提高人们对城市可持续发展意义的认识。

有鉴于此，田园城市建设对长三角城市来说并不是一件额外的陌生任务，而是城市既定功能目标实施的有机整合。**它应当与前一阶段各地实施的网络型城市建设相结合，与城乡统筹发展试点相结合，与宜居生态城市建设相结合，更可与沪杭同城效应的实现相结合。**田园城市建设与城市既定功能目标实施之间，是目标管理与过程管理的关系，前者是后者的行动依据与归宿，后者则是前者的起点和保障。

田园城市建设旨在通过城乡融合，推动城市功能走向绿色、生态、便民、安全和愉悦。鉴于人们关注重点的多元性和离散性，应力避盲区的出现。

一是应注意自然生态水岸的保护。仍以嘉兴为例，她是一座江南水乡城市，农村面积占比大，水系极其丰富。但**由于我国缺失全国性的保护法规，加之城市化建设的“房产化”痕迹明显，导致江河湖塘的泥土**

草木岸滩被大肆侵占为建设用地，使宽阔舒缓的水岸滩湿地不断地改造成为狭窄陡峭、草木不生的水泥埠岸。这一现象，在嘉兴的城市化进程中并不鲜见。

然而，人们有所不知，**泥土水岸滩正是田园城市不可多得的自然生态资源。**原因是在这些地方生长着喜湿性和喜水性的植物，作为与陆地生态系统交织成水陆过渡性质的结合部，是城市生物多样性的体现。这种生态结合部的功能，是单一的水域生态或陆域生态所不具备的。当原本涨水时能淹没的河漫滩，被水泥隔离成为永久性的"旱地"之后，由于失去了"时水时陆"互为交替的信息反射，将彻底打乱生物种群千万年来形成的自然节律，严重恶化了草木、鱼类、昆虫、两栖动物和微生物等赖以成长的生态环境。在国家尚未立法的条件下，政府可尝试制定地方性法规。如在平均水位以外，视情依法划定20—500米泥岸保护红线。严格禁止将平缓的泥土草木水岸填平，在红线划定的生态隔离区内禁止垦殖、取土、排放污水、倾倒渣土和垃圾等，并禁止一切与天然的泥土草木水岸恢复无关的建设。

二是变废为利，为城市绿化提供优质土壤。以嘉兴为例，她作为长三角地区的地理中心城市，随着交通枢纽地位的凸显，大规模的城乡改造已呈现几何级数加速之势。废旧砖瓦的处理、稀缺土地资源的高效利用，以及城市绿化面积的扩大，已成田园城市建设不可回避的三大课题。房屋拆迁过程中剩下的大批废瓦是全球城市化进程中须共同面对的废弃物。据日本研究发现，用粉碎的废瓦堆放在地上后，其上面长起的杂草会长出30 cm的根。经过分析，专家发现，瓦本身具有许多微米级的空隙，粉碎后的颗粒间也同样存在微米级的空隙，这种双重空隙能够适当保持水分和养料，即使被游人踩踏后也不会凝固成块状。为此，日本已决定将这一成果应用于樱花名胜之地的京都府立植物园，来替换已被游人踩踏板结的樱花地，以重新"唤醒"呈现颓势的樱花。

粉碎瓦片的工序是，将土基上堆积的废瓦用挖土机取出后，逐一装入分裂机反复粉碎，使其成为0.5—5毫米的颗粒状。而这一大小的颗粒与植物的生长要求相符。各地绿化部门应与城建部门会同，将此项成果推广应用到拆迁后的各处工地上去。

三是要加强对中心城区大型玻璃幕墙的监管，为城市创造安全舒适的空间。如果城市建设先后经历过三个阶段的话，那么田园城市建设是其第三阶段。第一阶段是传统的建筑材料营造阶段，第二阶段则是现代建筑材料营造阶段，其中包括大型玻璃幕墙的运用。这些玻璃幕墙成为田园城市建设的隐患。上海、杭州等大城市多次发生的玻璃幕墙坠落伤人损物事件，已成为全社会城市建设中的一大公害。为此，上海市建设交通委员会和市房管局已联合成立“玻璃幕墙专项检查整治协调推进小组”，自即日起至次年 3 月 30 日集中半年时间在全市范围内开展专项检查整治。

建筑幕墙自从 1851 年英国伦敦工业博览会水晶宫采用玻璃制作以来的百余年间，先后经历过探索(1851—1950)、发展(1950—1980)、推广(1980—1996)和提高(1996 年至今)等四个历史阶段。现已进入智能型玻璃幕墙建设阶段，墙体可以根据外界气候环境的变化，自动调节保温、遮阳和通风设备系统。我国当前的通用玻璃幕墙的大规模采用，是第三阶段推广应用的产物。这一阶段采用玻璃幕墙的国家往往受管理水平之限，在玻璃幕墙经过较长时间热晒雨淋之后不能及时有效地进行维修保养，导致高空坠落事件的发生。沿海城市政府可建立相应的监管小组，协调力量对全市所属市镇的玻璃幕墙进行如下专项检查：① 开启门窗的安全质量；② 结构胶(密封胶)和密封条的安全质量；③ 玻璃安全质量；④ 受力构件安全质量；⑤ 雨水渗漏影响安全质量；⑥ 相关责任单位整改状况。参照上海的经验，针对检查结果，各地政府应视情分别采取强制整改、限制使用等措施，并明确由产权单位承担所产生的费用。在认真彻底检查的基础上，采取长效的防范管理措施，内容可包括：① 严格审批新建建筑的玻璃幕墙使用；② 明确落实玻璃幕墙检测维修专项基金；③ 建立玻璃幕墙建筑信息系统(包括录入建筑、检测、维修等信息)，供市区管理部门监管时共享；④ 强化建筑施工企业玻璃幕墙建设、维护、加固的一体化职责。

第四，同城距离与同城效应的关系

增长之所以不等于发展，其一个重要原因是低效和无效的发展正在淡化发展质量，这种淡化更多的是体现在城市的重复投资之上。同城概念的提出，是人类珍惜资源、节约资源、共享资源的一种崭新理念之体现，也是城际和谐高效发展的新思路。城际之间的距离有四种形态，即空间距离、时间距离、心理距离和财政距离，当城际之间导入先进的交通工具之后，时间距离和心理距离会随之缩小，高铁通行的作用便在于此。但其改变的只属于形态距离，淡化的边界也仅限于形态边界，而对于功能边界（主要是财政边界）无能为力。然而，决定当前长三角地区城际互动效率的主要因素已不再是形态距离（或称边界），而是功能距离。形态边界的淡化可借助于交通提速和通讯现代化，但功能边界的淡化靠的是制度安排，即体制创新。因此，不能将高铁引发的形态距离变化，混同于功能距离的改变。更何况，即便是高铁对城际形态距离变化的影响，也不能过高估计，原因是：① 高铁是客运，其局限性是人流，并非物流，在人、财、物流中，它只占 1/3 天下；② 在收入分配差距扩大、消费倾向弱化的今天，它只对少数高收入群体有吸引力；③ 对于短途客运而言，如嘉兴与沪杭之间，由于城内通行的增时（主要是高铁站点选址由于动迁成本制约而普遍远离市区），远远消化和吸收了城际通行的提速效应。

当人类社会步入网络型城市时代之后，城际空间概念已经从传统意义上的“位置空间”，让位于“流动空间”概念。城际的经济关系正在主导城际互动的效应，从而呈现出“贫居闹市无人识，富在深山有远亲”之生态。换言之，即便是位于地理中心要冲的城市，假若缺乏现代意义上的经济联系，也难免被“边缘化”之厄运。因此，沪杭周边城市各级领导和干部不应盲目陶醉于高铁时代的舆论氛围，以致于误将“同城距离”认同为“同城效应”，误将“城际通勤提速”认同为“城内通勤提速”。因此，步入高铁时代各地有两件重要事情要做：① 优化高铁车站周边的客流集疏运体系；② 通过与沪杭产业集群，将三地经济的联系上一个新的台阶。

基于上述判断，在实施过程中应作如下思考。

思考之一是要转变传统的接轨战略，充分发挥与沪杭的“同城”优势。

接轨战略的选择，直接决定了周边城市接受中心城市辐射的质量，也决定了同城效应发挥的强度。当今长三角地区,以“沿海”、“沿江”、“沿湾”和“沿沪”的区位优势作为城市的“卖点”,已成决策地理学的新亮点。以上海为例,沿沪城市在其周边形成了“沿沪经济圈”,而沪杭、沪宁铁路沿线各中心城市则相继构建了多层级的“核心—边缘”的空间区域结构。其空间布局意图旨在接受大城市的产业转移和经济辐射。**由于规模报酬递增规律和各城市经济单元“要素(土地)供应”模式趋同化的双重作用,正在导致上海周边地区空间布局结构呈现“泼墨式”的无序蔓延。**又由于相同发展模式的驱使,在二、三产业联动发展格局的支配下,上海中心城区与郊区城市连绵拓展,远郊的新市镇及产业园区也正在呈现蔓延拓展态势,导致空间结构日趋模糊,使上海原定的“开敞、多核、多层次”的城市空间结构规划理念归于破灭。其结果有二:**一是最终使长三角地区核心区域与上海之间呈现无序连绵的发展格局;二是导致长三角地区具有“沿沪”优势的城市没有获得预期的“同城红利”。**

从沿沪城市2000—2008年平均GDP增长率的空间布局结构中获知,经济增量最高和增速最快的地区仍然是各城市原有中心城区,而非“沿沪”的特定区位。“红利”之所以没有实现预期,其原因有二:**① 地区本位导致“非合作博弈”。**宏观经济学理论早已证明,即便长三角地区核心区各个分散主体(16座城市)的行为都是“理性”的,也可能导致“合成的非理性”。接轨上海的实践也已经证明,竞争的无序性,必然导致经济的同质性,进而“异化”了理性的“接轨”行为。**② 上海产业转移模式的非市场化。**上海这座我国等级最高的中心城市对周边地区的空间作用规律,具有等级式扩散和点轴式扩散的特征。而在地方利益偏好的主导下,使其经济辐射的“泼墨式”轨迹,显示出计划诱导式的重点扩散特征,而非简单的自然扩散。其扩散路径有二:

其一,对内扩散。在6 400平方公里的上海地域内,它将郊区9大市级工业园区作为接受上海市区经济辐射的“第一阵地”(诸如松江、康桥、宝山、金山、嘉定等工业园区),旨在建设上海的6大产业基地,成为重点“泼墨”的对象。这一区域地宽直径约为50公里之内,从而使市区与远郊之间的投资比例从“九五”期间的4:1,提升为当今的1:1以上。

其二,对外扩散。对内完成扩散之后的剩余产业转移,将遵循商务成本落差和供应链管理的导向规律。但是,沿沪地区的现状制约了承接上海转移产业的有效性。原因是它们与上海商务成本的落差已不大,且产业同构系数过高。这里,必须引起苏浙城市政府注意的是,**城际之间经济的相依性,并不是取决于城际地理位置的相近性,而是城际之间产业的互补性。**

为此,沿沪城市接轨上海的战略重点要实行两大转变:**一是要从要素低成本去吸引上海产业转移,转变到从要素配置低成本去吸引。**商务成本的构成由要素成本(它是显性的、刚性的指标)和要素配置成本(它是隐性的、弹性的指标)两部分组成。后者成本下降的空间靠制度、管理、教育培训的手段,去提高社会资本、物力资本和人力资本的配置效率。**二是实行产业组织创新,改变小而全的企业资源整合模式。**要通过供应链的分工去提高与沪杭城际之间产业的专业化合作的互补性空间。

思考之二是要从城乡统筹发展的高度,为中心城镇建设解决实际困难。我国经济增量之所以难以充分转化为发展的质量,一个重要原因是城乡缺失统筹发展的平台,而这种平台往往是建立在中心城镇之中。城市之间经济的对接,实际上是城乡与城乡之间的对接,其中承上启下的平台便是中心城镇。如嘉兴等地正在推进城乡统筹发展的试点,其中新市镇建设是统筹城乡发展的关键。城乡统筹是捕捉同城效应,推进城市群发育的一种制度性创新。城乡之所以无法统筹,从我国城镇结构体系角度判断,源自于城镇扩张速度的缓慢和中心城镇的功能不全,直接阻碍了生产要素集聚效应的有效发挥,进一步降低了地区可支配财力的增长,也制约了农村富余劳力资源的再配置效率,当然也不同程度地影响到城市劳动力市场层次性的挖掘。

当前,影响新市镇建设的主要障碍有:其一,**行政管理体制的制约。**其中包括:权力配置体系与职能分工体系的不匹配(权力与责任失衡)、公共服务能力与市镇经济发展水平不对称(经济人口与管理人员失衡)。因此,有人将镇政府现状比喻为:**"镇级体制,县级工作量,市级工作要求";其二,财政体制的制约。**在现有财政分配体制制约下,由于财政收入大部分上缴，镇政府可支配财力过小，导致事权与财权严重背离。为此，各地政府应选择一些单位进行强镇扩权探索的试点。有专家建议试点内容可适当参照国务院发展研究中心《中国特色城镇化课题组》的建议进行。**一是设置“镇级市”。**今后凡有人口达到20万，财政收入10亿以上的城镇（非城关镇），试点建设“镇级市”；不提高行政级别；建立一级独立的财政和行政管理体制；不要求上下对口设置机构，不增加行政编制。**二是改善权责关系。**凡人口已达到10万人，财政收入5亿的城镇，试点给予县级行政和执法管理权限。同样不提高级别，不增加编制和机构。**三是适当降低税收增量的集中度。**要降低工业集中区内企业增值税增量的省集中度（现为50%），土地增值、契税、房地产等税收增量的集中度（现为30%）。同时，应建立县（市）镇两级财政预决算制度，增加乡镇一级的综合财力，逐步摆脱城镇建设资金对土地的过度依赖。

这项试点进行的前提条件有二：① 必须将之纳入城乡统筹发展的总试点工程范围之内；② 事先应取得省政府相关部门的支持和同意。

思考之三是要将功能培育作为省级小城市建设的灵魂来抓。小城市是城市化进程发展到一定阶段的产物，目标是使传统的工业城镇向综合性功能的小城市过渡，最终使之建成位于“同城距离”的大城市功能向中心城镇扩展和辐射的中间环节。省级小城市建设是提升长三角地区城市化质量的重要抓手，也是沿沪杭周边地区争取扩散效应所构筑的一个功能相对完善的实体平台。浙江省嘉兴市已进入省级小城市建设三年行动计划的攻坚之年。有道是，万事起头难。难就难在小城市建设的功能目标定位，必须基于镇功能切换、发展模式转换、产业升级转型的价值指向之上。为此，应作如下考量：

其一，要正确领会和把握省级小城市建设的内涵。城市与城镇概念的不同之处，主要在于功能的差异。城市不论其规模大小，其功能涵盖了生产功能、服务功能、市场功能、设施功能和管理功能。而我国城镇基本是以工业城镇为主，其形成过程大多成为农业剩余劳力的转移场所，又是城市发展模式转换过程中的城市工业和城市人口的转移空间。在城乡统筹发展进程中的小城市建设，既有要素集聚的要求，又有功能培育的要求，还有基础设施建设的要求，更有管理水平提升的要求，方能使之既成为中心城市功能向郊区拓展和辐射的中间环节，又成为农村改造传统农业的重要基地。

当长三角城市群进入区域规划实施阶段的背景条件下，小城市建设具有特殊的功能意义。这是一个跨越政府届别的长远建设项目，是城镇发展史上具有里程碑意义的战略举措，它将深刻影响所在地域未来相当长历史时期内的发展内涵、发展模式和发展格局。因此，在建设指导思想上，必须立足未来、立足长远、立足高起点；在建设思路上，必须跳出乡镇看城市，跳出眼前看长远，跳出自身看长三角城市圈。

如果说，嘉兴是位于上海和杭州这两座特大型、区域性中心城市几何中心位置上的辅城和后花园的话，那么，该市试点的王江泾则应力争建成位于苏州和嘉兴这两座区域性副中心城市几何中心位置上的辅城和后花园，因而同样具有同城效应的意义。

其二，要将专业化商品市场建设作为小城市功能载体的重要内涵来落实。我国经济未来趋势将是在转型中求发展，其核心指向是从政府主导型发展模式转向市场主导型发展模式。如果小城市建设缺乏市场培育与此配套，其政府主导型的模式难以转变。这一转变的障碍，既有政府体制方面的原因，更有市场素质方面的因素。政府方面的原因，主要是我党未能从“革命党”的地位及时转向“执政党”的地位，进而从利益偏好的角度固化了政府主导型发展模式。而从市场方面的原因判断，主要是我国市场有效性程度普遍不高，因而无力独立承担起主导经济发展的功能。市场有效性培育是市场发挥“后发优势”的生命线。小城市市场必须做到：① 企业进退市场成本低；② 市场对称（权益和信息）性强；③ 法治严明。

其三，要将小城市龙头企业的壮大置身于产业组织转型上。小城市产业发展不能重走大城市产业发展的老路，要从起步阶段就注重产业组织建设。产业集群是龙头企业做大的根本路径，自主知识产权是龙头企业做强的有效手段。全球跨国企业的成功实践证明，企业“大而全”是一种社会分工内部化、配套协作高成本化的传统组织形式，它只能导致企业萎缩和衰败。只有通过产业组织创新（或称革命），分解和重组自身的生产流程，在保留自己的强项作为主业的基础上，构建竞争性的、外协作的配套体系，形成以自己为核心的、集群化的供应链管理格局，才能做大做强。产业组织是生产力发展的组织保障，因此，随着生产力的不断进取，产业组织的革命不会终止。如果社会预期的全球第三次工业革命来临，那么，制造业产品的个性化需求将逐步提升用户在技术创新中的地位，“桌面工作”和“社会制造”也将成为大势，进而要求产业组织从集中化走向分散化。因此，小城市产业建设要将结构优化与组织创新同步规划。

其四，要将小城市产业升级最重要的平台建设放在培育优胜劣汰机制上，即产业升级机制的转型上。忽视产业升级机制转型，是大城市产业发展的教训。地区发展空间布局结构的设计，只能从形态规划的角度为城乡产业互动发展提供空间平台。而另一个更为重要的发展平台则是功能性的，它对于产业而言就是指良好的发展软环境。这个环境的培育方向有二：**一是产业退出管理平台。**长期以来，我国在产业管理上存在极大的误区是，重“进入管理”，轻“退出管理”。产业进入管理由工商、税收、环保等职能部门共同审核把关，但一旦企业进入市场逐步偏离初衷之后，政府缺失有效的退出管理机制去约束违规行为。产业退出管理的机制应涵盖产业的评估、筛选、退出和补偿等环节。**二是产业技术创新管理平台。**这个平台主要体现在地区技术创新的背景之上，它有四个方面内涵：① **企业创新的外部环境。**重点是知识产权保护，体现在打假力度上。② **企业分配率环境。**主要是改变规上企业资本劳动比。③ **社会平台再造。**技术创新的平台有二，即地区低技术普及程度和国民教育普及率。④ **专利技术管理政策。**地区倾斜政策要从鼓励专利技术申请量转向专利技术采纳率上。

其五，要将小城市旅游产业管理重点的转型放在乘数效应上。旅游产业已逐步上升为长三角城市的主导产业而纳入了现代服务业产业体系。但是，障碍我国旅游经济健康发展的主因是理念落后，即误将“旅游经济”认定为“门票经济”。其实，旅游效应是多方面的，除票房收入之外，还有购物、住店、交通、通信收入及其提高地区知名度等多重效应。其中，除票房收入作为直接效应在旅游业投入产出统计上可以反映出来之外，其余作为旅游乘数效应，其对地区经济拉动的贡献率不易统计而往往被忽视，故而形成全国旅游景区门票轮番暴涨的非理性短期行为。长三角地区小城市的原型往往是原生态保存相对完好的水乡小镇，由于存量经济规模不大，旅游景点破坏较小，其旅游存量资源较丰富。例如，王江泾的“网船会”已被列入国家非物质文化遗产，其内含的文化性、社会性和区域性的价值难以简单地用货币衡量。因此，其投入产出应当走过一段“投入大于产出—投入产出持平—产出大于投入”的品牌价值投资效应的历史过程，而绝对不要急功近利！

其六，要将解决小城市“三农”问题的突破口放在农业转型上。党中央将解决“三农”问题提高到“重中之重”的地位，源自于它确实攸关社稷安危。小城市脱胎于农业比重较高的乡镇，“三农”负担沉重，而“三农”之中，农业是关键，由它决定农民增收，继而决定农村稳定。农业的出路在于转变落后的生产方式。我国当前农产品价格上涨，其得益者并非农业，而是炒家。原因在于，传统落后的生产方式，为市场的游资提供了炒作的空间。200多年世界农业经济发展史证明，**农业不转型，农民难增收；农民不增收，农村难稳定。**都市农业发展计划注意到了创新种养殖模式，这是产出的技术基础。但更需要配套试行产出的组织方式和销售方式的创新，核心是要引导农村市场组织主动面向市场，逐步走企业化生产经营之路。

农业企业化是对我国传统农业生产方式的根本改造，目标是提升农业的竞争力，其途径有二：**一是实现工厂化生产。**手段有三：① **技术改造。**通过技术注入可以使农业从室外作业转为室内作业，手工作业变为机械作业等；② **产业化。**目标是使农业生产流程的分工细化，并延伸产品的加工程序；③ **市场导向。**根据市场预测调整产业结构，使需求结构与生产结构相适应。途径之二是**农业生产组织化。**这里指的是农业生产的供销及市场活动的组织化。路径有三：① **发育各类市场中介服务。**目标是能为农业生产提供信息、资金、加工、技术、销售等服务。② **建立垂直一体化组织。**以农产品加企业或交易市场为龙头，以农产品基地为依托，农户实行生产、加工、销售一体化经营。③ **农业规模化经营。**关键是要通过土地流转，逐步实现土地向经营大户集中，最终改变小农经济的作业方式。

硬道理在于懂得怎么发展

工业化、城市化、非老龄化与全球化进程在短期内叠加，是中国保持经济高速增长的特殊历史条件。这种历史条件的形成，更多地藉助于稀缺资源配置的非理性行为，在我国经济起飞阶段，主要靠土地、资本、劳动要素的强投入，手段是靠人为地压低要素成本来实现。因此，近 30 年左右我国要素呈现“三低”状态，即土地低定价、资金低（负的）利率、劳动低工资。但其代价是沉重的：资源加速枯竭、劳资分配差距扩大、环境严重污染。我国经济进一步发展的障碍主要是制度安排、技术创新和经济结构。由此引发的思考有二：一是经济高速增长往往是特定历史条件下的产物，它与资源配置的进度和强度有关，而与社会制度和政府政绩并没有必然联系。西方工业强国多数在 250 年内完成工业化的进程，美国由于其制度设计的优势，也要在 100 年内完成。我国工业化起步于城市化和全球化之中，大规模的投资品生产和外国投资的大量到位，使其进程大大超越西方速度；二是经济转型是一个国家从经济起飞阶段进入中后期发展阶段的必经之路，其本质是经济增长动力机制的转变，更直接的表征是要素地位的变化。

其实，经济转型的本质是从为增长而增长的发展模式，转变到为发展而增长的模式上来，使经济从追求数量转向追求质量，从追求规模转向追求结构，从追求竞争转向追求协同，使人类摆脱经济增长主义的桎梏。这种转变性的反思，最早出现在美国经济学家沃尔特·W·罗斯托的《政治与增长阶段》的论著中，作者将自己在 10 年前写的《经济增长阶段：非共产党宣言》一书中叙述的经济增长五大阶段，即传统社会阶段、起飞前提条件阶段、起飞阶段、走向成熟阶段和大规模消费时代阶段之后，增加了第六个阶段，即追求质量阶段。塞缪尔·P·亨廷顿在其《变化社会中的政治秩序》一书中则强调了“保持稳定”对社会与经济变化的重要性，并承认“发展依靠的是稳定、秩序、平衡与和谐的价值观”。

上海市政府对传统发展模式的反思集中归纳到转型发展的三大关键要素之上，即制度安排、自主创新和改善民生，其思路源自美国经验。为美国经济带来历史上增长期最长、稳定性最高的第三次发展转型是1980年以信息革命为核心展开的。其值得借鉴的是，当时美国推行的三大措施：一是放松政府管制，弱化行业垄断；二是减轻企业和个人所得税（1981—1983年，个人所得税减23%，个人资本所得最高税率从70%降至50%），从而激发了企业和个人创新创业的积极性；三是推行机构投资、公司期权和严格保护知识产权等制度，既充实了创新创业资金，又保护了创新创业积极性。

因此，理念转型是经济转型的前提，否则表面上看似鼓励“转型”，但考核指标体系仍在不鼓励转型，沿海某省《工业经济排行榜》的指标体系设计就是一例。沿海城市经济发达，转型发展条件具备，实施关键是思路创新。

如前所述，东部沿沪城市要在经济转型中扩大与上海的同城效应，应从多重视角去正确把握上海未来发展的思路和策略。这些视角分别有：**一是城市经济逻辑视角。**经济逻辑是一个城市经济可持续发展的重要保证，它建立在自身资源储备结构与经济结构相适应的基础之上。上海资源结构的基本特征是，有形要素相对贫乏而无形要素相对丰富，其经济逻辑必然是单位土地面积的高产出，即追求产品的高附加值是其必然结果；**二是城市发展定位视角。**作为国际经济中心、金融中心、贸易中心和航运中心的城市发展定位，其标志必然是相关行业能量的高度集聚，才能形成“集聚—辐射”的态势。从定位的内涵判断，上海集聚的行业多半应为生产性的现代服务业为主体；**三是区域性枢纽功能视角。**从上海空港、海港及其相配套的地面交通体系判断，其区域性枢纽地位已经形成。**世界城市发展史证明，一座城市枢纽地位形成的历史，实际上是一部城市存量经济地**

位向流量经济地位的变迁史。因此，上海未来产业发展最大的空间将是支撑城市流量经济发展的现代物流运输、国际商贸、国际会展和大型专业化商品交易市场等；**四是长江流域“龙头”地位视角。**全球所有江（河）入海口的城市，几乎无一不是沿江（河）经济带的“龙头”，其对江（河）沿岸城市的经济起着不可替代的牵引作用。这些“龙头”城市产业高端化趋势是其必然的选择，上海也不会例外。从上海产业与内地产业之间的资本结构差异和技术结构差异的日益扩大趋势，足以证明这一点。

有鉴于此，上海市委在2011年12月28日举行的九届十七次全会上用罕见的“破釜沉舟”、“义无反顾”、“壮士断腕”等词汇，表明了其要减少“四大依赖”的转型决心，即：**减少对重化工业的依赖，减少对投资拉动的依赖，减少对房地产业发展的依赖，减少对加工型劳动密集型产业的依赖。**上海决计逐步告别的这四大依赖，原本是上海经济高速增长的“主力队员”，同样也是长三角地区各城市经济快速增长的主力军。所以，其路径依赖一旦改变，必有壮士断腕之痛！要充分发挥与上海的同城效应，沿沪城市就必须更新同城理念，即**从产业同城转移走向产业的同城分工，从市场同城竞争走向市场同城整合，从制度同城异构走向制度同城同构。**

上海未来发展的思路，是我国经济转型发展的一个缩影。未来我国经济增长的态势将逐步回归理性，以求重塑发展的平衡点，其特征是经济将在转型之中求发展。为此，各地应**跳出本地看全国，跳出眼前看长远，跳出总量看结构，跳出经济看社会，跳出政策看体制**，充分把握发展的主动权，顺应发展大势，提振当地经济。客观评估沿海城市的发展优势发现，其正负效应具有共生性：**一是交通区位优势。**正面效应是枢纽地位凸显，负面效应是有限土地资源分割严重，降低了土地利用系数和加大了行政区划的管理难度；**二是沪杭同城优势。**其正面效应是提高了沪杭经济辐射强度，其负面效应是强化了本地高端产业需求资源的流失倾向；**其三是海域岸线资源优势。**其正面效应是有利于临港产业发育，其负面效应是加大了海域生态和灾害防治的双重压力。有鉴于此，各地要从多角度认知经济转型发展。

第一，顺应大势、创新发展，是经济转型发展的关键

首先是要遵循未来要素地位转变趋势，重构自身经济逻辑。我国经济在转型中发展的一个大趋势，是地区经济发展将逐步从依赖有形要素(诸如土地、资金、原材料等)配置为主，走向以依赖无形要素(诸如技术、人才、管理等)配置为主。这一变化趋势，有利于各地市根据自身比较优势去调整经济结构，即构建合理的经济逻辑。以浙江嘉兴为例，她在全省范围内的特殊地位，犹如上海在全国的地位，其经济逻辑只能是“单位土地面积上的高产出”，原因在于城市有限的空间资源，严重制约了传统的依靠土地增量实现经济“水平扩张”的粗放模式，从而倒逼其依靠自身技术和人力资本的优势，走“垂直扩张”的集约发展之路。

该市在面临土地资源约束强化的同时，技术要素供给因与沪杭具有同城效应，以及嘉兴科技城的建成而相对丰富，其技术扩张取代土地扩张的发展路径，不仅必要，而且可能。由于传统的资源配置模式的惯性作用，嘉兴市大部分企业技术含量仍然过低。全市 59 684 家企业中，规上企业仅有 5 637 家，其占比不足 10%，**事实证明：嘉兴市产业发展空间将是企业的规模效应和技术效应。**它折射出全市产业升级的两大指向：**一是产业组织创新指向。**经验证明，规上企业规模的进一步做大，并不是靠企业资源的纵向扩张，即非小而全模式的扩张，而是靠横向扩张，即生产流程的分解和重组之后的供应链管理模式。嘉兴应充分发挥沪杭同城效应的优势，通过产业专业化垂直分工形式与沪杭企业之间建立供应链关系，从而走异地集群做大之路。**二是产业结构调整指向。**市属非规上企业结构调整方向是要从产品低附加值走向高附加值，手段是提高对沪杭及嘉兴科技城技术要素的配置效率。提升途径是要解决好四大问题，进而改造嘉兴四大创新环境，即：① 创新外部性环境(重点是知识产权保护)；② 低分配率环境(重点是改变企业资本劳动比)；③ 社会平台再造(重点是本区低技术的普及和国民教育的规范)；④ 专利技术管理制度创新(重点是政府政策要从专利技术申请量的倾斜转向对采纳率的倾斜)。

其次，顺应未来发展模式转变趋势，培育当地有效市场。我国经济转型中发展的另一个重要趋势，是发展模式将逐步从政府主导型转向市场主导型。改革开放30年来的实践再一次证明，在地区比较优势相似的城市之间，之所以会出现经济发展水平的落差，其根源在于优势资源配置效率有高低。而地区资源配置效率的高低，则取决于当地市场有效性的程度。从此意义上评说，**一个地区经济的振兴主要并不在于地区资源禀赋的程度，而是取决于地区资源配置效率的高低。**资源的流向规律是：从无市场地区流向有市场地区，继而又从低效市场地区流向高效市场地区。

仍以嘉兴为例，市政府应从全市101家商品交易市场抓起，逐步以有效市场为标准，力争用2—3年时间，在规划、整合、培育的基础上，逐一进行评估验收。其培育的标准有三：**一是企业进退市场成本低。**市场必须取消一切不合理的收费制度，并提升为广大企业生产经营服务的经办效率。**二是市场对称性强。**主要是指信息对称（即取消三无产品）和权益对称（确保优质名牌发财，迫使假冒伪劣垮台）。**三是法治严明。**市场规制健全，执法无情。上述三大标准的判定，主要是看市场繁荣的程度，即市场交易机会多寡、交易成本大小、交易行为规范程度。

最后，顺应未来政府职能转变趋势，率先创新乡镇政府职能。我国经济转型发展的一个重要前提，是政府职能逐步从经济职能重归政治职能。我国从计划模式转向市场化模式的进程中，客观上存在上层建筑与经济基础之间在制度变迁上的时间落差，导致政府主导型的经济模式一时无法适应转变。在地方政府的职权范围之内，并在获得上级许可的前提下，政府可对辖区街道和乡镇进行有选择性的职能转变改革试点。试点的单位不宜多，可以在每个区县市中各选一个乡镇为宜。试点的依据有三：

一是根据马克思主义国家学说判断，政府首先是政治组织，主业是履行管理社会的政治职能，而非经济职能。因此，乡镇政府职能转变试点的目标指向，应当是使其逐步从“谋利型的政权经营者”的地位，恢复到“代理型政权经营者”的地位。

二是根据职能分工理论，政府权力配置体系必须与政府职能分工体系相适应。我国近几年来已有1/3的乡镇被撤并，其方向是国家的行政权力逐渐退出农村的政治领域，旨在使“农村社会最终完成从身份到契约的过渡”。但当前政府权力资源配置的错位，正在使乡镇政府权限日趋萎缩，这种萎缩是基于县级政府通过职能部门垂直管理的强化和行政执法权限的上收。乡镇政府处于责权严重失衡的态势，无论是履行传统职能，还是职能的转变，均是一种不正常的制度安排。

三是根据我国乡镇政府职权行使的现状判断，它已无力承担一级政府的职能。从履职的财政能力普查，我国有80%以上的乡镇政府的财政入不敷出，佐证了乡镇政府职能设置的扭曲性。

如果说，浙江省正在率先为全国城乡统筹发展寻找“钥匙”的话，那么，这一试点将是在众多的钥匙中物色最合适的一把。因为，在城乡统筹发展的道路上，乡镇政府职能的正确定位也许将具有里程碑的意义。

第二，重塑城市形象，提升载体效率，是经济转型发展的支撑。

经济转型与城市形象之间关系，犹如经济发展与商业环境关系如出一辙。这些形象包括了城市开放度、城市管理效率、城市服务能力等，它们是集聚知识资源、人才资源的重要吸引力。长三角地区的大运河沿岸城市，历经各届政府的精心规划和打造，成为传统文明与现代文明交相辉映的都邑，现正在向园林城市的目标迈进。但是，**历史证明，城市的快速扩张，往往会引致形态与功能失衡、建设与管理错位。**因此，城市转型发展要从传统的重形态轻功能、重建设轻管理的模式转型起步。政府必须从多角度去审视并关注城市效率建设，逐步纠正有悖城市形象和效率，以及有悖经济转型发展的不和谐行为。在此，本文以嘉兴市本级地区为标本作如下思考。

一是关于旅游资源管理。旅游是具有复合功能的产业，如前所述，它的直接效应是旅游者的消费支出，但其乘数效应则是城市知名度的提升、城市开放度的扩大和城市交易机会的增加。一座城市对外形象的形态性亮点之一，是具有地方特色的旅游景观，学术上称之为旅游资源。旅游资源管理要转变重增量资源、轻存量资源的倾向。存量资源属于历史遗存，增量资源是指现代景观，包括仿古景观。**历史遗存的旅游资源管理重点集中体现在“保护”上。**大运河沿岸城市历史上战乱频仍，损毁严重，历史遗存当以整理、挖掘、修复为主。从嘉兴现有几处最具价值的遗存而论，尚待修复的有如子城、运河牌坊群、秀城古桥、双塔教堂（圣母显灵堂）、文生修道院等代表性的文物性景观。存量资源的配置效率取决于修复计划的到位，及其商品转化率的提升，这对于古建筑遗存相对匮乏的嘉兴而言，尤显重要。以秀城古桥为例，这是中心城区环城河上仅存的一座明代古石桥，现已成为危桥而告示停止使用，但封桥已达两年之久，迄今修期渺然，游人望桥兴叹！

增量旅游资源管理的重心，应当落在景观设计的把关之上。古建筑是历史文化的载体，因此新建的仿古建筑必须严格体现传统文化寄寓的历史感，诸如文字书写排列顺序必须自右向左，而不是现代书写格式的自左向右。仿古建筑的风格也必须与被仿建筑年代特征相吻合，才有历史感。以牌坊为例，建筑风格就不能像牌楼，题字内容也要注意与所建牌坊初衷保持相关性，诸如嘉兴市运河畔的原 14 座牌坊群，均系皇帝御笔所赐，每座牌坊主题鲜明，出处有据。现今，城南公园西侧运河之畔新建的牌坊，无论是建筑风格，还是“状元及第”的题字内容均与历史文化传统相悖。在具有历史文化修养的游人面前，其效应无疑是负面的。从此意义上评说，城市古建筑的重建，实际上是对城市历史文化的解读，而绝非简单的危房修复。

二是关于城市交通资源管理。经济转型的标志之一是，城市存量经济向流量经济转变。“城市是建在车轮上的”，这是 20 世纪初叶发达国家的城市管理理念，**意指城市的效率由交通效率所决定。**城市交通资源配置效率高低，体现在单位道路面积上的流量及其通达性。城市交通压力与城市经济发展水平成正相关，因此，**城市交通资源配置效率的提高要与经济资源配置效率相适应。**当今我国大城市为适应这一趋势，正在实行三大转变：投资管理重点从对非公共交通倾斜转向对公共交通的倾斜；从对无轨公共交通倾斜转向对轨道公共交通的倾斜；从对平面交通的倾斜转向对立体交通的倾斜。与此相应，城市投资结构，则正在从向形态建设倾斜，转向对功能建设的倾斜。城市交通管理的功能建设，主要体现在设备配置、人力资源培养和管理制度安排之上。

仍以嘉兴本级地区交通面临的压力为例，虽尚不到要发展轨道交通和立体交通的程度，但是，从交通管理制度的有效性来判断，尚存有很大的潜力。尽管市区及郊区所有道路交叉口均设有自动控制系统管理设施，但是随意穿越红绿灯现象仍相当普遍，其中按车辆类别判断，以自行车、三轮车及助动车为主体，也有少数摩托车、货运机动车，甚至是个别出租车。其中典型路段是秀州北路与环城北路交界处，因为这里没有"探头"监控。事实证明，抢道违规行驶的危害有三：其一，干扰了正常运行的车辆，阻滞了通行速度，降低了城市道路资源配置效率；其二，提高了交通事故的发生率，降低了城市安全资源配置效率；其三，损害了城市公共形象，间接地降低了城市经济资源配置效率。

如果说，车辆乱闯红绿灯从管理角度降低了交通资源配置效率的话，那么，乱停车又从供给角度降低了城市有限的道路资源配置效率。仍以交通拥挤的秀州北路等为例，该路段交通压力来自两大占道：一**是商业占道。**位于马路东侧的开盛小商品交易市场将商品的交易、装卸平台延伸至人行道，迫使购物车辆占据车行道。该路段又系嘉兴标牌行业集聚之地，生产企业将人行道占为工场，迫使行人改道在车行道穿梭。**二是停车占道。**秀州北路和禾兴南路作为双向行驶车辆的南北干线道之一，马路两侧竟均允许停车，导致来回车辆被挤压在"车不得并行"的狭长通道之中。同时，随着居民小区车库悉数出租，日益异化为商业仓库，提高了马路停车的覆盖率。

三是关于城市公共服务资源管理。公共服务资源配置水平低下，是传统发展模式对社会建设漠视之故。而城市公共服务能力和水平，对于一座沿海开放性城市而言是其窗口形象的体现。诸多事实证明，要提高公共服务资源配置效率，其配置方式、配置手段的设定，必须走向公共选择。以嘉兴为例，公共服务资源配置效率有待提升的有三个方面：**一是要规范换乘服务。**高铁嘉兴南站（即余新站）设立之后，它与嘉兴原铁路车站（简称嘉兴站）之间的换乘连接成为嘉兴站北广场公交线路中最重要的一条，理应成为标识导引服务的重点。但是，95 路公交不仅淹没在多路公交车辆之中，且唯独它没有树立全线站名指示牌，须经乘客向司机打听方可得知沿途站名。**二是要普惠气象服务。**人们出行前了解天气变化，已成现代社会居民每天必修之"课"，而电视的气象节目往往是人们了解气象的首选。但许多在禾的上海人发现，与上海电视台相比，嘉兴电视台的气象预报有两大明显缺陷：**① 播报时段缺乏普惠性。**它只是在少数特定时段中播报，其适应性必然排斥了部分特殊岗位群体。为解决这个问题，上海台和东方台除在早上增加播出时段外，还在屏幕下方标明文字，无间隙地滚动告知。**② 预报周期过短。**上海电视台预报周期一般在 5 天以上，嘉兴台仅有 2 天。为此，不少上海朋友告知，他们在禾期间往往通过收视上海电视台或杭城电视台的气象预报，来推测嘉兴的天气趋势。**三是要规范品牌的诚信服务。**城市产品一旦树立了品牌地位，它便与城市地名无形之中联系在一起。**品牌是商品的属性、名称、包装、价格、历史、声誉、广告风格的无形组合，作为沟通消费者与厂商的代码，它具有信息浓缩的功能，是对产品质量、价格、服务、诚信信息的高度浓缩，成为消费者在浩瀚的产品类别中选择购物的依据。**原因在于，它是对广大消费者的一种承诺和保证，历史上嘉兴五芳斋粽子便是这样的品牌食品。但是，据众多消费者反映，五芳斋粽子的诚信出现了变化：价格在涨（从 4.5 元涨至 6 元），但"涨价后的大肉粽，却成了涨价前的中肉粽"。为此，笔者特地去位于嘉兴二院西侧的五芳斋一家分店用餐，结果近乎应验了结论。**牺牲品牌长远价值去换取短期经济利润，实不该是真正企业家所为。**它伤害的是消费者对百年字号"五芳斋"的信任，但消蚀的可能是嘉兴这座历史文化名城形象的积累。

第三，深刻把握"十二五"规划制定的依据，是为经济转型发展提供航标。

"十二五"规划的核心内容是经济转型发展，它是未来经济发展的主轴，对其把握是推动经济发展的前提。规划依据的正确把握又是落实地区"十二五"规划的重要推动力，因为它既是规划的价值指向，又是规划思路的形成路径，更是规划实施的指导思想。"十二五"规划的指导思想来自于对"十二五"期间我国社会经济发展大背景的解读。重温"十二五"规划制定依据有助于提高正确执行规划的自觉性和加快转型发展的紧迫性。

一是中央对我国经济社会发展的基本判断和规划思路。这些判断和思路是基于对我国经济发展失衡状态的反思，进而凸显了发展重心的转移。

其一，"三农"建设将成为重中之重。胡锦涛总书记在省部级主要领导干部专题研讨班上的讲话：**"从本世纪头20年实现全面建设小康社会的目标，到本世纪中叶我国基本实现现代化，建设社会主义新农村需要几十年的艰苦努力，要加强对全局性、前瞻性和战略性问题的研究。"**对此，正确的理解有二：①我国社会经济发展已进入了新的历史阶段，"三农"工作将成为全党农业转型工作的重中之重，它应当成为"十二五"规划的灵魂；②中央发出的"全局性、前瞻性和战略性研究"号召，是基于三农形势出现的三大深刻变化，即全国进入了"以工促农，以城带乡"的发展阶段，传统的"农哺工"开始向"工哺农"转型；传统农业准备加速向现代农业转型；农业全方位参与国际竞争的步伐已经迈出，国内市场正向国际市场转型。"十二五"规划的时期正值我国全面建设小康社会目标的历史时段，规划的立足点必须适应这一目标的基本要求。

其二，发展模式转变迫在眉睫。国务院在批转长三角区域规划时对长三角城市未来发展所提出的**"科学发展示范区、改革创新引领区、现代化建设先行区和国际化发展先导区"的发展目标**，应当成为各地"十二五"规划制订的目标指向。这种指向应当集中浓缩在发展模式创新、制度安排创新、产业结构创新和外向型经济创新之上，即从"重发展"转向"重如何发展"。

其三，富民目标置于首位。诸如：**①省各市"十二五"规划的核心思路已转向"创业富民，创新强省"，即发展重心从"为强国发展"转向为"富民发展"**；它在阐明富民与强省关系的同时，强调了富民优先于强省，体现了偿还历史欠帐的民生战略和行为逻辑。它同时又为我们指明了富民与强省的实现途径和手段，这是对各地改革开放30年来历史经验的高度概括。因此，这一核心思路是我国地方省市"十二五"规划中民生工作的行动基石。**②县市"十二五"规划的新亮点是提出"建设现代化田园城市"。**这种出自城市产业发展"功能分区"理论的城市发展定位，使城市规划关注的重点从传统的物质空间形态转向了社会、人文和生态环境的优化，归根结底它也是基于民生为先的策略思想。**田园城市并不是一般意义上的“花园城市”，其深刻内涵应当是：体现城市要素有机疏解、城乡融合发展、社会公平这三大主题。**它完全可以与各地正在实施的网络型城市建设相结合，也能与城乡统筹发展相结合，更能与新市镇规划建设相结合。

二是我国社会经济发展面临的重大历史性抉择。在国际热钱大量输入和人民币被动超经济发行的态势之下，我国已进入了新一轮通胀周期，资源环境的制约正在不断强化，世界经济不确定因素仍未消除，导致经济两位数高速增长也已经走到了历史尽头。为此，“十二五”期间国家把“保持经济平稳较快发展”作为主要目标之一，将增速从“十一五”期间的11%调整为“十二五”期间的7%。它表明，**我国经济面临的这些问题均系“近忧”，而真正的“远虑”是两大任务：一是经济转型；二是保障民生。**它是我国“十二五”期间的核心目标。这两大目标的实施，正是各地“十二五”规划不可回避的主题。原因在于：① **经济转型是一项系统工程，它包含了发展模式的转换、政府职能的转变、经济结构的调整和社会结构的变迁。**其中发展模式和政府职能的转变决定了经济结构和社会结构变迁的质量和效能，而社会结构变迁的目标是推进城镇化进程的城乡统筹发展，其最有效的平台和最佳载体就是新市镇。② **保障民生本质上是一个事关利益结构变迁的课题。**我国民生问题历年欠帐过多，而其重点、难点和节点在农村，不在城市，是农民而不是市民，根子在农业，而不是非农产业。**解决此难题的根本途径靠的是城乡统筹发展，是“三农”走向“三集中”，其载体和平台又离不开新市镇建设。**

三是从“十二五”规划制定中引出的思考。推动经济平稳较快增长是目标，而加快经济结构战略性调整则是重要手段，舍此，经济增长目标将难以实现。**换言之，“经济加快转型”是“经济平稳增长“的关键。**它也是贯穿整个“十二五”规划的关键词。而要实现这一点，必须正确处理好社会经济转型发展过程中容易被扭曲的六大重要关系。

一是投资与消费的关系。我国经济发展基本上是依赖投资来推动经济增长的，这种靠政府投资和政策推动的经济增长难以持久，其改变方向是要提高消费能力。原因在于，投资拉动的经济不具备普惠性，它只能起到扩大收入差距之效果。更何况，在投资体制没有创新之前，其效率是低下的。我国央企现有27万亿总资产，10.5万亿净资产，除息税后总资产的回报率(3.2%)低于银行1年期基准存款利率(3.25%)，便是证明。金融海啸的教训使我们体会到，**消费才是一切经济活动的终点**，而投资只是经济活动的中间环节。因此，投资为主导向消费为主导转变是经济转型之要。

二是外向经济与依赖经济的关系。不能将外向经济习惯性地理解为依赖经济，进而把国民经济这个“宝”，全部押在外需身上。发展外向经济的主要目标是保持国际收支平衡，而非一味地追求贸易顺差，尤其不能以恶化贸易条件为代价。要想提高经济附加值，就必须逐步摆脱**“资金投入靠外资，产品销路靠外商”**的依赖型经济发展模式。这种模式在金融海啸年代已经证明是极其脆弱的，我国纺织业的发展路径就是教训。真正意义的外向型经济并非是简单的“两头在外”，而是境内外两个市场和两种资源的双向互动和互补，我国产业的发展路径必须逐步加以调头转型，尤其是沿海发达地区有这个条件。这是转型发展之二。

三是比较优势与产业升级的关系。过去我们强调的比较优势往往是廉价劳动力，我国制造业大国地位的资源平台就是依赖它。将劳动力廉价作为自己的比较优势，它是以物为本理念作用的后果。从某种意义说，它也是支配国民收入分配体制的一种落后的理念。廉价劳动力强化了企业对劳动要素的过度依赖，已经严重影响了企业的创新动力。我国纺织产业升级步履迟缓，其原因与此不无关系。这就是应当引以为戒的**“比较优势陷阱”**。两头兼顾，既要正确处理劳动要素和技术要素的配置关系，又要准确区分劳动力价格与劳动力成本的不同概念，这将是“十二五”期间各级政府的努力方向。这个思维不“转型”，我国产业升级无望。

四是房地产经济与实体经济的关系。过度依赖房地产业的支撑力量，是我国地方经济的通病。这种依赖的危险性在于，当中央调控力度不断加大，若导致房地产价格下降30%时，将导致全社会投资增速放缓约6个百分点，GDP增幅将下降2.5个百分点，地方财政增速会下降15个百分点。由于我国房地产业的非理性依赖，正在导致实体经济被压抑。此外，广大投资者将房屋作为投入的主要方向，必然在投资生态系统中形成“购买者竞争”格局，人人都在等候接盘者，一旦供求关系逆转，投资者购买到的房屋价值将远低于贷款总额。届时，社会动荡在所难免。因此，我国“十二五”规划中注意到了这种相关性，目的是想尽量避免经济波动和社会不稳给经济带来阶段性的风险。**房价在调控政策之下降温，这是我国经济重新找回平衡、回归理性的开始。**对此，必须义无反顾。因为，如果政府屈从外界压力而通过大规模增发货币去激活楼市泡沫的话，则必将引发新一轮超级通货膨胀。房价回落过程实际上是财富从政府手中流向百姓的过程，它孕育的将是未来中国的内需振兴的局面。

五是资源结构与生产结构的关系。我国资源结构特征是土地资源和环境资源的双重约束，面对各地生态湿地功能的重塑时，人们发现这种约束显得更为突出。为此，“十二五”期间的生产结构必须适应这种约束，并以调整传统产业结构为抓手，逐年降低传统产业对资源消耗和环境牺牲的过度依赖。背离资源结构的生产结构之所以会长期维持，这是传统发展模式局限的结果，经济转型就应从这里下手。

六是经济效率与社会公平的关系。公平与效率关系的处理，是经济学关注的永恒命题。让一部分人先富起来是提高经济效率的必要手段，否则社会将处于低水平的公平之上，即“大锅饭”。但是，社会公平又应是保证这种效率能持久提升的前提。当前，我国总的趋势是社会公平的缺失正在威胁经济效率。因此，“十二五”规划的重要设想是要通过扩大民生保障的面，来提高全社会公平的程度，这是一种效率适当让渡于公平的转型。

规划不是计划，它具有长远性、战略性和全局性的特征，是一个地区相对较长历史发展阶段内的指导方针和行动依据，其成果将体现在政府届际之间的承上启下和继往开来之中。**本届政府制定的规划只不过是找到了背景依据，提出了发展思路，设计了行动框架，规范了经济**

行为而已。规划背景就是为经济复苏提供了解决深层次矛盾的动力，这种动力源自人们对全球经济衰退深层次根源的评估。1873年的通货紧缩和股市动摇，源自蒸汽机革命为基础的机械大工业带来的经济增长动力衰退的结果；1929—1931年的全球经济大萧条，源自汽车工业为先导（含化工、电信电报等）引发的经济增长动力的衰竭；2008年的全球金融海啸，原因是始于1952年的第三次工业革命（航空、航天、核能及网络技术）所引发的增长动力的衰竭。

这场海啸的余波之所以还在震荡，根本原因是缺乏能带动新一波经济增长的科技革命。若无新的科技革命，面对人口负增长和高收入，欧盟经济低增长或是不增长将是一种常态。新能源、纳米技术和基因工程之所以不是这种力量，原因在于它并不能改变未来人类的生活方式。寻找这种力量的"力量"只能是创新，因此说它才是转型发展的关键！

第四，正确解读经济走势是经济转型发展的导向

从2012年第一季度经济运行情况判断，长三角地区许多城市经济延续了去年下半年以来的回落态势，主要经济指标增速回落明显。人们应当清楚，**经济指标阶段性回落的内涵本质，既是城市产业结构战略性调整的深化，又是城市经济逻辑的进一步体现，更是城市经济转型的全面启动。**长三角地区的经济运行态势折射出我国经济发展进程中"三大过度依赖"的体制性缺陷，即对外部资源的过度依赖，对低成本竞争模式的过度依赖，对房地产业的过度依赖。进而形成了"三大降低"的经济格局，即降低了经济（技术）自主能力，降低了资本产出率，降低了固定资产交付使用率。因此，对于经济增速的阶段性回落，政府决策者应当从经济转型的视野去解读，而绝对不要沿用传统发展模式的眼光去判断。

一、经济起落是国人对传统发展模式下经济前景信心指数的客观印证。据6月19日我国央行公布的2012年二季度《储户问卷调查报告》、《企业家问卷调查报告》和《银行家调查报告》显示，居民、企业家和银行家对国内未来经济的信心日显不足。这种信心既是基于人们对经济走势判断的预期，它又将对经济发展走势的改变发生重要的影响。该报告称，储户物价满意度仅为18.2%，比一季度下降了1.5个百分点。居民未来收入信心指数为53.2%，比一季度下降1.7个百分点，创1999年有调查以来同期值的新低。二季度企业家宏观经济热度指数为37.3%，比一季度下降了1.9个百分点，比去年同期下降13.4个百分点，连续4个季度低于50%的临界值。企业家宏观经济信心指数为67.5%，比一季度下降2.7个百分点，比去年周期下降8.3个百分点。银行家宏观经济热度指数为33.6%，连续三个季度在50%临界值之下。银行业的景气指数为79.6%，比一季度下降3.6个百分点，银行竞争力指数为64.2%，比一季度下降2.6个百分点。

上述调查数据传递的信息有三：一是居民、企业家和银行家对未来经济的信心指数是全社会对我国宏观经济预期的心理写照。在生产者与消费者信心普遍不足的大背景下，地区经济指标难以独善其身，政府应当提高对经济下滑的容忍度，千万不可受制于无价值的速度攀比而失之盲目追赶；二是经济增速变迁的过程，实际上是我国经济传统增长模式弊病逐步显露并消解的过程，从短期看是坏事，但从长远看是好事；从政府政绩看是失利，但从资源效率看是得利；三是经济指标回落有利于迫使企业的自救模式从追求资本投入为主转向以技术投入为主；有利于地区经济增长模式从水平扩张为主转向垂直扩张为主；有利于各地经济排行标准的设定从速度和规模指标为主转向以效益和结构指标为主。

为此，地方政府应率先从理念转型入手，统一以下思想：**一是我国经济发展的难点，不在当前，而在长远；不在规模，而在结构；不在速度，而在效益。**现行的工业经济排行榜的消极意义，在于鼓励地方政府将发展经济的着力点，从“难点”转向“弱点”，有舍本逐末之嫌。政府应重新确立自身基于经济转型的符合科学发展的评估激励体系。**二是地区经济恢复性增长的根本出路，在于加快经济转型的步伐，试图采用任何形式的政府投资去刺激经济只是饮鸩止渴。**我国2009年下半年起发生的信贷“井喷”、物价飞涨、CPI疯狂攀高、虚拟经济失控、实体经济空心化、通货膨胀等现象，均是当年4万亿救市政策的负面效应，更是短期政策常态化的苦果。地方政府千万别生异想，从而将经济恢复的希望寄于宏观调控政策的“松动”。殊不知，正是2008年的“适度宽松”的货币政策，大大降低了我国企业界自救的积极性，客观上延缓了经济转型的历史性进程。我们应该清醒地知道，凯恩斯主义只关心短期问题，并不关心长远问题；只关心规模问题，并不关心结构问题；只关心速度问题，并不关心效益问题。

二、要从经济转型态势下产业转移的视角看工业经济回落。我国新一轮产业转移始于2004年，这是长三角地区产业结构演变史上的临界点。在此之前，二产比重逐年提升，三产比重逐年下降。在此之后，则反之。发生这一变化的直接动因是，自20世纪90年代以来，长三角地区的比较优势发生了重大变化，综合商务成本上升了76%，工人工资平均上升了51%，石油、煤炭、钢材和土地等要素价格也持续上涨，人民币汇率已进入了较长时间的上升通道，4万亿经济刺激计划又加剧了产能过剩。因此，制造业向内地转移呈现不可逆转之势。数据显示，大凡产业转移力度大的地区，工业资产比重下降幅度就大，其产出必然会下滑。以嘉兴市2012年1—5月工业经济运行简析为例，其增长速度减缓的12个负增长行业及增加值下降19%的房地产业，与长三角地区转移产业的行业门类基本相符，即属于产能过剩型、劳动密集型、资源能源高耗型及高排放型的行业。

值得指出的是，这个城市经济运行态势变化的背后是一系列十分可喜的转型兆头：一是投资结构的进一步优化，逐步形成以实体经济为主体，二、三产业共同推动的经济增长格局。资料显示，嘉兴三产投资比重提高到46.8%，同比提高了10.3个百分点，而房地产投资同比回落16.7个百分点，占三产投资比重下降到50.5%，进而优化了嘉兴市的税源结构，使全市税收总收入去除了房地产形成的8.5个百分点的税收，十分有利于政府逐步转变“房地产开发最大受益主体”的不良形象。二是创新投入的增加，推动了地区新产品产值的增长速度。仍以嘉兴为例，其规上企业科技活动及经费支出增长了19.3%，高于其主营业务收入增幅的18.7个百分点，使新产品产值增幅超过了总产值的增幅。这一指标的变化，预示着嘉兴产业将开启以高附加值产品为主导的历史。

三、工业经济投资增速趋缓与工业资本利润率水平下降具有相关性。实践证明，工业投资增速与工业资本利润率水平有关。仍以嘉兴市为例，1—5 月份完成工业生产性投资同比下降 10.4%，新开工项目占在建项目总数的比例下降 7.64%，新开工项目完成投资占完成投资总额的比例同比下降 26.94%，全市经贸口新工业投资项目同比下降 39.64%，计划总投资同比下降 47.27%，其原因，除需求变化之外，另一个重要因素是与工业资本利润率水平下降有直接关系。2009 年—2011 年间，绍兴市投入产出效率高出嘉兴市的 60 个基点的事实，间接地证明了这一判断，其中的影响因素值得进行比对性总结。另据研究显示，工业资本利润率又与两大因素相关：

首先，它与资本劳动比率成负相关。市场激烈的竞争导致企业走技术升级之路，从而提高了资本劳动比率。但由于资本密集型产业发展之路，其**起步阶段**得不到我国工业部门比较优势（劳动成本低）的支撑，从而降低了企业资本的产出效率，导致资本利润率下滑；而在其**发展阶段**又与我国要素成本上扬的时期相同步，也就难以提高资本利润率水平。因此，对于技术处于升级通道的企业，地方政府应加大各类政策（诸如法律、财税、金融、人才、服务等）的扶植力度，为其提供各种无偿或有偿的公共服务。

其次，它与行业集中度成正相关。行业集中度是企业规模效应的重要标志。我国之所以中小企业占企业总数的 90%以上，而美国仅占 60%，其差别就在于行业集中度的差异。

我国行业集中度最低的莫过于小微企业，其利润率水平相对也最低。据一项抽样调查显示，小微企业中约有 50%的利润率水平在 5%—9%之间，利润率水平在 10%以上的不足 20%，利润率水平极低、不盈利和亏损的企业超过 30%。从行业分布结构看，纺织、服装、化工和生活性服务业的利润率维持在一般水平，农产品加工和电子行业利润率偏高，机械、建材的利润率水平较低。这项调查对小微企业利润率水平的总体判断及其行业分布结构的分析，基本与嘉兴 1—5 月工业经济运行简析中“30%的亏损面、60%的产能利用及原材料行业效益滑坡”的判断相吻合。

此外，规上企业同样也面临市场集中度之争。嘉兴市1—5月规上工业实现利税和利润，同比分别下降18.3%和27.1%，这里除商品附加值不高的原因之外，恐怕还有集中度低下导致商品成本居高不下的因素。要提升地区行业集中度，其措施有二：① **导入大型企业。**这是传统的行政手段，嘉兴市本级地区开展的浙商回归工作，便是重要形式之一。② **推进产业组织创新。**这是现代的市场手段，一方面要通过分解与重组企业生产流程，培育产业链，壮大环节型配套企业；另一方面可发挥与沪杭之间的同城效应，异地延伸产业链。

四、企业融资难融资贵是融资模式创新滞缓的必然结果。长三角地区面临技术升级的企业基本上还是属于中小型企业的范畴，其特点是资信不足、经营资金能力差、技术力量薄弱、抗市场风险能力弱等。针对这些特点（也是弱点），据发达国家的成功经验，通常提供的政策选择是：**建立中小企业发展基金、完善政策银行体系、促进金融工具创新**等。政策设计的出发点是，传统融资模式作用下的中小企业是弱势群体，其权益性融资和债权性融资机会极小，若不从模式上创出新路，企业实际的贷款成本接近银行基准利率数倍之现状终难改变。数据证明，我国融资难的重点是小微企业，其渠道主要靠自筹或供应商赊账来解决资金问题。据抽样调查，小微企业生产经营资金的来源是：80%以上靠自筹，其中30%来自银行贷款，10%来自民间借贷，10%来自内部集资。

针对上述情况，在融资模式创新探索的同时，地方政府可采取以下权宜做法来缓解企业资金压力：① 建立与企业组织联系紧密的信用合作组织，定向解决中小企业资金方面的困难；② 挖掘利用企业现存的闲置资产进行抵押贷款或存货融资；③ 采用联营融资的方式，出具设备、场地和劳动力与出具资金企业进行联营，然后双方按比例进行收益分成；④ 加盟企业集团（包括外地），进而获得稳定的市场，改善企业资信，并通过集团融资去获得资金；⑤ 租赁融资。发达国家有1/4的固定资产是通过租赁实现的。这是一种风险低、投资小的融资模式。

总之，对当前经济增速回落趋势的判断，不是一种传统意义上的经济增速的讨论，而会折射出对经济转型发展态势的一种理念性评价。

第五，绩效评估是经济转型的度量衡

经济转型既是我国政府自主决策的要求，又是外部经济环境变迁的必然结果。但是，由于经济增长的惯性与发展路径依赖的双重作用，虽经“十五“、”十一五“两个五年规划的持续努力，我国的经济非但没有明显转型，而且有迹象表明正在走向回归优先发展重工业之路。为此，认清经济转型的实施背景及建立与之相适应的绩效评估指标体系，是有效防范经济转型的战略决策，被传统考核指标体系的战术动作“合法”否定的一种对策。

首先，我国经济转型的根本标志是产业升级。清醒认识《“十一五”纲要》执行效果，是把握经济转型基本方向的依据。“十一五”规定的两大关键性指标均未实现的事实本身，折射出我国产业层次整体上仍然处于“高能耗、高污染、低级化”的状态。其中服务业增加值占 GDP 的比重、服务业就业的占比，以及研发经费支出的占比均难以达标，彰显了我国产业结构升级的目标仍然任重而道远。在能耗排污的目标实现上，不仅与“十一五”纲要要求相去甚远，而且已稳坐了全球能耗第一把交椅，赶超美国坐上二氧化硫和二氧化碳排放全球第一把交椅也已是指日可待了。**判定一个国家、一个地区乃至一座城市经济转型的根本标志，是视其由什么产业在引领经济的主导增长。**假若仍然由工业，尤其是由能源密集利用、污染密集排放的重化工业在主导经济增长的话，则从根本上远离了经济转型。因此，凡是沿用传统的国民经济和社会发展考核指标体系，通过落伍的《工业经济排行榜》形式，去刺激经济增长的地区，基本上难以加快经济转型的步伐，原因在于，这种运动式的推动经济方法，仍是 30 年来单纯 GDP 挂帅的老思路，是“工业强市”模式在经济转型口号下的复活，没有任何转型的新意。

其次，我国经济转型的内源动力是自主技术创新。从经济转型的视野衡量自主技术创新，将有别于传统发展模式下对自主技术创新的解读。传统发展模式追求的自主技术创新，是为实现其短期、快速形成生产规模的需求，因此，往往只注重研发经费的投入、掌握更多的知识产权、替代技术的引进或是某项自主产品的设计和开发。这种带有机会主义色彩和指标化的自主创新，符合了短期政绩的利益偏好，而对于一个地区经济的长远赶超是绝对不够的。

其一，**研发投入指标的实现，只解决了科技资源增量的扩张问题，但它并不能代替一个地区科技资源的配置效率。**诸多事实证明，我国自主技术创新不力，除研发投入不足之外，最根本的原因有二：一是科技资源的配置结构不合理；二是技术创新的机制和组织方式缺乏效率。科技资源作为一种要素资源，它最终无法摆脱“资源悖论”的桎梏。当今世界生产力发达程度与资源禀赋程度成负相关的事实，早已无情地证明了这一点。其二，**知识产权只是潜在的生产力，它必须经过有效转化才能形成现实的生产力。**我国早已成为全球专利申请量的第一大国，但综合生产率水平低下的局面并没有根本改观。原因不在于技术创新主体的缺乏，而主因是技术创新环境改造乏力，导致技术创新具有明显的外部性，从而压抑了全社会创新主体转化创新成果的积极性。其三，**学习型社会的构建才是技术创新机制形成的社会基础。**任何一个国家技术升级的平台是两大普及：一是低技术的普及；二是国民教育的普及。我国当前正处于一个模仿型社会向学习型社会转型的时期，但由于转型步履艰难，致使技术侵权、产品模仿、论文剽窃、影视复制仍成风气。这种局面的形成是社会急功近利的浮躁行为和法治环境构建不力共同作用的结果。为此，从地区长远发展考量，与经济转型相适应的自主技术创新的评价标准，应当从随机性的技术成果转让，转移到能否形成产品技术和工艺技术持续改进的社会基础和创新机制上来。

再次，经济转型的目标指向是低碳经济。任何一种经济形态均离不开能源，碳消耗对于产业而言只有用量大小的差距，而无耗与不耗之别。为此，也有人将经济统称为“能源经济”，其中尤以工业为最。经济转型的目标指向，就是要从改变生产结构、消费结构着手，使高碳经济走向低碳经济，为地区生产活动的持续发展争取更大的环境空间。因此，低碳经济既是一种经济形态，也是一种发展模式。对于低碳经济的评价指标体系的建立，国内出现了多种观点。从比较实用，且相对容易操作的角度看，拟采用下述四大评价指标为宜。它们分别是：

一是低碳产出指标。设立这一指标的初衷是，碳生产力被认为是衡量低碳化的核心指标，它将一个地区能源消耗导致的碳排放与GDP的产出直接相联系。这一指标包括了关键产品的单位能耗指标，如吨钢综合能耗、水泥综合能耗、火电供电煤耗等，也可选用重点行业单位工业增加值碳排放指标等。**二是低碳消费指标。**消费模式对碳排放的影响，可从人均的碳排放这个综合性指标来界定。为简化计算，在比较各地之间的碳消费水平时，拟以人均碳排放水平代替人均消费碳排放水平。由于地区发展阶段的差异，一般可以根据地区人均GDP水平与全国平均水平的对比，来衡量当地人均碳排放指标是否达标。此外，人均生活碳排放也是一个非常重要的指标，例如居民取暖、制冷、饮食、照明、电脑、汽车等生活用能所产生的碳排放。**三是低碳资源指标。**这一指标是表示地区低碳资源禀赋程度和利用水平，指的是非石化能源占一次能源消费的比重、绿化覆盖率、单位能源消费的CO_2排放因子。其中，水力资源、风能、太阳能、生活能等可再生能源和核能等，属于零碳排放的资源。对于小沼气、太阳能热水器、生物能等非商品能源，由于缺乏统计数据，可不列单独指标，只在政策层面考虑。**四是低碳政策指标。**由于单位能源消费的碳排放强度，要靠清洁能源结构去降低；碳产出效率（即碳生产力）的提高，要靠产业结构优化去实现；终端对能源的需求，要靠绿色消费的倡导去遏制。因此，合理的政策指标设计显得十分重要，这些内容包括：(1) 制定低碳经济的发展战略规划；(2) 建立碳排放监测、统计和监管体系；(3) 掌握公众低碳经济意识形成的程度；(4) 严格贯彻和执行建筑节能标准；(5) 对非商品能源（太阳能热水器等）所采取的激励措施。

最后，经济转型的导向依据是建立新型的绩效指标评估体系。从经济学角度判断，经济转型的绩效涵盖了转型的行为过程和转型的行为结果。对其行为过程的评价指标设计，要能正确反映投入是否满足经济性要求；对其行为结果评价指标的设计，则要能正确反映产出相对于投入的有效性。从已有的相关研究成果判断，选择采用以下四大指数来评估尚属合理。**一是经济指数。**它是城市经济发展综合水平和能力的反映，包括：① **发展水平**。这是衡量城市发展状况的基础性指标，内含经济增长率、人均 GDP、产业增加值占 GDP 比重等指标。② **经济结构**。这是判断城市经济增长质量的趋势性指标，内含自主出口额占 GDP 比重、服务业增加值占 GDP 比重、新兴产业增加值占 GDP 比重等指标。③ **经济发展能力**。这是城市可持续发展的能力性指标，包括财政支持能力、单位 GDP 能源消耗量、实际利用外资的结构指标、投资率等指标。**二是社会指数**。它是对与城市经济发展相匹配的社会发展综合水平及能力的评估，包括：① **生活水平**。内含城乡收入水平、城镇登记失业率、人均抚养系数、公众参与率、贫困人口比例等。② **社会保险综合参保率**。指的是社会保障能力。③ **国民素质**。包括大专学历以上的人口比例，劳动力平均受教育年限等。**三是资源指数**。它是评估城市发展的资源系统支持能力，包括：① **资源存有量**。它是城市发展的物质基础，指人均可耕地面积、人均可利用水资源量、人口密度指数等指标。② **资源利用程度**。是指亿元 GDP 耗水量、工业废水处理回收率、固体废物综合利用率等指标。**四是环境指数**。它是评估与城市经济发展相适应的环境容量的水平与质量，包括：① **环境破坏度**。指亿元 GDP 工业废水未处理量、亿元 GDP 工业废气未处理量、人均固体废物历年累计贮存量等指标。② **环境改善度**。主要指城市人均绿地面积、河道水质类别等指标。

由于我国经济转型起步较晚，有关经济转型的绩效评估指标体系的研究尚处于探索阶段，指标选择也不尽一致。因此，文中建议的指数选择只能作为试行操作，以求在实践中求证和完善。

第六，企业治理模式创新是经济转型的微观基础

具有 15 年生产经营史，年销售额达 11 亿，利润超亿元，下辖 6 家子公司的浙江明效丰汇控股集团有限公司（下简称明效集团），因事涉对外担保连带责任而导致正常生产秩序的中断。一家貌似规模上乘、前景可观、利润骄人的控股集团，竟然会在融资风险管理上的失误而黯然退出市场，实在令世人刻骨铭心。

发人深省的是，该集团既不是沉没于市场条件严重恶化的金融海

啸的汹涌波涛之中，也不是颠覆于行业内部非理性价格大战的硝烟之中，而是泯灭于集团内部无序、混乱而又封闭的管理制度之中。明效集团的失败，应当成为我国企业界共同占有的一笔无形财富。因为，明效教训的启迪正是家族企业未来发展的座右铭，它们分别是：**企业本身就是风险运作的产物，因此其内部决不能缺失风险预警机制；企业家族式的管理只是特殊历史条件下的产物，其归宿应当是公司化运作；萌生于社会的企业不能不讲社会责任，只有问心无愧的"利润最大化"才是经营之道。**

一、要善于促进劣势的转化。劣势是一笔潜在的宝贵资源，只要能及时做好转化工作，定能转变为一笔现实的财富。历史印证了100年之前古典经济学的观点：**"劣势的转化产生的效应，往往大于优势的重复。"**回顾历史可以发现：正是20世纪30年代的经济大萧条，使成千上万的美国人眼睁睁看着他们毕生的积蓄在几天内蒸发消失的惨痛教训，才催生了美国20世纪40%的科技成果，从而走上了"实业救国"之路；正是62个国家历经长达6年之久，付出7 000万人生命代价的第二次世界大战之教训，才诞生了人类历史上第一个旨在遏止世界战争的联合国；正是2008年的金融海啸导致全球外需严重萎缩的教训，才逼迫中国这个以出口为主业的国家下决心走上经济转型的艰难之旅；正是南、黄海岛屿主权的全面争夺，才迫使中国断然组建海南三沙市，并派海监船首次去钓鱼岛巡海执法，向联合国递呈海岛基线图，以此全面宣示海岛的主权。

但由于斯洛维奇"不对称法则"的作用，才使国人长期固守报喜不报忧的思维，放弃了一笔又一笔的潜在财富。斯洛维奇"不对称法则"解读出国人行为的逻辑是：**消极事件摧毁信任比积极事件建立信任更引人注目**。因此，我国各级政府的工作报告在表述成绩时会洋洋万言，但在分析不足时却一笔带过，进而导致社会潜在资源的长期流失。

明效集团留下的潜在资源，正是我国民营企业的发展空间——规范企业管理，其重心是**强化成本管理**（明效的中层干部队伍竟占职工总数的7%），**强化风险管理**（明效财务部门竟然对企业财务亏损采取三不态度，即不警示、不查原因、不纠正），**强化社会责任管理**（明效集团主要负责人在事发之后竟一走了之,走上了躲债务、躲群众、躲社会责任之路)。

二、要积极推动企业管理模式的转型。家族式企业管理模式是我国特定历史条件下的产物,其历史条件是:以家庭为单元的特定农耕文化的产物,也是人们在改革开放政策鼓励下对传统公有制企业弊病逆反心理的折射,更是我国职业经理市场形成严重迟缓的苦果。这种特殊的历史条件孕育了我国占企业总数90%的家族企业,其创造的GDP已过50%的比重。但是,**家族企业体制格局与非家族式管理(即公司化管理)并不矛盾。**家族式管理只是家族企业管理模式的一种特殊形态,它适用于企业规模不大、现金流量较小、市场条件较好的初创阶段。当情况发生变化之后,家族式管理必然要被公司化运作模式所取代。当今全球企业中有70%左右是家族企业,美国则高达90%的比例,甚至在世界500强中也有40%是家族企业,但为生存环境所迫,凡事业有成的家族企业均实行非家族式的治理模式。这其间经历过一次又一次的"洗牌"过程,优胜劣汰的原则体现在管理效率之上。

明效集团倒闭之前面临的困境,几乎是家族企业所共有的,即:**管理水平与企业快速扩张发生矛盾,家族治理与公司治理发生矛盾,股权集中与资金短缺发生矛盾,子女继承与子女能力发生矛盾。**究其根源在于家族企业业主混同了三个关系,即**规模管理与质量管理的关系,资源扩张与资源配置的关系,货币资本与管理资本的关系**(即误将资本家当成企业家)。家族企业的业主应当清醒地认识到,当今世界家族企业的发展正在经历三个发展阶段:从**企业家族化阶段**,即企业管理服从于家族意志的阶段,走向**家族企业化阶段**,即家族利益服从于企业管理规制的阶段,再走向**家族企业社会化阶段**,即家族不占绝对股份,不参与生产经营管理的阶段。例如,日本松下家族只占松下集团2%的股份。潮流为规律所致,顺之者昌,逆之者亡。

三、要努力促进政府服务职能重心的转移。从明效集团失败的教训中,政府应意识到自己的服务职能重心要尽快转移到以下三方面来。

首先,对企业服务的重心要从单纯下达任务指标转移到定期为企业"体检"上来。实践证明,企业与人一样需要定期进行健康体检,旨在使“疾病”早发现、早预防、早治疗。明效集团的积弊并非一日之寒，而是长期内聚的结果。**根据《海恩法则》原理推断，每次严重事故发生前，平均会有 29 次小事故，300 次事故征兆和 1 000 次事故隐患。**换言之，政府只要肯做有心人，坚持定期为明效集团的管理状态进行“体检”，则它不致于有“全军覆没”的今日。为此，各级政府的相关职能部门内要建立“企业诊断所”，作为经常性工作机构，成员可由政府公务员（专职）、企业家（兼）和社会专家（兼）共同组成，职能是监控、防范、预警企业的各种风险。

其次，从变革产权制度着手，逐步推进家族企业治理模式的转型。家族企业组织形式的变更，企业与外部利益集团之间关系的调整，以及投资者与企业之间利益关系和控制关系的优化，均由企业产权制度所决定。因此，物色成功企业作为示范，逐步引导家族企业推动产权制度变革已是当务之急。其主要内容有：

一是要界定企业内部产权。企业规模不大时，模糊产权有利于有效利用廉价的人力成本、监督成本和融资成本来实现早期的资本积累。但当企业规模扩大后，上述低廉的交易费用随着家族内部利益矛盾的加深而必然上升，这几乎是所有家族企业曾经共同面临过的困境。企业要在产权不明晰的状态下，扩大融资几乎是难以想象的。原因在于，正是产权不清晰导致企业融资格局呈现“重内源、轻外源”的局面，而任何企业资金扩张的规律是靠外源融资为主，并非内源融资。例如，我国“希望集团”的蓬勃发展，在很大程度上就是刘氏家族内部产权成功界定之后，扩大了外源融资规模的结果。通常说来，产权界定的依据和原则是效率、贡献和公正，在此基础上实现“亲兄弟，明算帐“。

二是优化产权结构。要通过稀释股权来实现企业投资主体多元化，克服企业产权结构单一的死局。实践证明，投资主体多元化，引进外部优秀人才，是保持企业活力、约束家族成员非理性行为、降低企业风险的有效保障。温州正泰集团业主南存辉之所以会从一个修鞋匠发展成为“温州第一大老板”，由创业时的 200 万元资产扩张到 31 亿元资产，基本经验就是对自己家族的所有企业股权，不断地进行稀释的结果。在人力资本产权的体现上，正泰集团通过采取管理层持股和员工持股两种方式，实现了企业剩余索取权与剩余控制权的相对称。

由此可知，**企业产权清晰化和产权结构多元化，既是企业产权制度创新的核心内容，又是企业要素配置机制创新的前提，也是企业做强做大的根本出路，更是企业真正吸取明效集团深刻教训的最终体现。**

最后，社会维稳的重点要落实在社会管理机制创新上。基于经济学与心理学相结合的“戴维斯理论”认为，**当经济经历长期繁荣之后，随着社会福利的不断提高，民众对福利增长的期望值将会不断攀升。一旦形势发生逆转，群众不满情绪会酿成事端。**我国目前正处于这样的历史时期，政府必须正确把握这一规律，将维稳工作的重心从被动应付事端转到主动应对征兆上来。有统计数据证明，当前我国群体冲突的事件除城市动迁因素之外，企业管理风险处置不当是一个重要原因。其中不乏企业污染失控影响居民正常生活、企业拖欠工资引发劳资纠纷，以及企业破产导致失业员工滋事等。

为此，政府应从戴维斯理论出发，从形成社会管理机制角度去构建两大平台：**一是社会风险预警预防平台。**这个平台的建立应与企业管理风险预警平台有机结合，即可以将“企业诊断所”掌握的信息库资源进行衍生性配置。**二是民众利益诉求对话平台。**民众极端诉求手段的运用，往往是缺少正常对话管道的结果。这个平台的支撑点有二：**① 注重相应公共设施和公共服务的配套。**其中包括设立基本的党民、官民、警民、两会代表与民众的定期对话制度和场所，而原有的联系信箱只能是一种补充，而不能作为主渠道。**② 从公共财政职能的视角合理把握公共福利和公共服务的标准。**政府既要克服漠视民众主张公共福利权利的倾向，也要纠正盲目应诺民众对公共福利高要求的倾向。因为，国际经验证明，凡由政府提供的公共福利和设施，只能是达到基本要求所需的低标准；而高标准的公共福利和设施，只能通过市场购买来实现，政府决不能使有限的财政资源失之配置不当。

第三篇
正心诚意是成功治国的前提

现代化建设的过程实际上是两大资源的配置过程，即人力资源配置和物力资源配置。两大资源的配置关系不是平等的，而是讲究平衡。原因是，人力资源配置水平决定物力资源配置水平，所以二者的重要性并不平等，前者的重要性高于后者。而人力资源配置的成果，最终要在物力资源配置的结果上体现出来，所以二者又必须相互协调平衡。人力资源配置与物力资源配置的关系，印证了古训所云：正心、诚意、修身、齐家、治国、平天下。这是人类改造主观世界与改造客观世界之间的逻辑关系，即理念决定天下。准确的理念来自于对人与自然关系的正确把握，而这种把握又是人的双重属性之间长期博弈的结果。

从现代社会日新月异发展的今天来判断，人类理念正在从三个方面去营造“天下”：一是用“以人为本”的理念去设计、规划、建设“智慧地球（城市）”；二是用“差异性”的理念去规范、培育有效市场；三是用“低碳”的理念去发展新兴的创意产业。三者内含分别是有利于“让人生活更美好”的城市建设、有利于提升稀缺资源配置效率的市场建设、有利于经济转型发展的新兴产业建设。

“智慧地球”只是一个技术命题吗

美国人在10年之间将数字地球的概念演绎至智慧地球，其间的变化决不是数字化的简单升级换代，而是认知自然的理念上的升华。因此，根据IBM在2009年8月所发布的《智慧的城市在中国》的定义，简单地将智慧城市（smart city）作为城市发展的一种新型策略，进而理解为充分利用信息技术去感知、分析、集成和应对地方政府相关行为活动，这显然是远远不够的。智慧地球概念的实践，首先是要从人类理念的智慧性开始，其后是要落到人类意志的执行者——政府行为的智慧性上，最终才能体现在城市管理手段和过程的智慧性上。

人类在地球上的出现，是自然界物质演化过程中的一个里程碑，它标志着一种智慧生物有目的地作用自然过程的启元。人类之所以同其他生物不同，就在于人类同时具有两种属性，除了他们还带有原来体系所具有的生物学上的动物性之外，同时还具有高于一切其他生物的社会属性，或称文化性。人类能够思维、具有理智，它既可以利用自己的智慧理智地去适应地球，也同样有力量利用自己的智慧非理智地去伤害地球。自人类诞生的400多万年历史的长河中，地球亲历过由急功近利的短浅目光主导的人类为争夺资源发生过的无数次争战，更亲历过人类在工业革命之后向地球疯狂地索取物质资源的穷凶极恶的行径。

智慧地球的呼声绝对不是对人类开发地球资源手段走向升级化的“响应”，而是生态恶化趋势远远超越环境自净能力、进而危及人类自身生存条件之后的一种良知的呐喊！自然界是人类的本源，也是人类的归宿。人类对自然界所做的一切，最终会通过生物圈作用到自己的身上来。

在2011年金秋11月的广州天河区规划研讨会上，笔者感慨地认知，广州新一轮发展战略已将城市定位提升到与国家中心城市地位相匹配的国际商贸中心、世界文化名城、国家创新型城市和综合性门户城市的历史高度。城市功能的这种大幅度切换，既将天河区推上思想理念、制度安排、产业发展和城市管理等四大转型升级的前沿，又将人口、资源、环境的协调发展提到了一个崭新的高度。为此，天河区政府必须以建设智慧广州、低碳广州和幸福广州示范区的实际行动，争当国家中心城市建设、全面提升科学发展实力的排头兵。为履行这一历史性的担当，天河区必须率风气之先，**跳出天河看全国，跳出短期看长远，跳出总量看结构，跳出经济看社会，跳出人类看自然**，充分把握发展的协调性，争创全市示范性的工作和业绩。

一、顺应未来改革重心转移的趋势，率先转变政府职能和行政模式，构建智慧型政府。

温家宝总理在2011年国务院召开的行政审批制度改革工作电视电话会议上的讲话，传递出的一个重要信息，便是我国行政体制改革滞后于经济社会发展，已经不能适应市场经济发展的需要，它将成为我国改革开放进一步深化之瓶颈。这一信息意味着我国未来制度安排的重心，即将从经济体制转向行政管理体制，目标是建立智慧型政府，地方政府应前瞻性地把握之。

我国行政管理体制改革面临的难点，是如何优化经济发展模式中政府主导与市场主导的关系，行政资源配置中粗放行政与集约行政的关系。上述两大关系的博弈互为因果：政府职能的错位，导致行政模式的失范；行政模式的失范，进一步扭曲了政府职能。政府要在新一轮发展中率先掌握主动权，就必须率先优化这两大关系，否则便有舍本逐末之虞。

智慧型政府集中体现在**行政干预、行政方式和行政管理**三个方面的转变之上。

一是政府行政干预的转变。合理的行政干预是必须的，而评估这种合理性的尺度并不在于干预本身，而在于**干预领域、干预方式和干预质量**。为此，政府应从三个起点开始转变：① **智慧政府的干预领域要从微观领域转向宏观领域。**方向是从经济速度干预转向经济效益干预，从企业行为干预转向市场行为干预，从而为企业减负，降低运行成本。宏观经济目标是一个体系，是多目标系统的管理，内含经济增长，就业充分、物价稳定、国际收支平衡，并非单一的速度指标。7.5%速度指标的设定，正是中央基于对我国通胀压力加大、就业形势严峻、国际需求萎缩、环境容量变化等多目标考量的结果，它标志着国民经济与社会发展单一考量速度时代的终止。② **智慧政府的干预方式要从直接手段和行政手段为主，转向间接手段和法规手段为主。**重点是通过约束非经济干预行为，从而去营造一个规范的商业环境。干预手段的选择往往与干预质量相联系，当国有经济成份占很大比重时，行政干预效果明显；当非国有经济比重趋大的条件下，则其效果取决于市场软环境，即市场有效性程度。③ **智慧政府的干预决策要从随机选择转向智慧选择。**旨在通过源头管理，去防范政府职能部门偏离正确的干预价值。"智慧选择"的体现，在于政府干预应当界定在市场失效的时间和空间范围内。

二是政府行政方式转变。政府行政干预重点和方式的转变，其内涵本质是政府职能定位的变迁，其对应的行政方式定位必须随之发生改变。因此，① **智慧政府要从传统行政走向依法行政。**其实，这一转变是 WTO 规则的基本要求。WTO 明文规定：企业"依法经营"指的是"除法律规定不能做的事之外，其他什么事都好做"；而政府"只能做法律许可范围内的事"。大量事实证明，我国政府与企业均未实现对 WTO 规则的这一承诺，承诺的本质是促使政府从政策行政走向法律行政。由于"没有重点就没有政策"，因此政策行政的结果不会具有普惠性，而法律行政则不然，因为它强调的是公正性。② **智慧政府要从暗箱行政走向透明行政。**政府行政的透明度，是企业实施正确的投资决策之前提。正是由于行政的透明度不高，我国企业投资决策失误率相对较高,这也是 WTO 规则所要纠正的。国家和地区的竞争力,最终还是要体现在企业的竞争力之上,而企业投资效率是竞争力的重要标志。因此,沿海发达地区政府要率先在行政透明上为全国垂范。**③ 智慧政府要从高成本行政走向低成本行政。**我国改革开放 30 年的历程中,GDP 增长了 33 倍,创世界之最,但政府行政费用增长了 83 倍,可见其成本压缩空间之大。先行政府应率先从机制创新的角度,而不是简单的财务预算调整的技术角度去压缩"三公"经费。

三是政府行政管理的转变。内容主要有:**① 智慧政府的行政行为管理的重心,应注重源头管理,从公共权力运作机制去控制行政失范行为。**改革方向应当是从我国中央与地方权限划分模糊,公共权力整合难度大的弊病中率先走出来,将自我监管和约束的重点放在防范公权力的分散化、部门化、人格化和资本化之上,既奏规范市场之效,又居保护广大干部之功。**② 智慧政府的行政能力管理的重心,应放在政府公共职能的履行上。**政府公共职能应集中体现在提供公共产品、服务和经济调节上,其中既包括政府提供公共服务和产品(内含制度性、政策性和一般性的产品)的品种、规模、质量,要适应当地社会经济发展的需要;又包括了政府高效提供这些服务和产品的能力(诸如天河区在应对"六高六低"区情中的交通效率和"城中村"整治效率等);还包括了分配方式和税收分摊的合理性。地区公共物品提供的成本,只有能合理分摊在不同收入水平的群体之间,其提供才不致于供不应求。**③ 智慧政府的行政成本管理重心,应逐步从财务成本提高到组织成本和效率成本之上。**针对全国共性的弊病,先行地区的"率先作为"应从纠正三大趋势着手:即,政府职能被全覆盖的趋势,公共权力结构被扭曲的趋势(主要是政府与市场关系),"吃饭财政"理念被固化的趋势。**④ 智慧政府的行政效益管理重心要从公务员效率转向政府机构效率。**对于政府而言,无论是发达国家,还是发展中国家,无一例外的事实是:**政府机构效率普遍低于公务员效率。**为此,地方政府应率先将行政效益的管理重心转向潜力空间最大的政府机构改革之上。政府行政效率的价值指向必须与其职能相一致,否则其低效往往是不务"正业"之结果。为此,政府应率先从政府职能与市场功能的关系理顺上,去界定自身业务范围。

二、顺应未来我国沿海城市功能转型的趋势，率先强化城市规划的地位和作用，使城市建设的管理模式从传统的行政管理转向规划管理。

著名学者萧伯纳曾经尖锐地指出，人类文化一半为未受教育者所摧残，另一半为饱受教育者所破坏。城市作为城市文化的载体，其建设性破坏与规划地位的弱化不无关系。无怪乎 2011 年 12 月北京举办的“承载我们的城市究竟怎么了”的论坛主持人发出了“今天的城市从文化概念而言，可以说是一场悲剧，或者是悲剧的连续剧”之呐喊。

历史证明，城市空间结构的演化史，实质上是一部城市功能结构的变迁史，也是一部城市产业结构升级的历史。20 世纪 80 年代，国际产业第二次转移高潮不期而至，大批受制于生产成本的劳动密集型加工业，如潮水般地涌入我国沿海城市，导致城市土地利用结构进入适应性的调整阶段。加之城镇福利分房制度面临市场化改造的冲击，所形成的土地承载压力，从双重角度推动了我国城市空间结构调整的进程。但是，由于土地利用模式从“无偿划拨”转向“有偿使用”之后，**受盈利机制驱动，导致城市土地偏离了合理利用的轨道。这种偏离，使沿海城市规划普遍丧失了控制与引导相兼顾的主动权。**许多城市在政府行政不当干预的影响下，使城市规划被动地被开发商牵着鼻子走，最终导致《城市规划法》和许可证制度及其控制性详规流于形式。

2010 年上海世博会“城市，让生活更美好”的申办主题，激起了人们从城市规划的伦理视野和文化视野出发，对城市功能结构进行反思。**反思的重点，是沿海城市土地偏离合理利用的轨迹，即：城市空间及土地经济利益最大化，对城市生活空间环境人性化和个性化的侵害；政府短期经济价值目标，对长远公共价值目标的侵害。**两大侵害的事实，折射出我国沿海城市规划的“法则地位”，逐渐丧失其严肃性、独立性和延续性。这种丧失，首当其冲的是具有民族文化积淀的个性化建筑，即文物性建筑。而正是这些民族文化使名都大邑成功地主导过它们各自国家民族的历史，诸如雅典、北京、巴黎和伦敦。

广州市天河区新一轮跨越式发展战略目标定位的高起点，决定了城市必须从思想理念更新为先导，以制度设计为突破口，以历史文化传承为脉络，以高端产业发展为基础，以城市管理为后盾，以城市规划为法则。在保护岭南文脉的同时，要抓紧珠江北岸11公里景观带工业遗存的挖掘和展现，结合优质生活岸线绿地建设，营造都市文化新地标。为此，天河区政府应当效法山东省日照市的成功经验，在连续11任市长任期之内，保持了城市规划“神圣不可侵犯”，坚持“规划一张图，审批一支笔，建设一盘棋”，严格维持“东港、西新、北游、中城”的空间结构。

三、顺应未来我国经济快速转型的趋势，率先培育城市有效市场，使资源配置方式从传统的政府为主导转向以市场为主导。

经济转型的本质主要不是体现在政府内部关系的调整上，而在于政府的外部关系优化上，即政府地位与市场地位之间关系的历史性回归。我国未来经济将在转型中增长，其推进的两大车轮是城市化率和服务业比重的提升。但是，这两大提升的空间分别以城市功能转型和服务业升级为前提。否则，将难以摆脱“成长陷阱”。换言之，这种转型将集中体现在淡化GDP增长主义的模式之上。要淡化这种模式，就必须重新评估政府主导型的增长方式。原因在于，**包括政府在内，任何力量均无法替代市场机制在国民经济增长体系中的基础性地位。**历史已多次证明，一个地区经济的崛起与持续发展，主要并不是取决于政府主导力量的强弱程度和资源储备的禀赋程度，而是资源配置的效率与水平，有效市场则是地区资源高效配置最重要的载体。市场有效性不在于市场主体的多寡和市场规模的大小，其判定标志主要有三：① **企业进退市场成本的高低。**其成本包括融资成本、物流成本、税费成本和用工成本等。② **市场对称性的强弱。**其内涵包括**信息对称**，即没有“三无”产品，因为“三无”产品是隐匿信息的产品；**权益对称**，即能形成优质名牌发财，假冒伪劣垮台的竞争机制。③ **法治严明程度。**这里不是指法“制”齐全，而是指法“治”严明，即地区执法与守法的程度。这种程度，有利于诱导企业从投机钻营中获利，转向从提高产品性价比中获利。为此，应从城区商圈的改造和专业市场的升级着手，逐步推行区内有效市场建设，以争取在IT批发行业形成“广州价格”中发挥主导作用。有效市场建设涉及的职能领域，应包括工商服务、税收服务、城建服务、城管服务和各种中介咨询服务等，是一项系统的综合服务。

鉴于资源的流向规律，是从配置水平低的地区流向配置水平高的地区，因而形成了所谓的“资源悖论”，即资源贫乏地区生产力发达，资源富有地区生产力落后的现象。原因在于，资源会从无市场地区流向有市场地区，进而又从低效市场地区流向高效市场地区。**市场有效性程度的标志在于，交易机会多少，交易成本高低，交易行为规范的程度。**当有效市场培育进入到一定阶段之后，政府要以此三个标志进行评估和验收，争取将地区的要素市场和专业化商品市场在“十二五”期间建设成为有效市场的示范区。

四、顺应我国未来社会管理创新的趋势，率先从理念更新和制度安排角度推进和谐社会建设。

古人云：“正心、诚意、修身、齐家、治国、平天下”，这里言明了改造主观世界与改造客观世界之间的逻辑关系，即什么样的理念，决定什么样的天下。以此视角判断社会管理，其创新的逻辑顺序是：理念决定机制，机制决定政策，政策决定管理成效。社会管理创新的基础是相关体制机制的创新（诚如我国药价管理创新的基础是药品定价机制创新一样，若“顺价作价”的机制不改，药品虚高不会“退烧”），而体制机制创新的思路源自于政府对“以人为本”理念的系统解读。当前，我国对“以人为本”理念的片面解读，是导致社会和谐失去制度性保障的主因。政府应从以下两个角度率先全面理解“以人为本”：**一是完整诠释“以人为本”。**即：在人与物之间，坚持以人为本。以我国消费萎缩为例，其源在于财政政策的倾斜重点落在消费品生产企业的补贴上，而没有直接用于补贴居民消费。在多数人与少数人之间，坚持以多数人为本。诸如社会问题的解决方案大多是“城市人思维”的结果，而事实上许多方案的适用群体主要在农村，而非城市。以校车改革的针对性为例，5年来事故发生中死亡学生74%集中在农村，但方案针对性却以城市为标本。在未来人类与当代人类之间，则应坚持以未来人类为本，因为他们缺失话语权，已受侵害甚深。全球一年之内消耗的矿藏性资源几乎是地球100万年的地质积累,这种超前消耗资源的行为正是对未来人类权利的侵害。**二是从人的本质领会"以人为本"。**马克思在《费尔巴哈论纲》中说过,**人的本质是一切社会关系的总和。**因此,包括人的劳动关系(就业)、分配关系、交换关系和城乡关系在内的一切社会关系之优劣,是检验社会和谐的标尺。历史证明,决定社会关系优劣程度的关键,是强势群体与弱势群体之间的关系,它是社会走向和谐的基石。

为此,政府要从"以人为本"的价值体系出发,率先去探求社会和谐的制度创新设计,使自己从监督者和控制者的地位,转化为公民、国家和社会提供公共产品、保障公共安全、维护公共利益和促进社会公平的服务者地位,以求将民生工作融于群众工作之中,旨在从长效的根本上,而非从权宜的对策措施上去构造和谐社会。这些制度应包括**国民经济与社会发展考核机制**(传统考核机制的缺陷是只考核经济建设指标,不考核社会建设指标)、**乡镇财政保障机制**、**税收分享机制**(目标是让乡镇干部能走出院墙,走进农户,提供服务,促进增收,维护稳定)、**财税激励机制**(实行"以奖代补"方式的超率累进分成,目标是调动基层干部从事社会建设、社会管理和社会服务的积极性)。

当前,影响我国社会和谐的一个重要因素是基本公共服务缺失均等化,它直接导致贫富差距效应的扩大,这是应当引以为戒的。但是,国际经验证明,凡由政府付费的教育、医疗、保险、廉租屋等基本服务都是一般化标准的保障性服务。特殊化、较高层次的公共服务只能通过市场或其他有偿途径去获取。有限政府的有限性,不仅体现在职能上,还要体现在公共服务的层次上。

五、顺应未来我国城市管理智能化的趋势,率先按照"智慧地球"的理念去建设智慧城。

继21世纪初叶美国人提出"数字地球"之后,最近又提出了"智慧地球"的概念。短短十年间变更了的提法,足以证明"智慧"不是"数字"的简单重复,而是一种升华。智慧城市是智慧地球概念的延伸,是城市发展的全新策略,其策略背景是地球资源的稀缺性与人类需求无限性之间的冲突长期化,其出发点是优化人与人之间、人与自然之间、人与未来之间的关系，它远非传统意义上的数字化目标可以比拟。以广州市天河区为例，智慧城最终**目标管理**有三，即社会和谐、资源节约和可持续发展。智慧城对于未来城市的演化具有标本意义，它终将成为城市产业升级的载体、科技创新的平台、幸福民生的保障，使广大劳动者能在休闲静思中创新，在绿色环抱中创业，在和谐安逸中生活。为此，天河区应凭借三大森林公园的优势，严格控制和整治依山傍水的城市建设项目，结合科学的林分改造，逐步培育具有岭南特色的风景林木、植被，形成多树种、多层次，乔灌藤草相结合，具有多样性的，天际线分明、水际线清晰，能显山露水的森林景观和生态水域，为广州打造一个38平方公里规模型的生态宜居和旅游休闲集聚区。与智慧城目标管理相对应的**技术管理**也有三点，即以投资超过300亿元的37个智慧项目为抓手，逐步落实三件事：① 利用互联网和智能化传感器构建的物联网，实现对物理城市的全面感知；② 利用云计算等技术对感知的信息进行智能处理和分析，及时作出智能化响应和智能化的决策支持；③ 利用新一代网络通信技术和智能化产品，最终实现城市公民的多方参与和互动，旨在方便全体公民能共享社会提供的多种服务。

当前全国各地兴起的智慧城市建设中，从普遍存在的认知误区上分析，突出问题主要有二：**一是误将智慧城市理解为数字城市。**人们在设计理念上仍然习惯地将人与人的关系、人与自然的关系、人与未来的关系抽象为数字关系，抹杀了其中的民生关系、生态关系和代际关系。**二是误将“智慧城市”与“智慧政府”割裂开来。**这种思维缺乏对政府在三大关系构建过程中地位和作用的评估，岂不知，正是我国政府主导型的发展模式扭曲了人与人、人与自然、人与未来的关系。因此，位居智慧城市之首的应该是智慧政府，其次才能派生出智慧制度、智慧市场、智慧产业和智慧民生，而政府的“智慧”应当集中体现在其科学的职能定位和正确的行政模式之上。

如果说，是一种“智慧生物”有目的地干预自然规律的原由，导致自然界在物质演化进程中，沦为人类非理性行为结果的被动接受者的话，那么“智慧城市”的降生，应当力求改变自然界在物质演化进程中的地位，成为人类理性行为后果的主动接受者。天河智慧城坐落于白云山麓之东,龙凤三脉之间,纵横七溪之畔。如能将这块山清水秀之地理智地建设成为岭南自然原生态与现代城市新地标互相辉映,广州人脉发祥之地与高端人才集聚之区互为呼应的人杰地灵之城的话,那么它必将成为"智慧广州"的示范之区和标本之地。

六、顺应未来我国战略性新兴产业发展的趋势,率先规划和培育天河"金融城"和"智慧城"的产业体系。

我国经济今后能否稳步增长,关键在于战略性新兴产业能否发展。2010 年 10 月国务院颁发的《关于加快培育和发展战略性新兴产业的决定》,推动了各地政府抢占发展先机的步伐,加大了规划、圈地、筹资、招商的力度。广州市天河区的双城(金融城和智慧城)互动正处于这一轮热潮之中。为使天河区战略性新兴产业能捕捉到错位发展的机遇,必须率先从以下方面把握主动权。

一是要充分把握界定新兴产业的标准。从我国新一轮产业升级的要求判断,战略性新兴产业的标准有三:① 具有新的发展模式和新的运行机制的产业;② 能适应未来新兴市场和新消费方式需求的产业;③ 能发挥我国资源禀赋优势的产业。**这些标准归结起来是,具有前瞻性的、生态化的(即成本内化,而非成本外化的企业运作)和国情式的。**诸如,传统产业在能源消耗减量化、资源利用循环化之后的生态型产业;新能源产业(包括新能源生产的产业和利用的产业);新材料、新工艺、新技术的"三新"产业;能满足低碳消费的生态产业(包括生态化的衣食住行的产业、生态化的服务业等);战略性的教育、科研和研发产业,即创造知识产权的产业。

二是要从"非工业化"现象去把握高端产业的发育规律。在经济全球化的大潮中,藉助于因特网的技术条件和 WTO 的制度条件,放大了发达国家的扩散效应,导致次发达国家产业结构的前倾(即产业结构演进的跨越式发展),使服务业从工业体系中分离出来,独立组成产业,催生了高端的研发业和生产性的服务业,并通过产业集群和集聚的规律,形成各自发展的区落,诸如中央商务区和高新技术产业园区。广州市天河区的"双城"便是其例。**以天河区中央商务区为例,它是通过区域**

内人才、资金、技术、信息等要素向珠江新城的汇聚，在中心城区与腹地之间，构筑一种涵盖集聚与辐射双向作用的商务关系，旨在实现天河区辐射范围内资源的优化配置，进而提升大广州、乃至小珠三角地区的经济实力。

由此可知，对天河中央商务区内涵的理解可归纳为三句话：① **对应关系**是珠江新城与周边腹地，一旦离开了广大腹地的需求与支持，它便失去生命力。这里彰显的是服务经济与实体经济之关系，2008 年的金融海啸便是二者关系错位的恶果。② **服务关系**是商务区与广大企业，企业是评价商务区最终价值体现的话语人，是其“衣食父母”。③ **运作方式**是控制、服务与管理，其实施路径是市场化控制、人性化服务和法治化管理。

三是要从中央商务区发育背景去把握它的支撑基础。全球中央商务区发育的背景是三大时代的降临，即要素约束时代、信息革命时代和供应链管理时代，它们分别对商务区的建设提出了**商务功能集聚的要求、基础设施的信息网络要求和与总部经济共生互利的要求。**为此，政府应在以下“要件”形成上下功夫：

① 扩大商务需求资源。这种资源体现在三个方面，即天河区与腹地经济的关系、天河区的交易能力及其腹地经济的规模和成长性。它们表现为天河区的经济水平、经济外向度和经济效率，具体要落实到天河区能为腹地经济发展所提供的交易环境之上，诸如企业转口贸易机会、企业进入市场(人才、技术、信息、资金要素市场)的门槛等。此外，商务需求资源还体现在腹地经济的规模和成长性上。这种规模和成长性，将决定对珠江新城中央商务区功能需求的规模性、层次性和持久性。

② 降低交易费用。交易机会的多寡，还无法决定交易费用的高低，而交易费用的大小却直接决定了交易成本的高低，进而决定珠江新城中央商务区的最终需求规模。交易成本主要体现以下方面：**其一，入驻机构的外部经济成本。**它是决定商务机构汇聚天河的重要因素，具体表现为天河区原有商务机构及市场的发育程度，转化为对新集聚单位带来的“溢出效应”的大小。**其二，商务联系成本。**它表现为珠江

新城中央商务区与腹地之间的资金、人才、信息、技术、实物等流动的成本之上，其成本将与天河区交通枢纽地位的构建和信息交换传输高地的形成程度成负相关，即地位越高，联系成本越低。**其三，经济纠纷处理成本。**这类纠纷来自企业之间的交易关系、内外转口贸易关系和企业自身系统之间所有权控制关系等方面，其处理过程的时效性、公正性、有效性程度，均会决定企业的财务费用。

③ 营造商务环境。商务环境的优势，对企业入驻的决策行为有重大影响。它体现在两个方面：**其一，商务软环境。**表现为商务行为的规范程度，即商务公开、公平和公正的程度。它分别体现在商务市场的对称性、商务规则和政策倾斜的非歧视性及其商务行为最终结果的合理性之上。**其二，商务硬环境。**它表现为天河区位条件的优势、内外部完善的复合联运交通系统和先进的信息传输系统，以求确保商务活动能在同步的金融资本市场、技术资本市场、人才资本市场、物资资本市场和信息资本市场的支持下，便捷、高效、规范地运行。

处于广州城市功能大幅度切换前沿的天河区，**其行为结果的示范性，必然要求其行为过程的率先性，进而决定其行为思维的前瞻性。**天河区发展战略的设定，正是基于这样的行为逻辑。

无形的手离不开有形的手

在亚当·斯密的视野里，人为了生活必须交换各种必需品来消费，在这一过程中产生了市场。但与古代传统小市场不同的是，这种市场具有组织化、体系化的特征，它靠“无形的手”调节发育起来。既然市场作为商品或劳务交换的场所，它必然包含了买卖双方及其市场环境。这种市场环境在经济学上指的是市场结构，由于不同的市场结构，诸如完全竞争市场、完全垄断市场、垄断竞争市场、寡头垄断市场等，会有不同的运行方式，进而对企业行为产生不同的影响。市场结构的差异主要表现在交易者数目、产品差别度、资源自由流动程度(即企业进入市场难易程度)、个别企业操控价格程度等四个方面。上述四种市场结构中，完全竞争市场是一种理想的市场类型，其余三种统称为非完全竞争市场。从完全竞争市场的特征去规范和培育我们的市场，应当注重其交易机会、交易成本和交易行为的程度，并以此去判断市场的有效性程度。本文以浙江义乌小商品市场为例加以阐述。

中国义乌小商品市场始建于 1982 年，这是我国尚未完全实现商品市场化的年代，计划配置模式在各个经济领域中支配着一切商品。**义乌小商品市场这个脱胎于计划经济襁褓之中的“婴儿”，不啻是我国市场经济探索的先驱者。**因此，**其分娩之阵痛、成长之艰辛、发展之曲折，不言而喻。**我国改革开放的 30 余年历程之中，先后经历了四个发展阶段，**第一阶段是产品非市场化与要素非市场化阶段。**这是计划模式之下的一个均衡发展时期，产品由政府统购统销，要素由政府统一调拨，全国俨然成为一个“大工厂”，全民均在同吃一个“大锅饭”。**第二阶段是产品市场化、要素非市场化阶段。**这一阶段是一个失衡发展时期，产品从政府统购统销走向市场决定需求，而要素仍然由政府统一调拨。其扭曲的标志是，产品销路自负，而要素供给不能自主；**第三阶段是产品市场化、要素市场化阶段。**这个阶段发生于20世纪90年代初，是一个市场模式之下的均衡发展时期。由于土地要素和资金要素自建国以来首次进入市场，有效地调动了地方企业的积极性和创造性，出现了历史上第一个经济高速增长期。**第四个阶段是要素市场化、组织资源非市场化阶段。**当前，我国正进入这一时期，它是一个面临制度约束新特点的失衡发展时期，其本质体现在政府组织与非政府组织的谋合上。这种谋合的程度将决定义乌小商品市场的未来。

义乌小商品市场萌生于我国改革开放的第一发展阶段，她历经了第二、第三发展阶段，在见证我国改革开放的全部历史进程中，形成了拥有400多万平方营业面积、6万多个商位、20多万从业人员，21万日客流量，经营着16大类、4 202种类、33 217细类的170万种单品，年成交额456.06亿元人民币(2010年)，连续20年居全国专业市场榜首的"全球最大的小商品批发市场"(联合国、世界银行和摩根士丹利语)。

义乌小商品市场诞生、成长和发展的历程，是一种典型的自下而上的制度重新安排的过程，它往往是体制外循环的产物。**由于与产品非市场化发展阶段相适应的制度安排，无法从中获得"外部利润"(诸如规模经济、外部性、风险交易费用等)，便诱使义乌人去实现制度创新，其驱动力在于这种制度具有的非均衡性所造成的潜在获利机会。**所以，它是一种诱制性的制度变迁。安徽凤阳小岗村的承包责任制起源于此，义乌小商品市场的起因也发端于此，而且几乎起步于同一历史时期。义乌小商品市场的萌生和成长，是与传统思维错位思考的产物。由于这种制度变迁的自发性，决定了它具有与当时施行制度相冲突的风险之外，还具有不可能满足全社会制度安排的最优供给。这造就了义乌市政府在持续补救这种制度"供给不足"中的地位和作用。换言之，义乌小商品市场的全部成长历史离不开义乌市政府的支持，尤其是1993年12月《浙江中国小商品城集团股份有限公司》的国有控股企业成立之后，大力开展了市场基础设施建设，为创新市场功能先后投入近百亿元资金，最终建成国际商贸城一、二、三、四、五区市场群。在此基础上，集团公司又将市场的制度设计引向国际贸易综合改革的试点。其改革的最终目标是要进一步将义乌进口商品馆打造成为我国最大规模、最高知名度的进口商品集散地、中转站和中非贸易的重要桥梁和纽带。由于集团公司有效地体现了政府的意志，明确了至 2015 年义乌小商品市场力求实现经营场地 10 万平方，经营主体 500 家，商品原产地达 130 个国家和地区，年交易额在 10 亿元之上，进口商品贸易覆盖我国 33 个省市，其中转口贸易达 30%以上的奋斗目标。五年之内要实现上述发展计划，义乌小商品市场的功能建设目标，仍然必须突破传统思维，应当率全国之先定位在**交易机会最多、交易成本最低、交易行为最规范之上。**

一、有效市场的培育是义乌小商品市场功能目标到位的关键

我国区域性专业化商品市场之间导致资源巨大浪费的无序竞争，之所以会屡禁不止，其源盖出于人们对商品市场的曲解。**许多地方政府误将市场的形态建设混同于功能建设，误将市场的价值投资混同于基础设施投资。**义乌小商品市场要实现自身功能目标定位，必须毫不懈怠地抓紧两件事：**一是更新理念。**这些理念是：① **市场品牌理念。**品牌作为义乌小商品市场沟通世界的代码，它具有浓缩信息的功能。它浓缩的应是义乌小商品的质量、技术、价格、服务、诚信等多重信息，是义乌市场和企业形象的高度概括。这种物质性与虚拟性高度统一的特征，会使品牌成为广大消费者在浩瀚的产品海洋中选择义乌商品的依据。市场品牌的价值量是典型的无形资产有形化之结果，它可以诱导产品远离产地去追随品牌的发迹之地。简言之，市场品牌可以创造需求，也可以创造供给，更可以改变资源的流向。历史上扬州虽无盐场，但有市场而致富；盐城虽有盐场，但无市场而致贫，便是例证。② **顾客关系管理理念。**据美国企业界研究发现，企业 80%的业绩靠 20%的回头客所创造，而决非靠散户。因此，追求回头客便是现代营销逻辑的重新安排，即第一位是服务，第二位是质量，第三位是价格。现代顾客关系管理的营销逻辑正好与我国企业普遍热衷于“价格大战”的行为逻辑南辕北辙。③ **转变劣势理念。**如前所述，100 年以前的古典经济

学认为，转变劣势产生的效应往往会大于优势的重复。义乌小商品市场要赶超世界先进市场，就必须发挥后发效应，而后发效应既包含被赶超客体的教训转化为赶超主体的经验，又包括了赶超主体自身劣势的转化。义乌小商品市场迫切需要转变的劣势有二：其一是**市场配套的商务设施严重不足**。包括商务区建设和停车场。其二是**市场品牌反侵权机制缺失**。义乌小商品市场由于品牌注册的障碍，缺失了应对全国200多家企业侵权行为的法律手段，这是市场品牌建设的大忌。上述两大劣势一旦转变，其效应必然会放大。

市场经济的调节体系由三个层面构成，即市场调节、政府调节和道德调节。亚当·斯密的《国富论》告诉你什么叫“利己”；而他的《道德情操论》告诉你，只有“利他”才是问心无愧地“利己”。资本追求利润最大化，而社会追求的是公平和正义，市场经济与道德需求之间存在的这种“二律背反”，使“市场伦理”的博弈贯彻于市场建设的全过程。所谓市场品牌，其核心内容是市场的效率、道德和诚信。

二是培育市场差异性发展的空间。市场具有形态建设和功能建设两大层面，其差异的内涵必须统筹兼顾、不可偏颇。

其一是关于市场形态建设的差异性空间。市场形态建设的差异性空间可以集中体现在三个方面：① **市场形态布局结构优化。**在当前我国市场形态布局结构普遍缺乏合理规划的大背景之下，义乌小商品市场应当将市场交易区、市场管理区和市场配套服务区进行深度优化布局，为功能充分发挥提供最优条件。② **基础设施配套完善。**我国大多数专业性商品市场园区缺失市政配套治污设施，市场外部基础设施与市场内部基础设施缺乏衔接配套，降低了市场形态设计的整体水平。这种混乱状态为义乌小商品市场形态的差异性建设提供了空间。③ **选址环境评估的充分论证。**我国产业园区建设缺乏环境评估者不乏其例，以某省会城市为例，104个产业园区中，仅有16个园区进行了选址环评报告，以致于个别精细化工厂的地址竟会选择在位于著名旅游名胜景点上游的1公里处。选址的环境评估必须严格注重所在地址的水系条件、主导风频，以及与周边用地的功能协调等因素。在我国大多数市场缺乏严格环评的大背景之下，义乌小商品市场进一步拓展规模的选址评估报告必须充分考量义乌城市水系安全、空气净化和建筑风貌等的协调，以力争在扩建奠基开工伊始便能取得市场形态建设的差异性效应。

其二是关于市场功能建设的差异性空间。市场功能建设的差异性空间存在于两大方面：

① 市场有效性差异。由于我国步入市场经济的时间不长，大部分市场的有效性程度不高，这为义乌小商品市场寻找市场功能建设的差异性发展空间提供了机遇。其机遇可从三个角度捕捉：

首先是降低企业进退市场的成本。降低市场的门槛，有利于吸引交易主体入驻，进而扩大市场的交易机会，为市场做大做强创造条件。

其次是提高市场的对称性。市场的对称性体现在两个方面：**A. 权益对称。**进入市场的主体要能做到“种瓜得瓜”、“种豆得豆”，优质产品发财，假冒伪劣垮台。但是，我国当前相当数量的市场做不到，反而往往使优质产品垮台，假冒伪劣倒发了财。权益对称的另一种表现，是交易费用的合理确定。经济学上的交易费用，决定于交易双方博弈基础上的成本。交易一方失去讨价还价机会和权利的交易，其成本是一种被扭曲的费用，而不是真正意义上的交易费用。犹如达·芬奇高档家具的垄断性定价，以及城市动迁补偿标准的单方面裁定等。**B. 信息对称。**市场要实现生产者与消费者之间的信息对称，但我国不少市场也难以做到，原因是“三无”产品泛滥。“三无”产品实际上是隐匿信息的产品，导致生产者与消费者之间信息严重失衡。温州“7·23”动车特大追尾事故证明：我国铁路客运市场处于信息严重不对称状态。对于顾客而言，笃信铁路部门具有“无条件确保安全”的能力；而铁路主管则自知只具备有条件确保安全的能力，这个“条件”就是不能发生雷击。一旦信息实现对称，雷雨季节广大顾客便会远离动车，交易随之中止。因为，“7·23”事件粉碎了中国铁路系统自诩的动态监控设施、自动闭塞系统、故障信息“钢轨”传递系统和55秒内实施制动的神话。

最后是市场规制要严明。市场经济是一种法治经济，它以严格的游戏规则为保障条件。我国许多市场之所以交易行为失范，其源盖出于市场规章不健全，法治不严明。诸如，企业进退市场成本过高，是市场收费规定执行不力之故；市场不对称，则是假冒伪劣的侵权成本过低的结果。

义乌小商品市场只要能从这三方面努力推进市场的有效性建设，必将成为我国交易机会最多、交易成本最低、交易行为最规范的专业化商品市场。

② 交易模式创新。市场功能建设的第二大差异性空间是交易模式的创新程度。我国大多数市场的交易仍然停留在传统的初级交易模式时代，处于现金、现货、现场的“三现”交易方式的阶段，很难适应我国专业市场集中度日益提高的大势。据资料显示，目前我国上规模的纺织服装批发市场达上万家，年营业额平均为千万元。但真正具备影响力和竞争力的只有约 10 家左右，至于具有一定国际影响力的还不足 5 家。义乌小商品市场交易模式的进一步创新势在必然，无论是交易体制、批发形式、流通业态均需实行革命性的变革，努力做到会员制与摊位制规范并行，有形交易与无形交易同步发展，多元业态与个性化需求互为因果，以构建起新型的集商品交易、国际会展、跨国采购、保税物流、品牌推广、人才培训、产品设计、技术交流、资讯服务和金融结算等为一体的“义乌市场服务体系”。

二、市场建设主体的人力资本水平是义乌小商品市场功能目标到位的基础

以义乌小商品市场经营开发主体的商城集团为例，它作为义乌市国有控股集团性企业，旨在从政策实施、经营管理和后勤服务等多重视角去推进义乌小商品市场功能目标定位的实现。因此，该集团 5 000 名员工的素质、水平和能力的高低将决定义乌小商品市场有效性建设的程度，进而决定其五年目标达标的程度。为此，商城集团人力资本水平的提升是义乌小商品市场繁荣发展的“牛鼻子”。

一是应充分树立人力资本增值的价值观。据 2005 年数据显示，由于企业缺乏人力资本积累，在亚洲 15 个国家工业效能排序中，我国总得分仅高于孟加拉国，位居第 14。我国机械工业的劳动生产率相当于

美国的1/12、日本的1/11；电子工业的劳动生产率相当于美国的1/18、日本的1/13。我国平均每个劳动者创造的国民生产总值，只及西方发达国家的2—4%。每年我国工业产品的平均合格率只有70%，不良产品损失高达2 000亿元。每年企业发生的事故中，有60%左右是职工岗位意识不强、劳动技能不高造成。国有企业约有20%员工人力资本的存量低于“临界点”，近30%员工的人力资本存量的产出与人力资本成本处于“平衡点”附近。但是，人力资本一旦投入培训力量，其效益明显发生改观。以我国苏州市为例，培训职工与未经培训职工作过一个对比，前者比后者完成产品高出10.8%，产品合格率提高6%，工具损耗率降低40%，创造净产值高出90%。又据日本统计，工人文化水平每提高一个等级，技术革新人数会增加6%，而工人提出革新建议一般能降低10—15%的成本。受过良好教育和培训的日本企业管理人员，因创新或运用现代管理技术，有可能降低30%成本。至于美国企业，其投入产出之效更令人感奋。进入20世纪90年代，美国企业职工培训每投入1美元，能收获50美元效益。1992年的摩托罗拉公司职工教育经费增加400万美元，新增培训课目100种，公司竟因此而获利5亿美元。于是，企业大学成为世纪之交企业发展的新亮点。全球500强企业中70%的企业自办企业大学或商学院，仅美国境内就有企业大学近2 000所，我国著名企业也先后诞生了企业大学。义乌商城集团作为国有控股的上市公司，其目标任务的艰巨性决定其人力资本培训增值的必要性。

二是要认真建立各类员工培训计划实施记录。建立员工培训记录，实际上是企业人事部门岗位职责的实施记录。**发展模式的转变，就应当体现在企业人事部门的岗位职责，从传统的以干部调配为主转向以人力资本培训为主的轨道上来。**员工培训是我国企业管理的弱项，或叫“软肋”，这正是义乌商城集团实施赶超的空间。由于企业员工培训记录制度的缺失，不少企业的员工培训因缺乏压力而往往流于形式。据资料显示，我国某大型制造集团企业，它集设计、制造和销售为一体，所属工业企业数百家，从业人员十数万人，面对集团的发展和产业升级，其制约因素是技术和高级技师人才偏少，人才学历结构偏低、高技能人才年龄结构偏大。产生上述制约因素的根本原因，是紧缺人才培训力度跟不上企业发展所需，导致人才建设严重滞后于产业升级。据资料显示：2008 年之前的一年内该企业没有参加过业务培训的人员，职工中占比为 54.6%，技术人员中占比为 52.5%，中级和基层管理人员中占比为 33.6%，高层管理人员中占比为 23.1%。由于培训服务跟不上业务需要，导致高端人才奇缺。

经验告诉我们，企业建立员工培训记录制度，既有利于岗位责任的实施监督，又有利于员工按期培训、择优上岗，还利于企业人力资本整体增值。

三是从实际出发选择企业员工培训的模式。国有企业之所以缺乏竞争力，源自其对人力资本增值欲望的淡化。据数据显示，前几年我国被撤销的职业教育机构约占总数的 45%，被合并的职业教育机构约占总数的 47%。从而使我国企业发展呈现出严重的不对称现象：一方面企业追求规模扩张和产业升级，另一方面却在逐步放弃职工培训。国内外实践证明，凡千人以上规模的企业内部应建立培训机构，甚至是大学，其理由有三：① **具备办学的投资实力和物质条件。**企业大学的投入规模一般不超过企业营业额的 5%。以蒙牛大学为例，头一年投入规模高达 500 万元。② **企业的规模管理迫使其需要营造一个可供交流对话的平台。**事实证明，大型企业内部最佳的沟通联系渠道不是一次性的会议，而是持续不断的培训活动；③ **企业业务不断扩张的需要。**规模型企业具有自我扩大的动力和需求，但受制的条件往往主要不是有形要素，而是支配这些有形要素的能力，即人力资本。

根据国内外企业大学的发展现状，可供企业选择的基本模式有以下四种：

第一种是企业自主模式。这种模式通常以大型企业为主体，它们有实力，也有足够的需求，有能力独自建立企业大学。以摩托罗拉公司为例，其大学的分支机构在全球有 14 家，其年投入经费高达 1.2 亿美元，效率之高可使 1 美元的投入，得到 30 美元的增收。我国的海尔、蒙牛、新希望、春兰、伊利等也紧随其后，办起了大学。企业自主办学模式应当把握好两大办学要素：① **课程体系设计。**课程体系设计应与企业主导产品或业务内含的专业技术知识、技能、管理的需求相结合，而不宜追求“大而全”。例如，惠普大学设立的两大课程是《惠普之道MBA》和《惠普经理人必修课》。由于针对性强、专业性明显，深受员工欢迎，每天学费高达400美元，但场场爆满。西门子大学设立的全球统一课程《S系列领导力》，也颇有影响，效果卓越。② **教师素质。**一所成功的企业大学，其教师素质结构必须兼具企业与社会两种不同的内、外部知识，使企业内部的实践性知识与社会上通用性知识有机地结合起来。因此，许多公司在选拔企业内部资深专家的基础上，还专门聘请社会各系统的专门人才为公司培训教学。

第二种是企业之间联合模式。这种模式通常适用于中小型企业之间，彼此的专业技术相近、企业组织结构相似，通过合作形式，以弥补办学能力和办学需求之不足。在选择这种模式时，企业应当注意掌握两点：① **强化管理体制创新。**要加强彼此协调和组织能力，以克服决策主体与利益主体分离的弊病，确保教学的程序能有序地进行，其中包括协调管理体系、课程体系和流程体系。诸如联合进行需求调研、联合进行课程设计、联合验证课程教学效果等等；② **制定长效合作的规划。**要从办学投资、人力资本培训计划、教员聘请及其他影响办学质量的多方面出发，制订彼此长期互利合作的规划，以保持办学的长期性、稳定性和连续性。

第三种是企业与高校联合模式。为充分配置高校办学资源，不少企业，尤其是一些规模型企业与著名高校联手，共建企业大学。如湖北省东风汽车公司与清华大学等校联手合作举办东风大学。爱立信中国学院与世界著名大学商学院合作共同开设为通信人才服务的“金领课程”。高校，尤其是名校的优势是办学经验丰富，教师素养较高，教学能力较强，还有其他社会资源可以为企业人才培训工作服务，弥补企业视野之不足。选择这类模式的办学，企业应当注意下述问题：① 高校教师应转变视角，更新理念，以企业需求为主导安排教学课程和教学计划，调整教学方式和教学方法；② 强化企业和高校的协调，以保持步调的一致和课程体系的融合。

第四种是企业与咨询公司联合模式。社会上的咨询公司和管理公司有其宽泛的社会关系网络和不同的专业视野，与企业管理人员之间是一种全局与局部的互补关系。由咨询公司网罗师资，不仅兼具了社会知识资源和企业知识资源，而且还为企业带来了市场资源，有利于从人才培训和市场拓展的双重角度推进企业发展。参与这种模式办学的有北京西三角管理培训公司、上海正大企业管理公司及北京仁慧智业咨询公司等，其中仁慧智业咨询公司先后为伊利、蒙牛、完达山、三元等企业商学院提供过咨询服务。如选择这种合作模式，企业应做好两件事：① 认真考察和把握有关咨询公司的实力，以防失之于判断有误；② 努力构建稳定的合作关系。

我国企业高管决策层应当知道，由于人力资本和尖端产品具有溢出效应，因而具有递增的边际生产率，换言之，对其持续的投入可以持续稳定地提高公司的长期生产率。**世界历史上，美国19世纪对英国的赶超、日本20世纪50年代对美国的赶超和韩国20世纪下半叶对西欧的赶超，均以人力资本赶超为前提。**

三、政府职能转变成效是义乌小商品市场功能目标到位的保障

政府职能与市场功能之间是互补的关系，而非替代的关系。大凡地方政府，其最根本的职能是规范市场经济秩序和提供公共服务，这正是市场功能所无能为力的。当前，地方政府迫切需要规范的行为，应见诸于三方面：**一是夯实市场效率的公平性基础。**市场经济奉行的新古典经济学基本原理，旨在调节人类需求无限性与地球资源稀缺性之间的冲突，其结果却往往将社会伦理道德和人际复杂的感情关系，简单地抽象为一种数字关系，进而扭曲了人与人、人与自然、人与未来的关系，以市场效率取代了社会公平的地位。其最终后果是，在我国经济快速增长的同时，社会矛盾不断地被激化。因此，当市场无形的手去解决经济效率的同时，政府有形的手应适时去解决社会公平。**二是确保公共资源的配置走上公共选择的轨道。**市场配置资源的基础性作用理应体现公共选择的原则，但其前提是市场决策的自主性。市场决策取得成效的关键在于其自主程度。这种程度又取决于市场交易中权力关系淡化的程度。而这种淡化，主要取决于公共资源配置的公正性和效率性，即公共选择的程度。**三是强化执政目标的民生性。**在我国经济转型期间，绝大

部分百姓的劳动所得均低于必要劳动的价值。因此，在这种特定历史条件之下，征收资本所得税可能比征收劳动者个人所得税更为合理。这是因为，极少数获取超过劳动价值收入的人，基本上属于非劳动收入者。二者的区别，往往会体现在货币资本所有者与人力资本所有者之间。

上述三点应是当前我国地方政府职能转变的重要思路之一，其基本要求是干预失效市场，而非介入有效市场。中国股市之所以至今难以成为一个纯粹的市场体系，源自政府监管机构插手股市的偏好。这种体系中的赢家往往是那些有内部关系可资利用，并能在 IPO 中抢得先机的投机者；而输家往往是那些高点买进，并准备向更迟钝的接盘者抛售股票的投资者。政府介入经济所导致的获利空间，正在孕育“寻租”者。从当前我国政府职能转变的进程以及义乌经济发展的具体实践判断，义乌市政府在率先规范行政行为的前提下，应用足“国际贸易综合改革试验区”的政策条件，通过三大抓手推进义乌小商品市场的进一步做大做强。

一是通过产业政策手段去扶植义乌的主导产业。义乌经济的特征是以特大型专业化商品市场兴市，而商品市场是一种基于商品交换功能的生产性服务业与生活性服务业的复合体。换言之，义乌经济应以现代服务业为主导。产业政策是义乌市政府作为国家干预经济运行的重要手段之一，旨在通过资源（如法规性、政策性、资金性等）在不同产业之间配置过程的干预，来弥补和修正市场机制之缺陷，进而在资源效率提升和产业结构高度化之中获取经济增长的收益。义乌市政府应通过对“综合改革试验区”优惠政策的干预性配置，最大限度地确保小商品市场及其配套的商贸商务产业发展所必须具备的稀缺资源条件，其中包括当前紧缺的资金供给、能源供给、交通供给和劳动供给。

二是通过让利方式为提升义乌规模性企业竞争力提供保障。明智的地方政府会将资金最大限度地留给企业（尤其是富有市场前景的企业），以便用于企业更新设备、培养人才、改进技术和开发自主知识产权的新品，来提高自身竞争力，扩大市场占有份额。一个城市，乃至一个国家的真正效率，主要体现在企业的活力之上。**义乌市政府必须率先领悟到：政府靠财政支出去推动的经济增长，往往会伴随着高物耗、高能耗、**

低效率和非普惠性,其结果难免跌入"中等收入陷阱"。将资金留给企业的最佳途径是让利,即减免税,义乌市税收部门应率先理智地感悟到,在当前我国人民币升值压力不减,资产价格高位运行的态势下,减免税对于企业而言正是久旱遇甘露。原因在于税政"利好"埋下的隐患是"国富民穷",一般说来,用政府的全部收入占GDP的比例可以衡量一国人民的税负。据权威部门计算,我国政府的全口径收入占当年GDP比重已高达32.2%(2009),导致"中国人勤劳而不富有"。因此,政府应针对不同性质的企业分别从税率、税额和税基的优化上进行"综合改革"的探索。

三是通过商城集团国有控股的优势去推进义乌小商品市场做大做强。商城集团在义乌小商品市场发展过程中所能起到的效应,可以用三大关键词来概括:① **国有控股。**控股的根本目的是应该充分体现政府资源的优势及其发展意图。② **独家经营。**商城集团公司以独家经营开发、管理、服务义乌小商品市场为主业,其特点是主业清晰,资源集中,但易失之于缺乏竞争。③ **挂牌交易。**作为一家上市公司,其业绩蜚然,2009年资产总额达132.23亿元,2005年和2006年两次被全球竞争力评估机构评为"中国上市公司竞争力100强"的第2名,其信誉及融资能力系属上乘地位。

义乌市政府应从商城集团这三大特征出发,通过规范公司管理,达到规范小商品市场运作的目的。从国有控股的视角出发,市政府应当在公司经营管理中保持整体效益的完整性,其中包括国有资产的增值、企业社会责任的履行以及在环境、资源的高效利用等方面做出垂范;**从企业独家经营视角出发,**市政府应注意推进企业在股权结构优化的基础上进一步完善公司治理结构;**从上市公司的视角出发,**市政府应引导公司严格遵守相关法规,文明经营,规范上市,透明运作。

总之,**义乌市政府对义乌经济的作用链及其最终目标是:通过规范商城集团经营,去规范义乌小商品市场运作,以实现发展模式的"四大转变":**义乌小商品市场的外贸增长从规模增量型向质量效益型转变;市场功能从单纯的商品供应向综合服务提供转变;产业发展从要素驱动向创新驱动转变;政府管理从监督为主向服务与监督并重转变,进而带动城市整体经济的成长。

鱼与熊掌有时可以兼得

创意产业的提法，最初源自20世纪90年代的英国。1990年英国文化委员会接受英国政府的委托，会同英国电影协会和手工艺委员会等从事英国文化发展战略的起草工作。后经两年的调研和论证，于1992年形成了“国家文化艺术发展战略”（讨论稿），并于1993年以《创意性的未来》为题正式颁布。换言之，创意产业萌生的初衷是具有文化性质或与文化有关的生产活动特征。1997年创意产业的范围扩容至涵盖广告推销、建筑、艺术品和古董市场、工艺品、设计、时装、电影、娱乐软件、音乐、表演艺术、出版、电脑软件、电视和广播等13个行业类别。这一思维的创意，在于其将高新技术前沿领域与人们的日常消费紧密地联系了起来，实现了“鱼与熊掌”的兼得，使产业兼具高附加值、低消耗和高流通的特点。正因为如此，20世纪90年代以来，世界许多发达国家和地区都意识到创意产业与国家竞争力的紧密关系，纷纷出台政策加以扶持和推进。发源地伦敦更是有12 000多家公司和团体从事创意产业，有近3万人在创意产业中自主创业，使创意产业产值占到伦敦经济的20%左右。伦敦作为创意之都有其特殊的人文优势，她容纳了来自140个国家的51个民族的人，混合使用着300种语言。外籍历史巨人伏尔泰、圣雄甘地、马克思、恩格斯、马克·吐温、拜伦、弗洛伊德等均与伦敦有不解之缘。无怪乎德国作曲家门德尔松惊呼道：“可怕！妙极！我很困惑并且神魂颠倒！伦敦是一只最伟大又最复杂的怪物，包蕴着整个世界。”正是这种“包蕴”，使伦敦领全球创意之先。

20世纪80年代的全球性产业结构调整与转移，为城市留下了大量成为历史遗迹的工厂、仓库、码头及其他性质的历史建筑，为创意产业这种随遇而安的特征提供了发挥优势的空间。上海市的50多家创意产业园区的几百万平方米的用房就是从旧厂房和民居的改造中获得的。其中相类似的创意产业集聚区有：泰康路210弄的田子坊、建国中路8号的“八号桥”、苏州河北岸光复路181号的“四行仓库”、天山路641号的天山软件园、昌平路900号的上海传媒文化园、乐山路33号的上海乐山软件园、虹桥路333号的上海虹桥软件园、共和新路3201号的上海工业设计园、莫干山路50号的上海春明创意产业园、浦东张江高科技园区内的上海张江文化科技创意产业基地和昌平路68号的上海静安现代产业园等。

成功的创意产业园区发展路径告诉我们，创意产业实际上源自人们思维的创意。**产业创意是时代呼唤的结果，其内涵指向了产业结构创新、产业组织创新和产业布局创新。**创意产业，几乎涵盖了上述三大创新的特征。创意产业在产业结构层面上，已经从传统的加工产品的生产走向了自主创新产品的生产；在产业组织层面上，已经从“小而全”的组织形式走向了供应链管理的组织形式；在产业布局上，已经从随机式分散布局走向了园区式集中布局。从此意义上评价，**文化创意产业与其说是一个产业，不如说是一种新的经济增长模式，内含着产业的创新过程。**正是基于这样的考量，我国沿海发达地区的“十二五”规划里已普遍为创意产业发展留足了赶超的空间。

在土地资源日趋稀缺和房地产价格指数高位运行的今天，上海市卢湾区政府有意在中心城区南翼的中山南路以北、丽园路以南、制造局路以西、蒙自路以东的区域范围内，辟建总建筑面积为21万平方米的文化创意产业园区——江南智造文化创意产业集聚区。**这一园区的建设完全迎合了上海“十二五”规划所提出的“中心城区及拓展区要增强城市服务功能，提升现代化国际化水平，成为传承历史文脉，彰显城市魅力、发展服务经济的主要承载区”的思路。**其决断及其建设规模，开启了我国大都市中心城区文化产业园区发展的先河。在我国各类型文化创意产业园区建设主体中有近2/3无望收回成本的大势之下，卢湾区江南智造文化创意产业园区建设必须立足于精心规划、精心设计、精心组织的基础之上，宁可失之于规模速度，切忌失之于质量效益。

一、捕捉发展机遇是为创意产业园区量体裁衣的过程

文化创意产业园的成功建设是捕捉时代机遇和把握自身优势有机结合的产物。我国成功建设文化创意产业园区的基本经验是：**正确把握全球产业发展的趋势，依托当地不可替代的优势资源及其与之相适应的产业基础，遵循市场法则和产业发展规律，实现差异性发展和特色化经营。**这里，规划者必须注意把握三点：

一是正确认识文化创意类产业园的概念。文化产业是指将文化内容作为一种资源，通过对其进行收集、整理、创作、加工，转换成人们对精神情感、兴趣爱好及其物质生产所需要的产品和服务，并从中获得商业利润的行业集群。由于广义文化创意产业具有相对灵活性和兼容性，产业领域正在不断拓展延伸，出现了“内容产业”、“版权产业”和“创意产业”的覆盖趋势。创意产业产值占 GDP 比重位居第二位（仅次于金融业）的英国，将创意产业概念的内涵和外延，表述为“那些从个人的创造力、技能和天赋中获取发展动力的企业，以及那些通过对知识产权的开发可创造潜在财富和就业机会的活动”。于此可见，**文化创意产业强调的是对知识产权的尊重、保护、开发和经营管理，其过程包容了生产、交换、分配和消费活动的总和。**文化创意产业园是指在地理布局结构上形成的集创新、孵化、投资管理、生产性服务和产权交易等活动的载体。

从文化创意产业概念剖析中，可以悟出如下规律性判断：**其一，文化创意产业同样是具有产业链性质的生产经营活动。**谁掌握了产业链的高端环节，当地经济就产生了支配效应、引领效应和高附加值效应；**其二，文化创意产业同样面临产业组织创新的任务。**文化创意产业若不具备规模效应，同样会在同业竞争中失去成本和质量上的优势，而要实现规模效应，文化创意产业必须实行专业化分工，在构建供应链关系的基础上，扩大环节型企业的专业化程度和组织规模；**其三，无论从产业的集群配套需要，还是从资源共享程度提高的需要出发，文化创意产业必须走园区化之路。**园区化是规模化的必经之路，它有利于深化劳动分工，有助于将企业内部分工外部化，将跨区域性专业分工园区化，

能大大降低交易费用。江南智造文化创意产业园就应该是创意产业集群配套的载体。

二是正确认识文化创意产业发展的大背景。认知发展背景是把握发展大势的前提。这些背景趋势概括起来有三：**其一，消费低耗化趋势。**随着人们生活水平的提高，物质型、高耗型消费正在走向“精神文化”型的低耗消费。相对于精神文化型消费，物质型消费随着物质财富的快速增长能较快地满足人们的需求，而精神文化型消费产品和服务的供给往往是在物质生产达到一定水准之后才能逐步满足市场的。上海中心城区二产的萎缩和三产的扩张势头，更多的原因是这种低耗化趋势所引发的产业结构高度化的结果。这种结果隐含的深刻意义是，**在以知识为基础的财富创造系统中，劳动力的成本在生产总成本中所占比重日益降低，廉价劳动力的优势正在丧失，知识技术资源的优势正在取代矿产资源和劳动力资源。**

资源优势的替代性变化，又折射出自英国工业革命以来全球产业结构演化轨迹与资源配置结构演化轨迹的一致性。把握这一变化之后，就不难理解都市型产业的崛起，既有资源结构的因素，更有消费层次的因素。这里既有需求引导供给的原因，也有供给引导需求的因素。例如，高尔夫球场是高端消费群体需求引导的产物，但英国“达人秀”则是供给引导消费群体的具体体现。迄今为止，发达国家文化创意产业在 GDP 中的比重已占 20％左右，我国尽管是一个新兴国家，文化产业产值只占 GDP5％左右，但由于基尼系数的高位态势，导致各类消费层次均不乏自己的消费群体，以致于中国已成为美国奢侈品市场的第二大消费群体国。随着我国“强国富民”之路的不断拓宽，全面小康社会的逐步实现，文化创意产业跨越式的发展只是时间问题。江南智造文化创意产业园早作准备、提前规划，完全符合“预则立，不预则废”之规律。

其二，产业集中化趋势。要彻底克服生态危机，我国工业化走“以较少用地，实现较多产出”之路已势在必然。随着建设用地的日趋制约，粗放型、“羊拉屎”式的经济“水平扩张”之路已经走到历史的尽头，尤其是卢湾区这样的区位条件更应“寸土必争”，取而代之的必然是集约型和园区式的经济“垂直扩张”之路。这里的“集约型”，指的是产业的高附加值和低耗低排型，这里的“园区式”，是指产业的集群和集聚。从内涵分析，“集群”高于“集聚”，前者是企业在产业链、供应链和价值链管理纽带之中的配套式集中，后者仅仅是产业在空间布局结构上的一种物理性聚合，企业彼此之间并不一定存在集群关系。文化创意产业园区的“集中”，显然应当是指集群配套之下的集聚。目前我国各类文化创意产业园区已达500多家，这里既有土地制约因素的驱动，更是集群出高效的规律所致。从全国范围判断，有专家认为，要克服生态危机，必须保持在8%的土地上实现70%的产出。从上海情况判断，这个产出比例关系的要求会更高，因为上海的土地面积只及北京的1/3，天津的1/2，重庆的1/20，单位土地面积的产出高于兄弟省市，已成上海的经济逻辑，更是卢湾区的经济逻辑，这个高产出的载体舍园区莫属。从1946年7月民国政府实施的《大上海区域计划》而形成的沿江工业带，一直延续至全国解放后的工业集聚区，及至20世纪90年代“退二进三”产业结构调整的历史性变迁，为今日江南智造文化创意产业集聚区的形成，提供了客观的可能。

其三，产品高附加值化趋势。我国制造业的净利润率在2006年不足5%，2007年更是不足2%。其原因在于我国制造业偏离了国际专业化分工中的高附加值的非制造业环节，这些环节多半是知识型的行业，诸如研发业和金融、设计等生产性服务业，其中不乏创意产业。这种分工转向已成全球发达国家的一种趋势，诸如美国通用汽车公司将只创造全部利润10%的汽车制造业转向亚洲，而将占90%利润的非汽车制造环节（设计、研发、生产性服务等环节）留在本国。中国要翻这个本，必须在文化创意产业及现代服务业领域中争占一席之地。事实将无情证明，单纯满足于“制造业王国”经济局面的决策者，总有一天会发现自己已经“走投无路”。因为，2002年至2009年，按美元计，我国蓝领劳动力成本上升很快，其中广州每年上升12%，上海每年上升14%。国际预测，至2015年中国生产的产品（成本加运费）与北美当地生产的同类产品成本相当。因此，建立江南智造文化创意产业园不仅是卢湾未来经济新的增长点，也是上海经济新的制高点。正是基于这样的考量，上海市“十二五”规划提出，**要将文化创意产业增加值占全市生产总值的比重设定为12%左右，其目标是要将上海建成国际创意城市网络的重要节点。**上海要成为“创意之都”，其创意产业占GDP总量的比重必须在10%之上，从业人口应占上海总人口的20%以上。因此，江南智造文化创意产业园的崛起正是这一目标的过程管理。

三是正确把握自身的优势资源。我国江南地区文化创意产业园区选址地的优势资源概括起来通常有三：即交通枢纽资源优势、成熟商务区辐射优势和千年古城镇历史文化存量资源优势。但是，这三大优势只是一种潜在的优势，要转化成为现实的优势，尚有一个配置的过程。**当今世界已有无数历史事实证明，地区经济发展水平的高低，主要并非取决于资源禀赋的程度，而往往取决于资源配置的效率。**因而常常是“富裕的贫困”和“贫困的富裕”之现象并存，诸如我国西部地区资源富有而经济贫困，东部沿海地区资源贫乏而经济富足。从这个角度剖析江南智造文化创意产业园的三大优势，需作客观的经济学分析。

(1) 关于交通枢纽的优势。江南智造园区位于黄浦江腹地，便于海陆联运，具有传统制造业重要的集疏运优势。随着网络型城市理论的提出，人们发现城际之间有三大距离，即**物理距离**决定城市空间结构的交易效率；**心理距离**是指人们用速度衡量物理距离之后形成的心理感受；**时间距离**是指时、空形式的一种转换性替代。城际空间距离可以概括为形态距离和功能距离，也称物理距离和关系距离，前者包括在城际之间的交通网络和通信网络之中，只要交通提速，或通信快捷，便会改变两地的时间距离，实现所谓“同城效应”。但是，后者包括在城际的市场网络、产业网络和管理网络之中，**只要城际之间的产业缺失专业化分工的产业链或供应链的关系，只要城市要素市场或商品市场之间缺乏互补、互利、互存的关系，只要城际政策性边界、财政性边界的继续存在，则城际的关系必然淡化。**由此判断，若仅凭借传统的交通枢纽条件，而经济上缺乏有效关系整合的话，其交通枢纽地位所“借到的光”是很有限的。而经济关系的有效整合，离不开对传统产业组织形式的革新。据此分析，江南智造文化创意产业群必须在专业化分工的基础上，走出一条集群配套的路子来。

（2）关于商务区的辐射优势。江南智造创意产业园位于百年淮海路与上海世博园区之间，智造园区可能接受的辐射资源有三，即：① 商务供给资源的共享利用；② 商务需求资源（包括企业总部）的分流导入；③ 商务白领群体消费需求的导入。这三种辐射资源流动态势均会服从“资源跟着配置效率走”之规律。大凡商务区，其不同发展阶段由于入驻企业和运行成本的变动，其需求资源的资本会出现不同的流动去向。如园区初创时期，往往由于土地成本相对不高，劳动力又以“蓝领”为主，价格较低，因此导致资本向园区集聚；当园区形成气候之后，土地成本随区位级差的改变而上扬，同时由于商务发展的业务需要，“白领”逐步占据职员主体之后，劳动成本同步上扬，导致资本出现撤离趋势，以求新的套利空间。在此情况之下，江南智造文化创意产业园唯有通过提高产品附加值，来降低劳动费用的支出比重，以争取流失的资本“回流”。这就是江南智造创意产业园区即将面临的选择。

接受辐射机遇的大小，取决于文化创意产业园区产业发展环境的优劣，其指标性因素是交易机会的多寡、交易成本的高低和交易行为的规范程度。而这些指标性因素主要不是靠形态（诸如基础设施等硬环境）的优化，而是靠功能（诸如市场有效性程度和政府服务质量等软环境）去体现。

（3）关于历史文化资源积淀的优势。地区历史文化存量资源的丰厚程度与文化创意产业发展潜力往往互为相关，原因有二：① 文化存量资源丰厚的地区有利于文化、知识的增量资源的导入；② 文化存量资源丰厚地区有利于催生人们对文化旅游的需求，进而形成商旅文互动的格局。上海是一座开埠 700 多年历史的城市，作为老城厢的南市区，几乎见证了上海社会经济和文化的全部发展史。江南智造文化创意产业园位于老城厢的西侧，其文化典籍可以追溯到宋代，立雪庵便是其标志。位于丽园路上的海会寺旧址，则是见证了宋代的开发过程。明代的南溪草堂，更是该地区文化大族崛起的象征。江南制造局附设的译馆，又是国人率先汲取西方科学知识的窗口，它对于加快中国社会近现代化步伐起过奠基性的作用。历史文化的积淀对于当今文化创意产业的发展，将起到无形的支撑和渗透作用。但是，文化资源如同一切其他资源一样，是需要配置的，配置的过程是一个集挖掘、整理、包装、推荐、转化和经营的系统过程。大凡文化古区，其积累的资源既有有形的，又会有无形的，由于工业化浪潮的冲击，其中大部分物质文化遗存破坏深重。原因在于工业化的前提是标准化，否则就无规模效应可言，而标准化又是一个消灭差异和抹杀个性化的过程。城市化是工业化的客观需要，我国工业化和大规模旧城改造几乎同时起步于20世纪80年代，从二者关系角度判断它决非“巧合”。因此，工业化的泛化对旧城改造的深刻影响也将在所难免。政府的任务应是强化对残存的文化资源进行保护性配置，配置的第一要件是抢救；第二要件是整理、包装和转化；最后才是在市场需求预测的基础上，进行营销管理和产业联动发展的定位策划，以防失之于重复投资。**其目的是旨在通过工业文明和海派文化的融合，凸显商旅文一体的功能特色。**

四是努力接受后世博效应的辐射。后世博效应的把握和利用，是发展中国家重视后发优势的表现。所谓“后发优势”主要体现在两个层面：其一，后起国家可以用较低的成本去发展新兴产业，通过产业结构前倾，实施赶超战略；其二，吸收发达国家的先进科技成果为我所用，以较低的货币成本和时间成本建立起符合时代潮流的产业体系。上海对文化创意产业的高度重视，源自它集中体现了兼具现代服务业、先进制造业和都市型产业的特性，从而淡化了产业边界，既符合国际化大都市的发展逻辑，也体现了上海2010年世博会的主题精神，更是顺应了产业赶超的战略思路。江南智造创意产业园所处的区位，不仅临近世博园区，而且又处现代服务经济功能集聚的中心城区。根据世博效应的特定规律及上海“十二五”规划的发展思路，需要把握的后世博效应主要有以下方面：其一，世博永久性场馆设施在长效管理期间所释放的旅游、会展、会议等综合性效应，应当与江南智造文化创意产业园形成供需互动格局；其二，要充分利用上海世博会提升的城市知名度和影响力，借势加快江南智造文化创意产业园对外开放的步伐，建立更为规范、稳定和持久的对外经济合作关系；其三，积极引导园区企业消化吸收各国在世博会期间所展示的，与创意产业发展具有可供利用价值的科技成果，旨在提升园区的产业层次和整体竞争力。

二、文化创意产业园区的成功之道在于政府职能的创意

政府职能的创意，主要体现在两大方面：**① 政府职能与市场功能关系的调整。**政府职能与市场功能是有形之手与无形之手的关系，彼此是互补关系，而不是替代关系。凡是能有效体现互补关系的运作模式，文化创意产业园区均会良性发展，凡二者形成替代对立关系的运作模式，其园区则往往会导致失败。因此，应把建立健全创意产业服务体系作为强化园区的有效管理。这种“有效性”体现在两个层面：一是要将政府职能的重心，从“管理”转移到“服务”上来；二是要将管理职能的重心，从“行政管理”转移到“依法管理”上来。从我国文化创意产业园区形成的几种路径中，可以看出市场与政府之间摆正位置关系之重要。

我国第一种类型的的文化创意产业园区，是一种由文化人自发集聚的文化创意村落。其中以北京酒仙桥 798 工厂区域为典型代表，发展路径是传统工业的衰败所形成的闲置厂房被文化人廉价租用。在园区一度蜚声海内外之后，当地政府以传统的思维模式和管理手段，施以非经济性干预，通过房地产开发商将知识型园区的长远获利模式短期化。结果，高企的房价赶出了园区建设的主体，终使 798 创意园区归于破产。这是一种典型的政府职能与市场功能对立性替代的结局。

第二种类型的文化创意产业园区，是文化商人牵头组建的园区。这种园区的特点是，有市场眼光的文化商人租用经济落后的地区作为基地，选择具有市场需求前景的文化创意产品，广泛组织和利用廉价的能从事复杂劳动的技术人员，组建起集创意、设计、加工、销售等环节为一体的、专业化分工的流水线作业。其中成功的典型是香港画商黄江在深圳市龙岗区布吉街道组建的，用地 4 平方公里，拥有 300 多家画廊和 700 多间油画工作室，近万名画工、画家和画商，占据全球 60％油画市场的“大芬油画村”。其成功之道是，政府职能和市场功能实现了有效的互补。政府斥巨资为园区完成了基础设施和配套工程，形成了经典的“市场主导，政府辅导”的管理模式。

第三种类型的文化创意产业园区，是企业投资开发建设的园区。这种园区的比例极少，具有代表性的是民营投资的南京板仓街 1 号的

文化创意产业综合园。其特点是市场为导向,企业自负盈亏。这种模式的优势和劣势,均在于政府职能的缺位。由于政府职能缺位,使园区免遭行政性的非经济干预;但正是由于政府职能缺位,放大了经济外部性的制约,致使园区发展明显受制于周边环境改造和公共服务功能的配套。

第四种类型的文化创意产业园区,是政府为主导的园区。当前,我国绝大部分文化创意产业园属于此类性质。政府主导的园区虽有其优势,但也存在明显的局限性。优势是便于选址,容易规划,又有投资能力,前期推进力度大。但缺陷是,投资回报缺乏压力,往往论证不够充分,主导产业定位不清晰,因而园区缺乏特色,市场需求不明显,产业链不完整,企业生存困难。我国当前各类文化创意产业园区中 2/3 成本难以回收者,基本上集中于这种模式的园区之中。江南智造创意产业园尚有别于此类情况,它并非属新建园区,而是制造业存量资源内部功能改造、升级和利用的结果。当地政府介入的重心是要着力营造园区产业发展的配套环境。

② 形态规划与功能规划关系的协调。形态是服从和服务于功能的,而不是相反。一旦功能无法实现,投资就会沉淀在形态之上。根据马克思的观点,沉淀的资本没有生命力。我国"八五"期间大规模的投资,之所以会有 70%左右无法收回,便是政府设定的项目功能无法实现而导致资本沉淀之故。由于功能定位的随意性和主观性,使我国文化创意产业园区的建设过程出现过的三种"混同局面",在江南智造创意产业园区应当避免。

第一种是将文化创意产业园区建设混同于普通的经济技术开发区。文化创意产业园区大致有五种定位:创作型文化创意产业园、消费型文化创意产业园、复合型(前两者兼而有之)文化创意产业园、都市型文化创意产业园和原生态型文化创意产业园。按文化产业的类型区分,大致有资源型文化产业、创意型文化产业和制造型文化产业(如体育用品、乐器、工艺美术品等),它们对于产业的知识技术资源的要求、人力资本的需求和人文环境资源的追求,以及对自然资源的可及性和成本的渴望等,均有别于普通的经济技术开发区,与之相适应的管理模式、运作机制和招商策略也均会有经纬之别。江南智造创意产业园属于都市型文化创意产业园，兼具生产性服务业和先进制造业特征，显然有别于普通制造加工工业园区。

第二种是将文化创意产业园建设混同于房地产开发。这是一种常会发生的现象，其原因是地方政府财政的拮据，导致无力承担园区基础实施之后的开发项目，故而导入大型房地产开发企业。如前所述，其后果是提高了企业入驻成本，挤压了企业获利空间。文化创意产业的投入期与产出期的周期关系及其企业启动资金的实力，均无法与制造业企业相比，尤其是文化创意产业更是以微型企业为主体。因此，企业进入成本要低，即便是政府建造的标准用房，许多地区也是采取"头年免租、次年微租、三年后实租"的让利办法进行招商。江南智造创意产业园也会碰到同样的难题，即随着园区成熟度的提升，厂房租金上扬之后企业获利空间的被挤压。此外，有关部门不能沿用纯粹房地产管理的模式去面对产业园区的旧厂房改造，尤其是园区内的不确权建筑。

第三种是将文化创意产业园区混同于旅馆餐饮区。在产业园区，文化产业与服务业之间，生产性服务业与生活性服务业之间，大众化服务业与个性化服务业之间均应保持一个合理的生态比例。否则，不是喧宾夺主，就是供求失衡，使园区变味。目前，许多文化创意产业园区均不同程度地出现此类毛病，主要原因在于这些园区往往是旅游者集中光顾之地，如上海田子坊已有此况。这种趋势的失控，会导致园区生态指标下降、人文环境受损、治理成本上扬。这是江南智造文化创意产业园区要引以为戒的。

三、文化创意产业园区建设要将过程管理作为重点

文化创意产业园区的建设重点是产业管理，即主导产业的选择，以及主导产业的组织形式，并辅之以配套的园区运作模式。与创意产业园区的目标管理相对应，这就是不可或缺的过程管理。产业规划管理应当明确的内涵主要有以下方面：

一是园区主导产业定位。园区产业定位的关键是要形成自身产业特色，定位的过程，实际上是战略性分析和竞争性分析的过程，常用的

方法是SWOT分析法,目的是找到园区建设在某一市场细分中的优劣势。定位的依据应当是地区优势资源和产业基础。这就必然要有一个优势资源的分析过程,然后选择相对于其他地区难以比肩的优势,并辅之以一定产业基础的分类筛选,在此基础上确定资源配置的方向和策略(包括优惠政策设计)。园区定位切忌“大杂烩”,因为它必然会引发重复建设和同业之间低水平复制。因此,对地区优势资源和产业情况的详细把握,是形成正确思路的前提。从文化创意产业的行业分类看,江南智造文化创意产业园的发展主旋律是创意设计,应属行业分类的第二大类,即“设计类”,但设计的主要服务对象应当从产业分类上加以锁定。

二是市场需求预测。在主导产业定位的基础上,要采用宏观环境的指向性分析法(PEST),即依据国家“十二五”规划对未来政治、经济、社会、文化与科技相关的决策性影响为参照,从中寻找园区的发展机会和市场空间。诸如国家和上海市“十二五”期间对创意产业的规划,便是预测依据。园区规划者还要分析周边地区和城市的竞争态势,以及自身的优势和资源配置条件,去锁定市场需求群体(包括企业和消费者),然后确定投资规模和建设或改造的时序。这也是“以销定产”的一种营销模式。园区建设的大忌是盲目投资,或是攀比式或是主观臆断式地决定投资方向和投资规模。我国文化创意类产业园区中,有近70%亏损,20%持平,只有10%盈利,其源盖出于需求预测和投资管理相背离。

三是关于运作模式。在政府主导型园区建设中,地方政府作为文化创意产业园的“主创人”,其使命在完成了园区选址、征地(或改变用地)、详规、前期投入和概念规划之后,主要任务将是建立运作机制、确定组织架构、委派政府代表、物色合作伙伴、提供公共服务、营造良好的制度环境、培育园区的有效市场。有效市场有三个特征:① 企业进退园区成本要低;② 园区市场对称性要强(保持权益对称和信息对称);③ 法治环境要健全。江南智造文化创意产业园区的运作机构原则上是服务中心,而主要不是管理中心,即便实施管理也应是依法管理和人性化管理。创意设计人所偏好的特定环境是能充分体现政府“少行政干预，多个性服务”的人性化宽松平台。

四是构建完整的产业链。形成完整的产业链和价值链，是提高文化创意产业园区附加值的关键。龙头企业的入驻，其优势是有利于构建依附于它的产业链，将文化创意产品的创作、生产、加工、销售连成一线，以在文化创意产业园区内形成配套集群的具有专业化分工关系的产业群落。这种产业链可以设计龙头企业为依托，以利益为纽带，以专业分工为“红线”。其过程管理的重心在于，文化创意产业园区除集聚文化创意才人之外，还要延揽文化创意产品经营管理人才，以及一批懂营销、懂法规、了解市场的文化创意商人。这种集群模式才会使江南智造文化创意产业园区真正成为区域性特色文化创意产品的研发、制造和销售中心，否则，充其量只能成为零星企业的集散地。

五是强化政府对园区建设的支持力度。从国际文化创意产业成功发展的经验判断，政府主要从以下三个方面强化对园区发展的支持：**产业政策体系设计**（主要是税收政策、人才政策和信贷政策），**发展资金支撑体系设计**（主要是产业预算、专项发展基金和投资组合），**产业发展战略设计**。例如韩国政府设定的战略是构筑三步发展框架：即法律、人才、资金和组织方面的基础准备阶段；开发外向型产品和拓宽海外市场阶段；形成集约化、规模化产业经营阶段。政府针对园区不同发展阶段的产业需求，确定扶植重点。实际上，这里贯彻的正是政府应当实施的产业政策。产业政策是政府作为国家干预经济运行的重要手段之一，旨在通过对资源（如法规性、政策性、资金性的）在不同产业之间配置过程的干预，来弥补和修正市场机制之缺陷，进而在资源效率提升和产业结构高度化之中获取经济增长效益的政策。当我国年轻而又幼稚的文化创意产业蹒跚步入成长期之日，正是政府产业政策尽早大显身手之时。

在我国绝大多数公民缺失环境、土地、矿藏等资源实际支配权的今天，当既无科学合理的资源税，又无当地群众科学合理的法定参与和分配机制，更无国家和民众利益的确保机制时，与其说政府去大力扶植大型央企，倒不如下番功夫去培育小微型的创意企业。

人力开发是物力开发的先导

中日钓鱼岛之争，其实是国力较量的端倪，是日本军国主义复活势力为其修宪扩军找到的一个外交口实。这种伎俩，令人不禁回到了“九·一八”事变前的“皇姑屯”事件、卢沟桥事变前的“北大营”事件。历史会重演的，它再一次告诫人们，外交较量的本质是国力较量，而国力较量的源头又是技术和知识的较量，最终落点是教育的较量。这个多事之秋的日子里，传来了教育家邓旭初先生谢世的消息，悲痛之余令我无比感慨其“戎马无畏涉恶水，治庠有志履险峰”的恢弘人生。旭初同志的前半生奉献给中国政权的转型，其后半生则服务于共和国的教育转型。他出于对我国公共权力结构变迁趋势的高度敏感，预见到高等教育作为国民经济的先导行业，是我国经济赶超的先导尖兵，其转型领先于经济转型已呈刻不容缓之势。于是，**他率全国之先于1978年起在上海交通大学成功地推行了管理制度和教育模式的全面改革，成为引领我国一代学人的高校传统管理体制创新的先驱者、高等教育存量资源优化配置的开拓者、高校校际合作国际化的先行者。**旭初同志以其前瞻的教育理念和卓越的教育实践，丰富了我国高等教育管理学和教育学的理论宝库，开启了教育（人力开发）转型早于经济（物力开发）转型的先河，为历史纪元留下了篇章，为时代航向树立了标杆，为反思我国当前教育乱象提供了殷鉴。我此番感言的结论是，这位教育巨匠的离去所留下的真空，不是后人在短期内所能够弥补的。**回顾中国近现代史，众多的大家犹如一颗颗璀璨的明星，划破过人类智慧的天空，闪耀出先知者的光芒，但能与之比肩的后继者往往寥若晨星。**原因在于，人类理性的脆弱面决定了人们不会去解读那些自己根本不想解读的史实，而解读是继承的前提。

从公元元年起近1800年的历史长河中，我国经济总量遥居于全球之冠，经济、政治、文化、艺术均处于领衔繁荣的地位。这种兴旺局面的形成，得益于国人对人力资本开发的理性认知。战国时期齐国的管仲对人力开发的重视，在当时具有典型的认知意义。他断言："一年之计，莫如树谷；十年之计，莫如树木；终年之计，莫如树人。一树一获者，谷也；十树十获者，木也；一树百获者，人也。"历史证明了这位哲人的预知：人力资本的投入具有递增的边际生产率，可谓一木万利之举。回顾交大这段往事，可以从一个历史的横断面去还原该校这起载入全国人大六届二次会议《政府工作报告》的历史性事件，以期后人从中引出人力资本开发先于物力资本开发的哲理思考来。

高等教育走内涵式发展之路，指明了作为第一要素资源的人力资源配置，应当从粗放走向集约，从水平扩容走向垂直提质，从资源推动走向制度驱动的方向。历史证明，我国经济高速增长得益于劳动、资本的投入以及制度效率的不断改进。与此相对应，高等教育作为先导产业，其发展决不会是一个自然的过程，除师资、资本的投入之外，也得益于"制度红利"，它包括高校内部存量资源的优化配置，高校外部资源的低成本利用，以及高校决策层管理效能的提升。这三项举措正是20世纪80年代上海交大成功改革的基本经验，它突现了高等教育发展的三大要素，即教师是主体，学校是载体，社会是客体。三大要素的集成配置，是高校实行内涵式发展，推进教育领域综合改革的基本指向。

一、高校存量资源优化配置的核心目标是充分发挥教师的积极性

教师是高校内部生产力最重要的要素，但他们的绩效很大程度上受制于学校内部的生产关系，诸如所有制、管理体制、运行机制以及外部环境的优化。外部环境主要体现在国家、社会和学校之间相互关系的协调和制衡上。改革之初，交大面临的挑战正是高教领域生产力与生产关系的严重背离，学校难以从制度外去调节社会需求与教育供给之间的矛盾，进而成为当年交大将管理体制改革作为突破口的初衷。因为，高等教育作为一种特殊产业，它同样无法规避产业经济的发展规

律，其资源配置过程必然会受到价值规律、竞争规律和供求规律的作用，而作用的载体正是管理体制。

破除人才的单位所有制，是高校存量资源优化配置的前提。马克思《共产党宣言》最本质的精神是提出了“两大解放”，即人的解放和生产力的解放。而人的解放又是生产力解放的前提条件，这种解放的重要标志是从人才资源的单位占有走向社会所有。教职工是高校生产力中最活跃的决定性因素，其效率标志着教育的效率。而人才是一种流动性极高的资源，它只有在全社会流动过程中才能趋于供求均衡，实现优化配置。当时的上海交大全校教职工总数为 4 600 余人，其中教师 1 700 人（教授、讲师 1 300 人）。由于长期被锁定在固定单位里，几乎有 1 000 名教师的工作任务不足，专业教师平均每周上课仅 1.5 节，有的教师竟 20 余年未上过讲台，既埋没了有才华的教师，又导致人力资本存量难以增值，还制约了学校更新师资力量。为解决这种现状，交大率先冲破现行制度的束缚，先后调出教职工 501 人，其中教师 317 人、干部 184 人，从而为引进 177 位新学科和紧缺学科的实力派师资，以及毕业留校的 350 名优秀本科生和研究生留出了编制空间。

确立劳动规范，是高校存量资源优化配置的依据。劳动生产率的衡量标准，是劳动者在单位时间内的产出规模。与此对应，高校教师的劳动生产率就必须从其单位时间内承担的教学、科研工作量来评估。人员流动只从优化师资结构角度为实现人尽其才奠定了基础，但还无法从根本上解决忙闲不均的状态，而且也难以遏制单位编制自我扩张的趋势。因此，交大根据当时教育部的规定，结合学校实际，先后制定了《定编计算办法及分配方案》、《定编工作实施办法》、《教师工作规范》和《机关岗位责任制》，从学校制度层面上明确了教职工的劳动标准和发展目标，从而将教职工的工作量严格界定在劳动制度之中，使全校工作量净增 1/3，科研任务翻了一番。所有这些效能的提升，均非得益于师资（劳动）投入的增长，而是得益于制度效率的改善，它与当时农村“承包责任制”提高生产率有异曲同工之妙。这种制度安排的正确选择，印证了我国《吕氏春秋》中“公作则迟”和“分地则速”的见解。

当劳动与产出之间恢复平衡之后，新的失衡将会发生在产出与报酬之间的背离之上。教育作为特殊产业,具有高收益、高附加值和高回报特征的生产和劳动价值,它体现在“使用价值”和“交换价值”之上。因此,高等教育投资的年收益率相对高于其他产业。创造这种高收益率的教师就不应该与其他普通劳动者的报酬相提并论。因此,面对全国僵化了的工资制度的束缚,交大从 1982 年 7 月起,对达到《规范》要求而又职级不符的教职工,发放一定数量的岗位津贴。由于津贴发放的原则兼顾了教育功能的特殊性、社会反响的容忍度和分配制度的创新性,得到了上海市政府和国家劳动人事部的首肯,并赋予全国高校第一家“自费工资”改革试点的地位。

恢复高等教育功能价值取向的双重属性,是高校存量资源优化配置后能量释放的必然结果。马克思在揭示教育本身的产业性质时曾经说过,当时不少学校已经成为“教育工厂”,教师对学生而言虽然不是生产工人,但是对于雇佣他们的雇主而言都是生产工人,雇主用他的资本去交换教师的劳动能力。因此,高等教育的功能价值既具有公益性取向,又会具有经济性取向。教育功能价值的经济性取向,日益为 20 世纪世界产业发展史所证实;从这个年代起,服务业在世界产业结构比例中首次超过工业,而从 20 世纪 80 年代起发达国家的教育又从服务业中崛起为成长发展最快的产业。

高校存量资源优化配置之后,其效能必然要释放。当年的交大经过劳动人事制度改革探索之后,改观了人浮于事,但导致校内工作量的相对短缺,形成 700 多人的出超。这是在劳动制度趋于规范之后的一种劳动剩余,是一种社会智力资源的结构性过剩。于是,交大又率全国之先,通过面向社会向外输出技术服务和知识产品来消化这种过剩资源,其方式有成果推广、技术资询、实验测试、合作研究、组建联合体等,活动范围辐射全国。1985 年当年,交大科研任务中,有一半来自横向联系。学校增收从体制外加强了对教育的支持,校实验设备中有 60% 左右是靠创收更新的家当。可贵的是,交大对外服务的创收行为并非纯出于“利已”的经济性动机,它还有援助兄弟高校“利他”的公益性动机。1982 年 8 月,受时任中共中央政治局委员、国务院副总理王震的委托,我陪同邓旭初同志赴新疆考察 14 所高校。之后,学校决定无偿将价值300万元的仪器设备和图书资料捐赠这些困难学校，其价值相当于交大全年对外创收的全部收入。学校生产力的释放，其直接效应是学校增收，而其巨大的乘数效应则是全社会财富的增长。交大为社会进行的各类业务培训，收取的费用极其低廉，其潜在产出的经济效益则难以统计。反思当前EMBA误入奢侈品消费迷途的现实，这实在是对高等教育功能价值取向的曲解。高校封闭办学固然对自身发展是一种伤害，更是全社会资源的一种流失。但是，高校开放办学功能价值的指向，不应是单纯经济性的，还应兼具公益性，这正是高校走内涵式发展之路、内部资源优化配置的根本目标。

二、高校外部资源低成本利用的关键取决于自身配置机制的创新

马克思说过，稳定的贫困在不知如何改变现状的情况下，只会产生保守主义。高校发展也是如此，一旦人们面对传统教育制度下高校资源短缺的现状，自感无能为力的话，也会安于“稳定贫困”的保守主义而自暴自弃。随着经济全球化进程的加快，教育资源的跨国流动正在加速。这一趋势在促进各国抢占人才资源制高点竞争的同时，也在扩大国际教育资源的共享机会。这种机会的形式是发育进口高等教育市场、组建跨国教育集团、实行国际联合办学等，以至于全球教育市场份额超过2万亿美元。其势头早在20世纪80年代已呈蓬勃之态，成立于1983年的英华美咨询控股有限公司，作为全球最大的教育集团经过逐年发展，从2001年起将其遍布全球32个国家、地区的327所分校发展至380所。改革之初的交大看准了长期封闭的国门即将松动的迹象，决计将发展目标指向以国际合作为主导方向的外部资源的利用之上，他们的理念是恪守“大学要‘大’在兼收并蓄之中，高校要‘高’在克尽学术使命之上”。这正是党的十八大提出的高校“内涵式发展”之核心指向。

走出国门，导入国际化资源，是我国高校摆脱传统办学模式束缚的不二选择。教育面向世界，面向未来，面向现代化，是改革开放之初我国教育面临的历史使命。上海交大急于率先走出国门，是基于深刻反思我国1952年“院系调整”不良后果之后萌生的责任感。这种后果固

化了高校背离人才成长规律，抹杀学生个性天赋的极端功利主义。其长远影响正如钱学森对温家宝总理所言："回过头来看，这么多年培养的学生，还没有哪一个学生的学术成就能跟民国时期培养的大师相比"，"一个重要的原因是没有一所大学能够按照培养科学技术发明创造人才的模式去办学"。1978 年深秋，根据邓小平同志关于上海交大应赴美联络交大美洲校友的指示，由邓旭初同志为团长的一行 12 人以老教授为主体的代表团，作为共和国建国之后高校界第一个访美教育代表团，在中美建交之前赴美。代表团在美会见了 200 多位美国朋友，参观了 27 所大学，14 个科研和生产单位，分别与密执安大学、加州贝克莱分校等学校签署或商定了"姐妹学校"关系，开启了中美高校合作的先河。更为重要的是，代表团找到了中美高等教育之间的巨大差距，为日后交大深化教育改革提供了重要借鉴。邓旭初同志总结的这些差距主要是：**其一，学校办学自主权差异。**美国高校办学权不在联邦政府，而在高校教授会。校董事会决定发展方向，校长负责理财经营和延揽人才，教授会决策教学大计。**其二，学生自主发展空间差异。**学分制、选修课和导师制大大拓宽了美国学生的自主空间，十分有利于个性发展。有些特色学校，如美国深泉学院的学生每周的一次集会，犹如古希腊雅典广场的议事方式，由多数人投票决定学校事务。**其三，新学科发展的差异。**美国高校新兴学科如雨后春笋，传统学科在冲击之中获得新生。**其四，社会捐赠办学风气的差异。**美国知名大学如哈佛、斯坦福、耶鲁等最初都是靠个人捐赠建立起来的。我国有关免税的制度中，高校被排除在"准于全额捐款扣除个人所得税的优惠对象"之外，以致国内社会捐款无法进入高等学府。

邓旭初同志发现，四大差距之中发达国家高校尤为看重学生对自主时间的追求，原因是大学生必须在充裕的时间里去体验和沉思，才能自由地发展其心智能力，即想象力和创造力。无怪乎，在希腊文中学校一词的意义是"闲暇"；在卢梭眼中学生最好的学习环境是"自由时间和好老师"；在林语堂心目中，理想大学应是一班非凡人格的"吃饭所"，意指它是西席高第们的静思养性之地；西塞罗更是直言不讳："教育的目的是让学生摆脱现实的奴役，而非去适应现实。"这些慧心之语，正是反思我国那种风卷残云般“填鸭式”应试教育的殷鉴。

为不断地适应人才培养的规律性趋势，发达国家高校将学校的改革创新视作自身发展的一项经常性业务。英国出版的《管理学习中的大学》一书，其讲的“学习中的大学”，就是指大学自身的不断改革和创新。他们认定自然科学领域会不断地涌现新的科学观点和价值观，并会持续地对传统知识提出质疑和挑战，而成长于求知过程中的学生也会随之不断地变更学习方式和内容。换言之，高校改革决不是运动式的权宜之计，而是高校自身发展规律所决定的一项长期任务。

正是由于国际教育资源的导入，才使上海交大在当时能构建起基于国际办学理念的发展蓝图，也正是这种发展蓝图使交大有力量去应对时年中央提出的“新技术革命的挑战和我们的对策”。经过时任中央领导万里、王震等首肯，交大决定向落后于发达国家 20 年的我国磁记录研究冲刺，并于三年之内实现目标，所研制的实验样机主要指标达到或接近美、日等国当时的同期水平。

二是转变思维，导入理念性资源，是我国高校摆脱传统融资模式束缚的有益尝试。古人云：“正心、诚意、修身、齐家、治国、平天下”，言指什么样的理念，决定什么样的事业。换言之，理念也是一种资源，它只是无形的。理念作为一种资源被人们所认可，是始于 20 世纪 80 年代初我国沿海发达地区的经济实践。诸如广东人的发展理念是向“敢为天下先”要效益，浙江温州人的发展理念是向“人格化交易”要效益，浙江义乌人的发展理念是向“有效市场”要效益。当时交大发展理念则是向“第一只螃蟹”要效益。由于传统理念的固化，片面强调自力更生，排斥外援已成当时社会的精神时尚。1981 年世界船王包玉刚向第六机械工业部长柴树藩表达了捐赠 1 000 万美金用于支持我国教育事业的愿望，并决定具体落实到受让单位上海交大一事，震动了社会。当时交大遇到的问题主要不是技术操作，而是理念博弈。首先是图书馆的命名。根据捐赠协议，图书馆命名为“包兆龙图书馆”。当图书馆落成之后，交大突然收到全国政协办公厅转来一位政协委员关于以个人名义命名公办图书馆的质疑信件。它折射出一个时代的思维定势。当时交大态度昭然：谁捐赠，用谁名。随后，全国各地援例仿效，接受外款捐赠成为潮流。

理念之二是图书馆的功能评价。当时，交大已有一座始建于1921年的图书馆，百废待兴的交大是否还需要再建全国高校最大规模的图书馆？其实，邓旭初同志另有一番思考。在他1978年访美时发现，除高校之外，美国社会的公共图书馆比比皆是。他敏锐地感觉到，如果没有公民的阅读需求，这些图书馆就不会有存在的价值，也正是具有这么高的社会阅读率，这个国家才会那么现代化。邓旭初认为，图书馆是一种社会现象，是社会科技、经济、文化发展到一定阶段的产物，它与社会进步、科技创新、经济发展互为因果，其规模是一所大学学术气氛的标志，能反过来潜移默化地营造读书氛围。现据联合国教科文组织一项调查证明，全世界每年阅读书藉排名第一的是犹太人，一年中平均每人是64本。上海人列为中国第一，也只是每年阅读8本。以中国13亿人口计，扣除教科书，平均每人一年读书不到1本。仅凭借这样的阅读兴趣和阅读习惯的国民，是难以适应现代化之需的。这里的“因果链”朗若白昼：社会现代化的行为主体是人，而人的躯体成长更多的是受遗传和基因的影响，但个体的精神、智慧的成长与后天阅读息息相关。面对平均500人就有一座图书馆的以色列，我国平均45.9万人才拥有一座图书馆的现状，是值得我国教育界深思的。

跨地域发展，导入土地资源，是我国高校摆脱传统空间结构模式束缚的崭新思路。100年前的古典经济学认为，转变劣势产生的效应，往往大于重复优势。交大当年的校址位于比肩接踵的徐家汇，其优势是共享资源的程度高，降低了学校的交易成本；其劣势是校区空间狭小，拓展成本高昂，挤压了发展空间。学校的决策思维，折射出经济学视野：重复交大区位优势所降低的交易费用，日益为狭小空间的“不经济”规模效应所抵消和吸收。当今发达国家教育设施的布局正在呈现两大趋势，即向城郊外围扩散和向“智力城”的大学科技园区集聚。因此，当交大从船舶为主的工科大学向多学科综合性大学转变的进程中，邓旭初同志已经萌生在市区有限土地资源硬约束之前，率上海高校之先在闵行征地1 500亩，建立交大分部的盘算。此计划的实施将上海交大的发展空间从396亩扩展成原先的5倍，圆了自建国以来历任交大领导扩展校区空间之梦。它有助于交大在学科结构优化的同时，大大优化空间布局结构，在一个学院、14 个系及全部院系的一、二年级学生入驻闵行校区之后，有利于对全校基础教学实施统一管理。同时，又为日后的国际捐赠项目，提供了落地的空间，既强化了争取海外物力资源的能力，又起到了优化学校内部存量资源配置的作用。

三、领导层的管理效能是优化高校资源配置的根本保证

历史上大凡一所成功的大学，并不是靠大楼，而是靠大师造就的。历代真正学贯古今的大师主要有两个去处，一是在图书馆的书架上，二是在高等学府的讲台上。但是，大师们的聚集又与一校之首的睿智、敬业和执着的素养有缘份。作为高校的领导班子，其主要职能除确定战略目标、建立健全的组织机构和规章制度、形成和谐的人际关系之外，还应当具备凝聚群众、感染群众和体恤群众的人格魅力。当时交大领导集体的力量，主要体现在与领导者主要职能基本匹配的行为能力之上。

摒弃人际交流书卷化，是建立新型干群关系的起点。在我国这个漫长封建社会形成的书面语为尊的国度里，天子开口下诏书，臣子有话奏条陈，黎民申怨进万言书，家人连络传家书，恋人倾诉递情书，以致人们在正规交流场合几乎已经到了脱稿难以启口的程度。由于讲话内容多为缺失哲学智慧和理性高度的套话，因此，人们很难从讲话中受益，无论是主讲者，还是听讲者都一样。主讲者的每次讲话，只是作为讲稿的朗读者，而听讲者的每次听讲，也只是作为讲稿的聆听者。其实，双方都错失了那次演讲，原因是彼此因讲稿的存在而失去了一次情感、意志和使命感交流的机会。殊不知，近代西方靠演讲（不是读稿）而改变时代的不乏其例。诸如，理想的君子最为标准的定义是由伊丽莎白一世的演讲操券的；美国长期维系的中道价值观是由华盛顿的演讲一锤定音的；内战后美国长远奋斗的方略是靠林肯的演讲杀青的；美国乃至全球人权新时代的大门是由马丁·路德·金博士的演讲洞开的。

当时交大的领导班子主要成员养成了“实话实说”的风气，不习惯繁文缛节和文牍主义，对于办公室准备的稿子，只作为备用资料，从不

照本宣科。邓旭初同志更是喜欢用广东开平式的“官话”意气奋发地演讲，这种感染力往往是照本宣科式的发言所难以企及的。他们是靠自己的睿智、学识和真诚去敲开交大管理体制改革征途上的重重山门。因为交大领导深知，正是这类讲话稿将他们与沟通者的心扉无情地隔离开来。

时刻体恤民生，是建立新型干群关系的根本。高等学院是一种高智商活动密集的场所，作为活动主体的教师，其有多大的活动空间，学校就有多大的发展空间。为能给教师尽可能提供充分的活动空间，邓旭初同志常常将两件事情悬挂于自己的心头。第一件是落实教师学术活动场所，供他们开展课余学术交流之用。这在国外高校已是司空见惯的事，但当时的交大还没有这个条件。第二件是改善教师居住条件。邓旭初同志坚持认为，教师的宿舍不仅仅是其休养生息之地，也是他们钻研劳作之所。但由于十年文革的影响，基建欠账过多，当时交大教师普遍居不易。

为此，当美藉华裔学者朱传榘教授将其岳父荣鸿元先生（交大校友）的 100 万元赠款代捐母校时，邓旭初同志当即建议朱将捐款用途，由“建设计算机管理学院”改为“交大教师活动中心”。该“中心”是当时全市第一所用外援（内资禁建）建设的“楼堂馆所”，成为交大教师业余会客和进行学术交流的基地。赠款作为高校的一种稀缺资源，邓旭初同志舍得将用途从教学科研改为后勤保障，是一种投资理念大幅度的切换。第二件事是申请教职工住宅建设的投资。为此事，邓旭初同志常常亲赴北京面陈利害。记得 20 世纪 80 年代前半叶的几年中，几乎每年岁末他都要亲自赴京“要钱”。年关岁末是部里做次年预算的时机，却逢隆冬腊月，京城寒风凛冽。每每看到已届花甲之年的邓旭初同志，在朔风冷飕的街头公交车站候车时踏步暖身的情景，我不禁五味杂陈！由于身着棉织的军大衣，要挤上人满为患的车厢实非易事，以致每次回沪后，他总会发现自己身上大衣衣扣又会少了一颗。

处处为人垂范，是建立新型干群关系的关键。习近平总书记在会见中外媒体记者讲话时直言，反腐要身正。其深刻含意是，领导干部不能正已，就不能正人，律已是律人之本。这种“立党为公、兴邦为民”的主体思想，是对我国自改革开放以来党员干部队伍建设重大教训的高度概括和准确诠释，印证了“上梁不正下梁歪，中梁不正倒下来”之说。邓旭初同志廉正自守、饮马投钱之风，是他在延安从戎生涯时感染的传统。他时年已逾花甲，但上下班一直骑着自己的“老坦克”脚踏车。一次，他老家广东开平的“父母官”来上海看到后，不禁失色。于是当地政府决定捐赠一辆日产进口汽车给交大，以解邓旭初同志上下班之燃眉，至此才使这位驰骋过抗美援朝阵地的汽车团团长上下班时有了汽车坐。受他的影响，交大领导班子全体成员无一不骑车上下班。时任交大校长、一级教授范绪箕先生已届古稀之年，一次骑车途经淮海路武康路道口时，因来不及刹车误闯了红灯，被执勤交通警处罚后，令其持介绍信前去领回车子。当校办秘书如约前去领车“谢罪”时，对方大惊失色，根本不敢相信上午这位缄语认罚的骑车老人，竟然会是堂堂上海交大的一校之长。领导举止是群众的表率，有无声召唤之效。当时的交大干部和教授们无论是上下班，还是出勤办差，均以公交车辆代步，埠外公干也照此行事。平时教授们的学术社交用餐一律在教工食堂，有了教师活动中心才转移场地，但报销费用素有严格规范的标准。胡适先生说过：“生命本没有意义，你要能给它什么意义，它就有什么意义。与其终日冥想人生有何意义，不如试用此生做点有意义的事。”此话既可以用来概括当时上海交大决策层推行改革时的思想动机，也应当成为当今高校尽一份为我国经济转型提供智力保障的社会责任之心迹。

第四篇
起之民生又归之民生

雨果的《悲惨世界》震撼了人类，也拨动着各国政要的恻隐之心。雨果说："下层阶级遭受的痛苦，总是多于上层阶级具有的仁慈。"显然，这里讲的正是属于下层阶级的民生问题，当然也包括公共环境质量问题。照例说，民生是公民面临的共性命题，但它对于上层阶级早已不成为问题。诸多事实证明，当下层阶级为生计奔波时，上层阶级则在为更多的财富而发愁。非洲加纳与亚洲菲律宾是两个穷国，但其总统却是超级富翁。加纳的恩克鲁玛上台后私人财产高达400万英镑；菲律宾的马科斯据说敛财超过100亿美元。迫于各种压力，2002年在南非举行的"可持续发展首脑会议"上首次强调了建立各国政府的"环境保护问责制"，试图从规范决策者关注民生诉求的执政行为起步，约束自己的权力，其内涵包括绿色GDP的衡量指标（将环境成本从经济增长的数额中扣除）、公共环境质量评价、空气质量变化、饮用水质量变化、森林覆盖增减率、环保投资增减率以及群众性环境诉求

指标等。欧盟国家的政绩考核围绕联合国制定的“民生指数”，大致分为11个指标，涵盖了社会保障率、失业与就业率、家庭收入增长率、重大责任事故发生率、对突发事件的应急反应能力及人口自然增长率（而非逆自然增长率）等。更为可贵的是欧盟国家政绩评价渠道开始实行多元化，即兼顾老百姓评价、媒体评价和社会中介机构的评价，旨在最大限度地确保民生能作为一切经济活动的最终判定标准。

从2010年上海世博会“城市，让生活更美好”的主题出发考量，当前我国人民对民生领域关注的重点莫过于基层政权行政过程中的民生保障、旧城改造模式中的民生补偿和城市规划中的伦理视野。这些关注点聚焦到经济转型，便是政府执政价值观的转变，使之从GDP至上转向民生至上，从全球第二大经济体落实到全球第二大民生保障体，从“学缺所教、劳缺所得、病缺所医、老缺所养、住缺所居”转向“学有所教、劳有所得、病有所医、老有所养、住有所居”。我国首位诺奖得主莫言“站在人的角度上写人”的巨大成功，不正是对政府应“站在人的角度上执政”的深刻启示吗？

从乡镇民生说起

作为文明古国，我国历朝历代统治的明君都信守“国以民为本”、“民以食为天”的治国安邦理念。国以民为本是政府与百姓之间利益分配的准则，既然“本”是民，即政府理所当然要让利于民，而决不可与民争利。唐贞观之治的李世民深谙此道，将之喻为“水可行舟，亦可覆舟”。民以食为天折射出强势群体与弱势群体之间的利益分配关系，意指当多数人(尤其是中西部及农村地区)还在为温饱而奔波时，决不可放纵少数人肆无忌惮地窃取灰色乃至黑色收入。以此理念来衡量，我们就不难发现，全国4.5万个乡镇政府的行为对于“三农”及其民生使命的履行是何等的重要！

20世纪80年代邓小平同志曾告诫过全党，我国如果出事，很可能出在农村。这一警示性判断的国情依据是，作为农业大国，它是工业化进程的重要推动力量，既是粮食供给的主要来源，又是工业原料供给的来源，还是工业劳动力的提供者，更是工业品的消费市场。因此，我国农村、农业和农民问题攸关社稷安危，却又积弊甚多。由于农业转型进度严重滞后于工业，因此，我国农业劳动生产率比工业劳动生产率低约10倍。与国际比较，我国农业经济水平与英国相差150年，与美国相差108年。有鉴于此，党中央明确提出，要将解决好“三农”问题作为全党工作的重中之重。“三农”问题的本质，折射出我国农业经济转型进程中生产关系与生产力之间关系被扭曲的现状，即试图以传统落后的小农经济去维系庞大的上层建筑。200多年的世界农业经济史证明，**农业不转型，农民难增收；农民不增收，农村难稳定。**但是，处于我国“三农”问题第一线的乡镇政府，同时面对建设社会主义新农村战略和

“后农业税时代”(免征的农业税占乡镇财政收入近半数),在增支与减收互为背离的双重压力之下,跨越了“以农养政”时代,步入了“新农民,新农舍,新设施,新风尚,新环境”建设的“以政建农”时代。这种财权与事权严重失衡的态势,迫使我国乡镇政府无奈地走上了不惜代价争项目、跑资金、求贷款、频举债之路,以填补巨额的收支缺口。其结果必然使我国直面广大民众的基层政权机构偏离了管理社会的“主业”,弱化了从根本上解决“三农”问题的能力。

一、制度变迁的结果要靠制度创新去化解

政治经济学的一个最基本的观点是生产力决定生产关系,而不是相反。当旧的制度安排束缚了生产力发展的时候,必须对原有的制度进行创新改造。乡镇政府作为我国政权的最基层机构,其管理体制优化程度,事关我国社会和谐与经济稳定的程度。因为,它既是我国社会民意的直接感受者,又是社会秩序的直接维护者,更是国家意志的直接体现者。乡镇政府管理体制的优化,内含乡镇政府职能整合及其制度的重新安排,原因在于现有管理体制的不合理性是制度长期变迁的结果。党的十一届三中全会之后,其行政体制经历了几个阶段的变迁:

一是文革后的过渡阶段。1982 年通过的《中华人民共和国宪法》,确定了废除人民公社体制后的乡村组织形式。宪法明文规定,乡、民族乡和镇是我国最基层的行政区域。乡镇行政区域内的行政工作由乡镇人民政府负责,乡镇人民政府实行乡长镇长负责制。乡镇长由乡镇人民代表大会选举产生。这个阶段实际上是人民公社建制废除之后的一个过渡阶段,更多的只是一种名称和形式的更换,其职能定位并无实质性改变。

二是确立政权阶段。1983 年 10 月,中共中央、国务院发出《关于实行政社分开建立乡政府的通知》,要求各级党政按照宪法的规定,建立乡政府,实行政社分开。同时,按乡建立党委,并视生产需要和群众意愿逐步建立经济组织。其使命是依法履职,领导经济、文化、社会建设,并做好各项公共服务。这个阶段乡镇政府走向了规范化、规模化和政权化。至此,我国从中央到基层的五级政权体制已臻完善。

三是职能完善阶段。 2000年根据中央一系列文件精神，全国乡镇政府进行合并，其结果是乡镇数量减少、规模扩大、职能集聚。我国乡镇政府现有的职能定位于这一阶段，它们分别是：制定发展战略的职能，确定资源配置的职能，推动经济发展职能，调整产业结构，提供生产服务的职能，加强乡镇企业建设的职能，执行上级指令，调节经济实体行为的职能，协调各地经济发展关系的职能，安排基础设施建设的职能，管理对外经济技术交流的职能，加强农村基层政权建设的职能等。其职能覆盖面之宽，已经到了与县级政府职能并驾齐驱的地步，完全模糊了地方上下级政府之间权限的划分界线。

我国乡镇政府管理体制经历的三大变迁阶段，是发生在计划模式向市场模式过渡的历史进程之中。由此，我们不难看出，随着时间的推移，它不仅不断地扩大与自身条件难以相适应的计划时代的政府职能，而且更是远离了市场模式条件下的政府职能。逐步从改革开放之前的"代理型政权经营者"地位，转变为"谋利型政权经营者"地位。

这种角色的错位，使乡镇一级基层社区承受着来自各方面的矛盾冲突。当前，农村面临的矛盾有以下方面：**一是管理部门自身的矛盾。** 它主要体现在市场法则的按经济规律办事与政府行政干预手段之间的冲突。这实质上是职能部门左手与右手的矛盾。**二是管理部门与市场的矛盾。** 它主要体现在政府职能与市场功能之间的冲突，实际上是资源配置模式上的冲突。**三是管理部门与农民的矛盾。** 它主要体现在政府"政绩经济"与农民"民生经济"之间的冲突，本质是以物为本理念与以人为本理念的冲突。**四是基层干部自身的矛盾。** 它主要体现在基层干部的责任与素质两者的背离上，本质是基层干部角色的错位。**五是基层干部与群众的矛盾。** 主要体现在农民日益增强的维权意识与干部忽视群众利益的传统思维之间的冲突，本质是与农民争利的政策惯性在经济转型时期的表现。例如，在计划年代，国家曾经通过农产品统购销（工农业产品剪刀差）和无偿平调劳力，来获取农民绝大部分的劳动剩余。在市场经济条件之下，国家和地方政府通过农业税、乡统筹、集资、罚款和合同定购粮食等方式，同样获取了农民大量的劳动剩余。**六是立法与执法的矛盾。** 主要表现在"三农"建设中有法不依、执法不严的现状上，其本质是法制与法治的冲突与矛盾。**七是政策初衷与实际效果的矛盾。**主要表现在减负政策层层传达的同时，税费任务层层分摊，本质上反映了政府决策意图与决策效果的分离。**八是职责与职权的矛盾。**主要表现在乡镇政府在事权层层下沉的同时，人权与财权却在层层上收，本质上是全能职能与有限职权的背离。**九是履职与待遇矛盾。**主要表现在基层干部责任落实与长期欠薪之间的冲突，本质上是乡镇的"一级政府"与"一级财政"不匹配。**十是小农经济与大市场的矛盾。**主要表现在市场对农民经营模式的要求与农民传统经营行为的小农意识相背离，本质上是市场模式与计划理念在"三农"问题上的冲突(《中国乡村报告》)。

据马克思主义的国家学说判断，我国乡镇政府显然背离了政府首先是个政治组织，要履行管理社会的政治职能这个主业。由此派生的职能膨胀和权责扭曲现象，决不是靠机构调整和人员编制压缩所能克服，而必须靠制度重新安排去解决，其重心是要有利于恢复乡镇政府的"主业"。乡镇政府职能重组的方向不是简单地弱化政府力量，而是要提高其执政能力和履职水平。路径有二：其一是恢复其在政府权力配置体系中的自治性；二是恢复其享有我国《财政法》关于"一级政府一级财政"之原则所赋予的待遇。

二、乡镇政府难以承担一级政府职能的原因是财权与事权的背离

从履职的财政能力判断，全国有80%以上乡镇政府财政入不敷出，显然无力承担一级政府的职能。针对我国乡镇政府履职的困境及其产生的后果，在学术界形成了"保留派"与"撤销派"之争：主张保留的看到了由于县政府难以面对数百个村庄的有效管理，而乡镇政府起到了不可或缺作用的现实。但是，主张撤销的认为，长期以来乡镇建制事实上只是作为县级政府的一个部门(即地区经济管理局)而存在的，它并没有达到一级健全的政权机构之充分条件和最优功能。而在履职过程中，乡镇政府反而由于职能过宽、机构臃肿、入不敷出，导致"三乱"行为严重，农民负担加重。其实，两种主张可以在乡镇政府职能的重建上统一起来。前者看到了乡镇政府社会管理职能的重要性及其艰巨

性;后者则看到了乡镇政府职能定位的扭曲性,其主张撤销的也只是职能被“夸张”了的政府机构,而非政府建制。

为适应经济在转型中发展,我国乡镇政府现阶段的管理体制改革,重点是要从整合和调整政府职能出发,重构政府层级之间的权力配置体系。换言之,我国乡镇政府之所以难以承担一级政府的职能,其原因是双重性的,即职能的扩大和权力的收缩。重构的权力配置体系,旨在解决政府职能越位和缺位并存的现象。现行与传统职能相对应的权力配置体系,扭曲了乡镇政府责任与权力的关系。我国乡镇政府之所以会进入与民争利的恶性循环,是源自现有政府管理体制之下形成的财权(权力)与事权(责任)的背离。以 2007 年为例,全国建制镇创造的财政收入为 6 505.1 亿元,占全国财政总收入的 12.7%,其中 54.1%上缴。财政支出 4 143.0 亿元,占全国财政总支出的 8.3%,占全国总人口 59%的乡镇人口仅分享不到 10%的公共资源。2007 年,乡村人均公用设施投资为 142 元,只相当于城市人均公用设施投资的 7.5%。乡镇人均财政支出 531 元,相当于全国平均水平的 14%。尤其是中西部的乡镇,人均财政支出分别为 239 元和 242 元,不及全国建制乡镇平均水平的一半。我国乡镇财政拮据的现状,折射出职能与权力、权力与责任的相背离。究其直接原因有三:

一是分税制的负面效应是将地方政府推向分税与包干的双重压力境地,严重弱化了政府的主导职能。1994 年的分税制改革旨在强化中央政府宏观调控的财政力量和提高各级政府扩大税源的积极性,但其制度设计的架构是在将事权分级下沉的同时,又将财权逐级上收。经过中央、省市、地市和县市四级的“抽税权”和“放事权”之后,乡镇政府履职的财力、物力和精力已所剩无几。1994 年之前,乡镇政府的任务只是完成税收指标,支出由县财政统一安排。1994 年之后,一方面抽走了大税,另一方面财政包干基数又年年递增,缺口自负。迫于无奈,乡镇政府在财政设立虚收虚支的同时,则整天疲于争资金、跑贷款、还欠债、调矛盾、求和谐之中,根本无暇顾及社会管理。应对之策应是:**在现阶段要建立起乡镇财政的长效增长机制。**要以市场为导向,调整和优化农业结构,加快农业现代化进程,提高乡镇财政自我供给能力,从根本上化解乡镇政府在取消农业税之后的债务危机。同时，要扩大乡镇在政府税收中的分成比例，并加强转移支付力度。**从长计议，**则要在梳理乡镇政府职能的基础上，调整乡镇财政的支出范围，减少其不合理的财政负担，以适应其服务"主业"的需要，使乡镇政府职能逐渐转向经济调节、市场监管、社会管理和公共服务之上。

二是财政供养规模不断扩大，严重弱化了公共财政职能。我国当前的财政供养规模已成古今中外之奇观。据资料显示：我国汉代纳税者与所供养公职人员之比为1∶7 948，唐代是1∶3 927，明代是1∶2 299，清代是1∶911；而1949年是1∶294（也有数据是1∶600），现在则是1∶30（或说1∶28）。与国际相比，以1999年为例，我国是1∶30，印度尼西亚是1∶98，日本是1∶150，法国是1∶164，美国是1∶187。我国财政供养规模的不断扩张，使1978至1998年的供养人员从2 015万人增至3 802万人，增幅是人口增幅的三倍。当前，我国45 000千多个乡镇，财政供养着1 300多万人，人们将官车、官费、官薪喻之为"官涛汹涌"。以江西某县的数据为例（肖唐镖，2005），人口二十来万，财政收入不过5 000多万元，但要供养当地70多个行政事业单位，700多个副科级干部，7 000多个财政供养人员，加上间接的供养及上缴中央、省、市的税收，几乎达到全县十来个农民要养一个官。这个历来以种田为生的农业县，青壮年进城打工之后，单靠老弱的留守"部队"去"抚养"两级政府（乡县）的70多个局委办、1 000多名干部、300多位警察和100多辆不同级别的中高档小车，其结果可想而知。

面对"乡镇政府职能扩张——财政供养队伍扩大——农民负担加重——社会矛盾加剧——维稳的财政支出上扬——进而又转化为农村税费"的体制性恶性循环，要求"减人、减事、减支"的呼声此起彼伏。为此，我国曾通过乡镇撤并，收到过减少领导职数、降低行政成本的效果。以1985—2005年为例，全国共减少乡镇55 629个，以每个乡镇配6名领导职务计，全国共减少领导约33.4万人。又按2005年全国国有机关职工人均年工资20 840元计，全国每年直接减支69.6亿元。然而，这种局面持续不久，机构与人员又再度膨胀。除公共管理和公共服务需求的自然扩张之外，一个十分重要的原因在于，转型经济时期的本质特征是利益重新分配，政府具备决策主体和受益主体的双重身份，导致其进入公共性与自利性的博弈，博弈的结果决定了机构和人员扩张的冲动。因此，其应对之策，只能是在推进政府职能转变的基础上加快财政管理体制的创新，靠简单的转移支付形成的财政“输血”，只是短期治标而非长效治本。因为，事情的表面似乎只是一个财政供养规模问题，其实本质上是一个财政供养机制的问题，即形成供养规模的制度安排。

三是权力资源配置错位，严重萎缩了乡镇政府的权限。在我国地方政府职能普遍无节止地扩张的同时，上级政府正在通过职能部门垂直管理的强化和行政执法权的上收，促使乡镇管理权限走向萎缩，导致权责利严重失衡。县级政府驻乡镇的派出机构日增，诸如土地所、工商所、国税所、地税所、派出所、司法所，甚至是法庭，导致乡镇失去执法保障。换言之，由于社会经济管理的责任主体（乡镇）与执法主体（上级派出机构）的错位，导致权责失衡。乡镇的财权与事权的不对称，是其必然结果。我国农村面大量广（人口占全国 59%）的环境卫生、社会治安、市场管理、文化教育、交通消防、信访接待等直面基层第一线的事务，已以责任制形式落到了乡镇政府的头上。但是，乡镇的财政支出仅占总支出的 8.3%。面对乡镇政府的实际困难，学界和政界提出过多种解决方案和建议，旨在扩权强镇。这些方案和建议的动机是良好的，旨在提高乡镇政府权责的对称性。但是，人们显然疏忽了一个重要前提，即传统政府管理体制的价值取向早已背离了市场化的基本方向，在此基础上的扩权，只能是改变恶性循环的层次而已，并不能促使这种体制性循环的良性化。

事权的大规模下沉，不仅背离了职权，也背离了财权，更背离了乡镇政府的主业。《新华日报》一则报道震惊了全国消费者：记者调查发现，常见蔬菜生产终日与农药相伴，一根豆角被“喂”11 种农药，一根茄子被混打 4 种农药之后，第 2 天就上市出售。其间，农残检测形同虚设，有毒蔬菜从产地到批发市场再到菜市场，最终进入消费者嘴中，一路“绿灯”，乡镇政府的“七所”、“八所”都置若罔闻，这正是乡镇政府事权与财权相背离的恶果。

三、正确的权力配置必须与乡镇政府职能的民生目标相适应

近来长三角地区城市面对乡镇政府权力萎缩的趋势，曾就其“扩权强体”引发了讨论。其实，这种讨论应当引向政治经济学的一个基本观点的认知之上。那就是生产力与生产关系、经济基础与上层建筑之间，究竟是一种什么关系？当我国经济基础从计划运行模式转向市场运行模式之后，作为上层建筑的政府职能，要不要从高度集权走向相对分权？因此，用“确权”一词对于应对目前我国乡镇政府的现状更为贴切。问题的关键在于必须准确领会“确权”的基本含义：“确权”具有双重概念，对于上级政府来说，应当给乡镇适当“放权”，主要是下放与职能对应的行政执法权；而对于社会而言，乡镇政府则应该适当向其“让权”，将本该属于社会自理的权限回归社会。根据职能分工理论，政府权力配置体系是政府职能分工的对应体系。换言之，行政权力配置格局是政府职能演化的必然结果。从此意义上判断，“确权”应该是乡镇政府职能“放大”和“收缩”的双向行为。理解偏颇，便无法达到“强体”之目的。围绕我国乡镇政府管理体制的改革，存在两种探索性方案，一种是主张强化乡镇体制，亦即称之为“扩权强体”。旨在规范各级政权机构相互之间关系的同时，促使县级政府放权于乡镇，并主张将乡镇政府组织延伸至行政村，实行“乡治、村政、社有”；另一种主张弱化乡镇体制的意见则要求撤乡并镇，在确保国家基本行政职能下沉的同时，逐渐实现国家行政权力体制上移，达到乡镇社区自治之目的。近些年来，我国有1/3的乡镇被撤并，就是朝着“国家的行政权力将逐渐退出农村的政治领域，农村社会将最终完成从身份到契约的过渡，实现从传统的专制家族社会向现代民主的个体社会的转型”这一目标，迈出的重要一步。乡镇政府职能的转型设计，应当基于民生大计的考量。这一民生大计的紧迫性，集中体现在“三农”问题的严峻形势之上。有识之士曾将“三农”现象归结为：农村真穷，农民真苦，农业真落后。“三农”问题千头万绪，但其核心是农民负担问题。农民的负担决定了民生质量，其负担包括了体制性负担、市场风险性负担、经营成本性负担。农民负担的化解，事关乡镇政府管理体制创新、职能转变和发展模式转型。综观多种

研究观点，乡镇政府机构“确权强体”的指向主要有以下三个方面：

首先，我国乡镇政府转型发展的方向是去行政化趋势。

随着市场化进程的加快，我国乡镇治理机制正在悄然发生变化。这种变化是：

其一，市民社会正在替代政府的部分职能。村一级法定自治组织的村委会，是农村公共事务的代理机构，是乡镇范围内最亲近村民的单元，由于信息传递完全、运行成本低廉、办事效率较高，其自治能力和自治空间随着农村综合改革的深化将会不断提升和扩张。在我国不同的历史时期，村级管理方式也不尽相同。新中国成立之前漫长的封建历史时期，村级治理的基本制度没有发生过实质性变迁，长期维持乡绅自治，依靠国家自上而下的保甲制和乡村内生权势人物的影响，来共同治理乡村。新中国成立之后到农村经济体制改革之前的30多年中，经历了土地改革、农业合作社、人民公社几个历史时期，实行的是一种行政权力支配的乡村治理，其中尤以人民公社行政权力控制形式的乡村治理时间最久、形式最稳定、制度化程度最高。进入改革开放以来，乡村逐步进入了民主自治阶段，村民成为农村社区内部事务管理的主体。因此，从改革发展趋势判断，**乡镇转型发展指向之一是自身部分职能将逐渐被非盈利和非政府的村委会所替代。**只不过其替代进程的快慢还会受到多种因素的制衡，但其方向已不可逆转。

其二，市场组织正在替代政府组织的部分职能。乡镇政府部门职能是以“公共”为特征，旨在提供制度规则和提供公共品及准公共品。农村市场组织（家庭、企业、集体和合作社等四类组织）追求的目标是效率，只要通过有效的激励，可以使其在农村经济市场化进程中发挥政府组织无法替代的作用。这种替代趋势出现的背景是，市场化条件下的农户，其市场意识远强于政府，他们不仅具有良好的产品价格的敏感性，更具有市场运行的风险意识。因此，农户迫切需要政府的经济职能从计划功能转向市场功能，能向农户及时提供与生产相关的需求和价格信息，及其与之相适应的公共服务，而这正是农村市场组织的功能。只有当农村市场组织占据农业生产的主导地位之后，全社会的生活必需品的价格才能趋于稳定。因为，生活必需品几乎是没有价格弹性的，无论价格多高，社会需求也不会减少，而无论价格再低，社会需求也不会大增。生活必需品的社会供应能力越弱，则投机者哄抬物价的成本越低；反之，则越高。因此，从未来趋势判断，**乡镇转型发展指向之二是自身部分发展经济的职能将会逐渐被市场组织的内在功能所取代。**当然，其过程不会一蹴而就，但其趋势已经明朗。

其三，公共品的社会化生产方式正在替代政府生产方式。我国农村公共物品供给严重短缺的现状，受制于三大因素：一是集体经济发展水平；二是公共物品供给的决策机制民主化的水平；三是组织公共物品生产的市场化水平。其中第三个因素的本质是没有从制度安排和机制设计上，去转变传统的供给模式。公共品或准公共品的生产需要政府提供资金，但并非要求政府直接去组织生产。其原因有二：① 效率考量。政府通过行政方式组织公共品或准公共品的生产，其资金效率远不如采用招投标和合同制等社会化方式组织生产高。② 职能考量。公共品或准公共品的社会化生产，有利于实现乡镇政府公共管理职能的社会化。因此，**公共管理职能的社会化便是乡镇转型发展指向之三。**

其次，乡镇政府转型发展的途径是消除政府职能转变的障碍。

我国乡村组织按其经济性质差异正在分化为三种部门，即：① 私人品提供部门，这是以盈利为目的的市场部门，主要是企业组织、家庭组织、集体组织和合作组织；② 公共品提供部门，这是以促进社会利益最大化为目的，且具有非盈利性质的政府部门（行政组织为主体）；③ 准公共品提供部门，这是介乎上述两种部门之间的、既非盈利又非政府性的第三部门，主要是自治组织和事业组织。政府职能的转变，实际上是上述三种部门之间职能的转移和替代的过程。其过程实施的外部条件，则是我国农村经济市场化进程的加快、乡村经济组织体系的日趋完善和管理效率的提升。以私人品提供部门的农副产品加工为例，由于设施简陋、方法原始，中国每年粮食产后损失高达500亿斤，损失率达8%，蔬菜损失率为20%。若将马铃薯、水果等产后损失一并统计，相当于1亿多亩耕地的投入和产出被浪费掉。换言之，我国现有18.26亿亩耕地（2010年）中，仅有17亿亩被有效利用。从职能转移和替代过程实施的内部条件而论，迫切需要优化上述三大部门的组织架构和职能配置：

一是政府部门要走出因人设事的“怪圈”。我国传统的政府行政模式已陷于“全覆盖职能——特大型政府——无限止权力”的怪圈之中，其特点是“因事设人”和“养人找事”，以致“人”与“事”的扩张互为因果循环。与之相对应的实证是：我国乡镇政府普遍垄断性地全面控制着乡村事务，导致机构臃肿和人员超编，进一步提高了乡镇政府职能全覆盖的能力，并又以此证明机构和人员扩张的价值。这正如恩格斯所断言的，政府机构具有自我扩张的机制。究其基本原因是，我国各级政府长期以来偏离了政府经典职能的轨道，即负责经济调节、市场监管、社会管理和公共服务，而误入了“领导经济、统领社会”的轨道。从这种意义上判断，乡镇政府脱离我国现行的政府职能体系，单独去优化自身职能配置，是有相当难度的。

二是第三部门亟待扶植和壮大。村委会作为农村的自治组织由于起步时间不长，积累不多，行政化趋势严重，与法定的组织职能要求相去甚远，目前还难以分担政府行政组织的公共管理和服务职能，也就无法履行自身肩负的治理村庄公共事务的使命。这种状况的存在，又与乡镇政府过多介入村庄自治事务互为因果：**村委会能力弱化既是乡镇政府职能扩张的结果，反过来又为乡镇政府职能进一步扩张提供了依据。**因此，规范乡镇政府与村委会的职能关系，全力恢复村委会的自治职能实乃当务之急。此外，作为第三部门的另一种组织——事业组织同样也面临着行政化的困惑。作为农村准公共品的教育、医疗卫生和农业技术推广的服务远远无法满足实际所需，其源均出于农村事业组织的薄弱。但在解决“事业单位薄弱”问题的做法上，往往又容易误入“互为因果”的循环之中。由于事业部门的职能是政府部门职能疏解分流的产物，容易被人们误解为也是一种“政府职能”：**当准公共品无法满足需要时，人们会产生是“政府职能缺位”的错觉；当要强化农村事业部门职能时，人们又会误以为要强化政府部门的职能；当要大力扶植农村事业部门时，政府行政组织又会轻车熟路地去控制事业组织的人权、财权和事权，使之走向行政化。**因此，关键是要厘清乡镇政府传统职能中“政府职能”与“非政府职能”的界限。被誉为“第三次浪潮”的广州市南海区的改革便起步于“政经分离”：使党组织、村(居)委员会、经济组织这三套马车各自归位，从而兼顾了效率、公正和社会稳定。

三是努力发育市场部门。当前，我国乡村企业组织整体实力的薄弱，集体经济组织的名不副实，家庭组织功能的严重缺陷，已使农村市场部门无力承担起发展乡村经济的职能，也就难以提供乡村公共品，更无法联合起来提供社区公共品。农村第三部门和农村市场部门之所以难以选择性地替代乡镇政府行政机构的部分职能，原因在于乡镇政府行政组织的庞大规模超越了其本职职能配置的实际需要，客观上抑制了上述两大部门职能的实现，但反过来又为乡镇政府职能的进一步扩张提供了依据。为此，乡镇政府改革的根本出路在于其自身的“觉醒”和“瘦身”。

最后，我国乡镇政府转型发展的保障是干部管理体制的创新。

根据我国宪法和地方组织法规定，农村基层政权组织是指由乡(民族乡)、镇人民代表大会与乡(民族乡)镇人民政府两者有机构成的统一体。它应包括两个层次：一是乡级，目前主要是指坚持和完善乡镇人民代表大会制度，规范乡镇政权管理，实行乡镇政务公开；二是村级，主要是推行村民自治，实行民主选举、民主决策、民主管理、民主监督。乡镇干部管理体制是服务并服从于乡镇政权体制的，因此当发展战略确定之后，干部素质是决定因素，而干部的素质高低很大程度上取决于传统干部管理体制的创新程度。现有干部管理体制的弊端，正是其必须创新的重点。综合判断，其要有三：

一是干部选拔机制创新。选拔机制的优劣，体现在干部选拔过程的透明度、干部选拔方式的公共选择度和干部选拔面的广泛度之上。为此，乡镇领导干部选拔过程必须建立如下机制：① **全额定向民主推荐制。**其做法是公开领导职数，组织党员代表和群众代表民主推荐，在分层统计分析的基础上把握群众公认度，以充分尊重群众意愿。② **考察预告制。**要提前向群众公开考察的对象、项目、时间以及考察组成员等相关信息，目的是保障干部群众的知情权、选择权、参与权和监督权。③ **公示制。**对拟提拔的干部在全县(区)范围内公示 10 天，以掌握群众反馈信息。2009 年浙江嘉兴市某镇的党委书记民主选举，开启了我国农村基层政权党组织干部制度创新的先河，其意义不容低估，它对社会，尤其是对干部队伍产生了积极的震撼力。干部民主选举并非是一种简单的干部产生的程序问题，而是一种制度安排：① 有利于干部质量的确保。差额选举的结果必然是“好中选优”；② 有利于民主意识的提高，民主选举既提高了民众当家做主的意识，也提高了干部的“公仆”意识；③ 有利于强化民主决策。民主决策是民主意识的产物；④ 有利于政务公开。政务公开的前提是政务民主，二者互为因果。

二是干部考核管理机制创新。内容有：① **建立年度目标考核制度。**做法是先下发乡镇班子年度工作目标考核体系，其体系在现有政府职能定位的条件下，内容暂且可包括经济建设、社会发展、党的建设等主要方面（待条件成熟后再按职能转变方向设定指标）。年初签订责任书，年底统一安排上下相结合的考核。② **健全干部管理制度。**通过建立相关管理制度，规范乡镇班子的理论学习、党委议事、决策管理、财务开支、政务方式、廉洁自律、工作纪律等项事宜。③ **推行政务公开制度。**建立政务公开责任制、预审制、评议制、投诉制等相关制度，向群众公开办事依据、办事程序、办事结果及其相关收费标准。④ **建立上级领导定点联系制度。**目的是指导基层业务、考核干部、协调工作。

三是干部定级机制创新。应在试点基础上试行“低职高配”制度，目的是通过职级分离的机制，使乡镇一级的经济系统的稳定性与决策系统的稳定性相协调。其人选的确定必须符合“低职高配”的若干条件：① **能力要求。**任职对象必须是能力强、工作有建树，经考核合格者。② **岗位要求。**确实有必要保持相对连续稳定任职的乡镇。其评判标准是工作需要、群众接受、个人愿意、领导批准的正职优秀干部。③ **任期要求。**凡“低职高配”者从批准日起，一般应连续在原岗位上任职时间不少于 5 年。

我国经济发展的不平衡性，体现在三大不对称之上，其包括陆域开发与海域开发的不对称；物力开发与人力开发的不对称；城镇开发与农村开发的不对称。而农村开发的严重滞后，凸显在“三农”建设之上。“三农”建设是一种投入产出难以在短期内显示政绩的行为过程，它无法与乡镇政府任期考核指标相适应。而“三农”建设的重点是农民，农民的关键又是民生，而民生的根本又在于增收，它与乡镇政府的任期税费包干体制之间呈现了“鱼与熊掌”的格局，因为“农民增收”的前提是“让利于民”，而税费包干的本质是“与民争利”。因此，我国乡镇政府的出路和转机，唯有走以民生为本的转型发展之路，其中包括职能定位转型、政策定位转型、分配体制设计转型和农业经济发展模式的转型。

旧城改造中的民生

据统计分析，我国城市化率每提高一个百分点，意味着要有1 000多万农村人口向城市转移。当城市化率达50%时，需要新建200座100万人口的城市去安置从农村转移到城市的2亿人口。因此，城市无序地摊大饼式的拓展与旧城颠覆性改造的行为必将同步出现。而其后果有三：一是城市的无序扩张，导致城市病积重难返。中国现有660座城市中，从1995年有50座城市提出建设“国际化大都市”之后，已有近300座有此意向。其结果必然是公共建设失控、重复投资严重、违规用地频仍、资金体外截流成习、城市管理成本上扬。二是建设性破坏严重，直接侵害了民众的公共利益。仅据北京市2001年统计，市政违章施工造成23次通信线路和33条通信光缆中断，抢修费用高达1 219万元；自来水管道被损之后，竟会两个月之久无人解决。据有关资料显示，北京市每年自来水管道漏水约3 700多次，流失的自来水约400多万立方，其中不乏被施工的重型机械设施所损。三是原住居民被迫远迁边缘地区，补偿无法到位，利益直接受损。

原住居民利益的保护，有涉两个命题：一是土地征用目的。当前，我国城市征地折迁的用地目的有两类，即公共目的（指的是公共设施的用地）和商业目的（招商引资、建立开发区等）。二是征地补偿。我国《宪法》、《民法》、《刑法》中对于公民的财产保护均有明文规定。国家可在特殊情况下，对公民的私有财产进行“限制”，其条件有三：① 以公共利益为目的；② 依照法律的规定和程序进行；③ 给予公正的补偿。但现在的问题往往是：商业用地的目的，在地方政府参与之下（开发商正是政府延聘的对象）被粉饰成公共目的，甚至在违规状态下进入开发程序。由于开发商"非正常"支付的成本超高，便挤压了动迁补偿成本，将开发成本向居民转嫁，加剧了社会不和，离间了官民关系。上海田子坊相对成功的经验，为我国旧城改造模式的创新提供了启示。

发展模式的变迁涵盖了政府职能的转变、资源配置方式的转变、经济增长方式的转变、资本积累方式的转变和财富分配方式的转变。上述"五大转变"折射出政府利益主导地位与市场效率导向地位、无形要素地位与有形要素地位、国家制度与社会制度之间关系的调整和变迁。所有这些变迁，均在田子坊成长的历程中留下过踪迹。田子坊自 2001 年改造起步至今，先后经历了初始创业阶段和探索成长阶段，现已步入转型发展阶段。田子坊初始创业阶段完成了街区功能定位、主导产业选择和内外资源整合（增量资源导入和存量资源盘整）的三大目标，这些目标实现的艰巨性，凸显了我国政府职能转变的必要性；田子坊探索成长阶段经历了市场制度改革、政策框架设计和品牌地位培育等三大任务，这些任务的复杂性，彰显了我国经济转型的长期性。

一、要从发展模式变迁的视角去认知田子坊效应的价值

经过初始创业阶段和探索成长阶段的田子坊，被中宣部授予《中国最佳创意园区》证书，已成为全社会舆论关注的热点。原因在于，田子坊的成功不仅改变了我国城市旧区改造的传统模式，还对我国现阶段社会利益分配格局提出了尖锐的挑战，其深远的意义已远远超越了经济领域，甚至在社会领域和文化领域激起了涟漪，从而具有时代标本的意义。因此，对于"田子坊"现象的认知应当从前瞻的、历史的和发展的视野去评估，要站在上海资源储备结构与生产结构必须协调的基点上，站在上海历史文脉亟待传承的基点上，站在上海城市功能面临快速提升的基点上去把握，方能取得共识。对田子坊取得共识的基点有以下三个方面：

一是田子坊的效应正在导致社会利益分配模式从行政垄断为主导，走向市场竞争为主导。转型经济时期的本质特征是社会利益的重新分配，不仅庞大的国有资产正在重新分配，建国以来首次进入市场的土地资源配置的效益也正在进行重新分配。但是，由于其分配机制长

期以来处于行政垄断的支配之下，其直接后果犹如我国行业垄断产生过“全社会福利损失”和“收入分配扭曲”的两大效应一样，它在庞大的既得利益群体的控制下，正在促使社会总效益的减少和社会弱势群体的利益向既得利益群体转移。城市旧区，尤其是历史文化街区的改造所产生的效益是全方位的，除居住性和商业性地产效益之外，还应有文化产业效益、都市型产业效益及其他效益。但是，我国大多数开发商除青睐于居住性地产和商业性地产效益之外，绝少考量其他综合性效益的创造，从而导致社会总效益的减量。

这种“减量”在单纯追求 GDP 增量的传统发展模式中已充分地体现出来，其主要表现有：**一，无效增长损耗了国力。**例如 2006 年我国治理新产生的污染之费用高达 10 800 亿元，约占当年 GDP 总量的 6.8%。**二，决策失误导致效益损失。**决策失误主要集中在三个方面：① 投资决策失误造成巨大浪费；② 城市规划决策失误导致建设性破坏；③ 人才培养决策失误造成人力资本闲置。**三，疏于文化资源保护导致城市无形资产大量流失。**我国旧城改造中社会总效益的“减量”，是完全由传统的改造模式所造成的。由于政府财力之限，这种改造通常只能借助于开发商的力量去实施，其利益在开发商、政府和被改造街区居民之间实行按资分配，结果往往是开发商得大头，政府的非税收入是中头，居民一次性动迁补偿是小头。这种分配方式及其结果符合了开发商的趋利动机，也迎合了地方政府“现卖现收”的短期财政预算平衡的目标，但于居民则丧失了一次“资产性收入”的机遇，而于全社会更是流失了一份“沉淀了的历史文化价值”。传统落后的利益分配模式肥了房地产开发商，无怪乎我国首富中有六成与房地产开发有关。由于财富积累的机制具有非公正性，因此这些人的不安全感日甚。据《福布斯》中文网一篇题为“中国人席卷上万亿热钱外流”的文章透露，那些拥有 1 亿元人民币可投资资产的人群中，有 27%已完成移民，47%正在考虑离开祖国。又据非营利组织“全球金融诚信”(Global Financial Lntegrity)称，2000—2008 年间，中国流出的款项总额高达 2.18 万亿美元。富人的自由选择空间远非穷人可比，一旦他们选择离开，则带走的不仅是财富，还有与之相联系的投资效应，即就业岗位、税收、消费和

GDP 等。

“田子坊现象”改变了这种模式，使旧区改造产生的利益局限于政府与居民之间进行分配，不仅其大头归居民，而且使利益的获取走向稳定性和长期性，即居民长期收租金，政府长期得税收，既有利于改善居民收入预期、提高即期消费能力，还有利于改变政府短期经济行为，提高可持续发展水平。其中尤以将一次性征收重税费转化为长期征缴的低税，其意义之深远不可小视。在全社会总福利减少、消费倾向下降的今天，将集中的税赋分摊至未来，正是我国税制改革之方向。正如经济学鼻祖亚当·斯密于 1755 年说过的一句名言：“除了和平、轻税赋和宽容的司法行政外，把一个最原始的国家发展为最大限度繁荣的国家，就不再需要别的什么了。”

二是田子坊的效应促使公共资源的配置从少数人选择走向多数人选择。社会失去和谐的一个根本原因是公共资源配置偏离了多数人选择的轨道，而堕入了少数人选择的模式。我国 GDP 的财政负担高企，是国民收入分配机制的形成失去公共选择的结果。政府政策的有效性评价应当符合经济学上的“帕累托改进”的原理，以求让所有的社会群体在制度重新安排中都能享受到政府政策的恩泽，即使不受惠的群体也不致于利益受损。据此对照，随着田子坊街区改造的深入，反而其社会矛盾渐趋减少的事实证明，作为一种公共资源的配置，“田子坊现象”符合公共选择的模式。这里有数据证明，田子坊出租受益户数正在高于非出租户数，后者虽非受益户，但也非受损户，且随着业主数量的递增，承租面积必将进一步扩张。只要管理部门协调得力，借势加大整幢出租比例，则完全可以逐步消化非出租户数量。关键是政府工作的重点应当积极鼓励和扩大出租规模，以带动非出租户尽快进入租赁市场；而不宜采取人为的限制政策去为出租户设置障碍，进而因噎废食地去平息少数非出租户的不满之声。田子坊实行的“居改非”政策是推动田子坊模式走向完善之关键，它既符合当代发达国家推行“非登记式微型企业制度”的趋势，又能顺应上海就业机会多元化的客观需要。

三是田子坊效应推动城市旧区改造的实施系统从政府为主体走向以非政府为主体。我国两大根本转变的前提是两大地位的变迁：即资源配置方式的转变取决于政府地位从主导经济转向服务经济；经济增长动力机制的转变取决于主导要素从有形要素配置为主转向无形要素配置为主。当前，我国两大转变之所以往往转而不变，其源盖出于两大地位变迁的滞后。为加快两大地位的变迁进程，其前提是要厘清两大关系，即政府与市场的互动关系，物力资本与人力资本的配置关系。现行城市改造主体的定位，皆起源于政府直接介入经济的背景之下，国人对房地产业在我国经济崛起中的地位缺失正确评估之故。**世界经济发展史证明，没有一个完成工业化使命的国家是靠房地产业主导的。而美、日经济发展史经验证明，房地产业往往是国家工业化完成之后才有更广阔的发展空间。**我国这种“抢道”式的发展，其结果只是将城市化与房产化等同起来，进而导致城市化进程背离了社会财富的积累。因为，大规模的城市开发产生的收益，在现有利益分配机制下不具有普惠性，只能加剧贫富之间的“马太效应”。它不仅与国民实际购买力相脱节，又与我国稀缺资源的可持续配置相背离。此外，由于我国将短期利益明显的房地产业作为支柱产业来给予扶植，其结果反而疏于对具有发展潜力的真正支柱产业的扶植。其直接后果是孕育了一大批缺失专利技术的“不动脑”企业。我国汽车、电器制造业因乏于专利技术，近几年来被迫向“洋人”支付了难以估量的专利费(其中为美国波音和欧洲空客奉送了上千亿元)，便是支柱产业核心技术“空心化”之苦果。

据国外经验证明，政府作为城市旧区改造实施系统中的角色，其主要任务在于规划、协调和服务(包括法律服务)。但由于我国现行财税体制的驱使，在财权与事权有失对称的压力之下，地方政府被迫过度地介入了房地产开发，旨在短期内构建“第二财政”，其后果必然导致土地资源配置效率低下，使地租失去了经济调节的作用，导致城市景观生态严重失衡，历史文化底蕴淡化。这种权宜行为，因求得缓解本届政府财力困境而似乎情有可原，但对后续政府却是有百弊而无一利。因此，变换旧城改造的实施主体已成历史之必然。田子坊效应的本质是将旧区改造的实施系统逐步从政府作为主体转向以非政府作为主体，其结果有三：一是改变效益特性。旧区改造产生效益的特性将从短期走向长远，从单一走向综合，从外流走向内聚。二是改变投入特性。旧区改造投入的特性将从低效走向高效，从财政走向社会，从业主出资走向客户带资。三是行为评价不一。对其行为模式的态度，很可能会形成社会主动、政府被动，社会肯定、政府保留的局面，原因往往受制于观察事物角度和利害关系的差异。

稍有观察能力者均不难看出，**田子坊模式的本质在于从传统的"与民争利"走向了"让利于民"，从传统的微利性的代工企业走向增利性的创意企业，其深远影响不可低估。**历史是现实的殷鉴。我国历史上的几次著名的经济变革，诸如汉代的盐铁专卖、王安石变法、张居正的重新界定田亩、廊清的赋税改革等，之所以均以"强国富民"的目标起步，却无不回归于聚敛民财之结局，皆因改革决策者毫无例外地走上了公共资源配置的非公共选择之路，以致于不得不屈从于社会庞大的既得利益群体之压力。

二、步入转型发展阶段的田子坊呼唤制度重新安排

当前田子坊正在步入的转型发展阶段，其任务是要将其发展建筑在一系列制度重新安排的基础之上，其内涵包括：① 运用市场规制的力量，促进其从低效市场走向有效市场，检验标志在于田子坊企业进退市场成本的高低，田子坊管理法规遵守的程度；② 政策层面要从差异性管理走向规范性管理，其内涵是使政策资源的配置从内外有别走向一视同仁；③ 品牌地位要从"借牌"营利走向价值管理，其内涵是从违规(脱离田子坊主导产业定位)经营品牌走向全方位维护和共享品牌资源。

管理制度的重建，旨在确立田子坊正在构建的四大地位，即：功能目标地位、主导产业地位、有效市场地位和园区品牌地位。为巩固四大地位，田子坊在转型发展阶段必须站在上海"十二五"规划所提出的"中心城区及拓展区要增强城市服务功能，提升现代化国际化水平，成为传承历史文脉，彰显城市魅力，发展服务经济的主要承载区"的高度，重新审视田子坊的功能建设、市场建设、组织架构及其综合效能，扎扎实实地处理好下述关系：

第一，园区功能定位与功能管理的关系。根据地区比较优势设定

功能目标和主导产业，是田子坊初始创业阶段定位设计的“高招”，它符合国际贸易理论的基本原理。原因在于，发展具有相对优势的产业，可以实现对地区资源的最优配置。从这一考量出发，田子坊作为文化创意产业集聚区的功能定位，是基于它特定的“人多地少”资源结构矛盾的考量，旨在导入物耗低、能耗低、污染少和就业多的都市型、知识型的微型(而非大型)企业。最终目标导向是试图向全社会提供一种崭新的发展模式，来缓解当今社会面临的两大矛盾：**一是财富与资源的矛盾。**因为当财富的取得一旦建立在资源缺失可持续配置的基础之上时，它实际上只是对资源的一种负债。换言之，其财富是虚拟的，并不存在，原因是负债必须清偿。我国传统的经济发展模式正面临这种“陷阱”，而田子坊正在通过优化功能定位的途径去改变财富与资源之间被扭曲的传统关系。**二是财富与幸福的矛盾。**由于我国财富积累的环境代价日趋高昂，它正在降低中国人的幸福指数，而幸福指数内涵的“四大支柱”正在田子坊设定的功能目标中得到体现，诸如环境资源的保护、经济发展的可持续性和历史文脉传承等。因此，园区功能的正确定位是田子坊生命力之所在，也是田子坊转型发展的依据和标尺，不应随意更改或偏离。

园区因产业发展之需而扩张旧区改造规模，这是多数文化创意产业园区进入转型发展阶段的必然趋势，田子坊也不例外。园区扩张必须处理好两大关系：**一是扩容区域与原规划区域之间改造利用顺序的关系。**从位置关系上判断，原规划区域属于先行发展区域，但可能因种种原因尚未列入创意企业入驻的改造计划。而当扩容区域改造利用工程先行启动，并将延伸工程的基础设施导入尚未进入改造利用的街坊之后，必将引发改造利用先后顺序上的矛盾。诸多事实证明，这种矛盾往往会表现为街区居民的利益冲突。解决的出路面临不二选择，要么同步改造，要么暂停扩容。在当前社会矛盾处于十分敏感的高发时期，园区建设应尽量避免人为的矛盾，以免政府分散工作精力。**二是扩容区域产业的导入与园区整体功能定位的关系。**以田子坊为例，功能定位是文化创意产业集聚区，其特征是节约资源、保护环境和惠及民生(就业与居住区出租)为首选的目标管理。因此，扩容区域导入的产业必须符合这一目标定位，且装修改造工程也必须遵循政府制定的统一规程，切忌因违章建筑而有损园区整体形态风貌，以防园区定位的异化。因此，由此引出的思考，是如何从制度安排创新上形成入驻园区的产业评估机制、产业退出管理及责任追究机制。田子坊的转型发展阶段面临的制度重新安排任务的繁重性，不亚于初创阶段。

第二，园区主导产业与配套产业的关系。主导产业是地区经济发展的主驱动力。通常说来，它之所以能对其它产业发展形成带动效应，是源自它吸收了先进的科技成果并导入了新的生产函数。而技术创新往往会推动企业制造、销售、管理和组织方式的创新，是一种新生产力的体现。由于新产品是创意企业的看家本钱，它所创造出的新市场需求，既会包含生产领域的需求，也会形成消费领域的诸多需求，诸如旅游、购物、休闲和餐饮等消费需求。为适应这种需求，相应配套的产业开始向其依附并集聚。这种现象可以追溯到 20 世纪 20 年代的汽车工业和 20 世纪 80 年代的电子工业的集聚配套现象。

但是，作为一个具有特定政策环境设计的产业园区的产业集聚，是在有关方面支付了经济调节、市场监管、社会管理和公共服务的成本之后的集聚。因此，园区内带动与被带动的产业之间必须构建一个符合生态结构的比例关系。许多实践证明，影响和制约主导产业“带动效应”发挥的有两种原因，一种是主导产业由于非经济性质的干预而降低了资源配置效率，进而提高了经营成本；另一种则是集聚区产业配比失当，挤压了主导产业发展空间。回顾田子坊的产业集聚，功能目标定位决定其主导产业是文化创意产业，出于商旅文产业联动的需要，辅之以一定比例关系的饮食、购物、观光所需的行业，以构建合理的产业生态关系是完全必要的。但行业生态是由企业生态来体现的。这种体现，主要表现在文化创意企业与非文化创意企业之间的配比关系，其间应该有一个合理的“度”。这个“度”是一种生态标志，喧宾夺主不是生态，一枝独秀也违反了生态。那么，这个生态的“度”由谁来决定呢？以饮食企业为例，它应当由园区的区位条件所创造的市场需求来认定，即：① 进入园区的客流量需求。有关部门应当经过观察统计，以日经流量的一定折扣比，来计算餐饮需求量。② 创意企业业主及原住居民共同对饮食的需求量(包括了自身日常需求及招待客户的需求)。③ 小区居民夜间休息时对营业噪声忍受度的要求。有关方面应经过调研,对三者需求在采样统计的基础上,作出饮食企业结构比例关系及其营业时间的控制计划。目前,田子坊的统计数字证明:非文化创意企业的增速远远高于文化创意企业的增速,以 2010 年与 2005 年企业数据作对比,5 年之内文化创意产业企业数只增长了 2.05 倍,而购物企业增长了 12.31 倍,餐饮企业更是增长了 34.00 倍,其他企业增长了 2.50 倍。创意产业园区的企业结构演化趋势若不加引导,必有危及园区功能定位之虞。

第三,园区管理与园区服务的关系。我国改革开放初期企业曾经普遍遭遇过的"管、卡、压",决不能在新生的创意产业园区里重演。这是因为,我国的改革开放起步于对企业的"放权让利",而历经 30 年之后的今天,时代已经步入企业盈亏自负、资本自主和行为自律的阶段。按理,社会主义国家代表全体民众的利益,不应该存在执政者执政目标之外的自身特殊的利益偏好。但从大量已经暴露的寻租案件中发现,由于我国公权力的日趋分散化、部门化和人格化,客观上我国已形成了一部分既得利益者,其构成往往是某些政府权力掌控部门及其与权力关系密切的特殊群体。他们中有些人会以各种借口去强化国家的干预行为,诸如制定不符合实际需要的具有单向约束力的"规定"或"要求",旨在向被执行者索取自己在改革中失去的部分权力,再而通过经营这些权力去获取"灰色"收入。尽管它尚未成为社会的主流行为,但其危害性足有"蚁穴溃堤"之虞。我国各类文化创意产业园区决不是萌生于社会真空之中,它也难免会不同程度地感染这些"疾病"。

从创意产业园区管理要素分析,完整的系统管理必须包括计划、组织、指挥、协调和控制 5 大功能,与此相对应的也应当有 5 大管理部门或是职能部门。计划是管理的决策功能产物,其指向是园区功能目标的设定及对策的形成,实际上是"目标管理"与"过程管理"的协同设计。这个部门的职能通常是由区政府在行使。组织、指挥的任务是负责园区"过程管理"的具体实施,旨在使过程管理具体化,成为便于操作的抓手,同时又能置身于统一步调之中。这个部门的职能实际上由区政府若干职能局在共同行使，并已形成了多头管理格局。协调部门有两大任务，一是使职能部门之间能建立有效的分工合作关系，有利于资源整合，提高效能；二是使园区“过程管理”不偏离园区的“目标管理”。这个部门的职能实际上集中于园区管委会，问题是当前这种协调更多地还只是停留于原则协调之上，还无法对具体项目进行协调。控制的任务是使园区的管理过程能构成开放的网络系统，使其有反馈、有评估、有制约。在田子坊管理系统中，尚缺乏这样的部门，原因是非政府组织应当成为这个部门的主体，但目前几乎在所有园区（田子坊也不例外）中均未建立这样的组织。通常说来，决策系统是园区计划的制订者：区政府各业务部门及其下属子系统是计划实施的组织和指挥者；有关办公室和综合职能部门是计划实施的协调者。从管理要素配置重心去分析，除了计划、组织、指挥系统，其管理成份多于服务成份之外，协调和控制系统的大量工作均系服务成份为主。所谓管理寓于服务之中，揭示出二者的相关性：**管理是服务的规范化体现，而服务则是管理的人性化标志。**

以田子坊为例，其园区的管理与服务关系的处理，必须充分着眼于三大特殊性：① **对外开放系数放大。**田子坊园区云集了 26 个国家和地区的企业，是一个多国创意产业的集聚区，又被香港旅游局设定为赴沪旅游十大景区之一，更被上海旅游局批准为 3A 景区。因而，它曾先后接待过 2 位中共中央政治局常委、全国 20 多个省市的主要负责同志以及大批国际友人的光顾。对于如此具有独特开外度的产业园区，在大量的接待工作中，仅仅依靠授权于几位保安公司职员去担当涉外安全责任，是极其困难的。其结果不是不当干预了正常的参访者，就是弱化了园区的公共形象。联合国某机构人员和上海两家电视台记者的正当采访先后在田子坊受阻一事，已经产生了极其负面的影响。**据斯洛维奇 1986 年提出的“不对称法则”认为，消极事件摧毁信任较之积极事件建立信任更为引人注目。**为吸取教训，田子坊管理者正确的做法应是积极主动地争取市政府对涉外宣传部门的指导，化盲目干预为主动引导。② **原住居民所占比重大。**长度仅有 420 公尺的泰康路上规划改造的 210 弄、248 弄和 274 弄等 3 条小弄内居住着 671 户人家，居住人口达 1 600 人左右，远高于上海市人口的平均密度。对于这样人口高稠密度的园区管理，必须站在服务于民的高度，从关注民生的视野、从履行社会和谐的责任和从特定资源配置需求的考量，去规范现行传统的管理制度和行为方式。例如，夜间的营业性场所对居住区干扰是园区长期来社会关系中最为突出的矛盾，应充分发挥非政府组织的作用，在培育社会自理能力的同时，通过协商对话的机制来解决，而政府部门对此只能起到服务性协调的作用。**③ 历史风貌建筑保护责任重大。**田子坊历史保护建筑高度集中，既有旧式里弄，又有新式里弄，还有花园住宅。建筑风格包容了折衷主义风格、英国新文艺复兴风格、现代主义风格、中国传统砖木结构风格、西班牙建筑风格、英国城堡式建筑风格和巴洛克风格等。其中尤以石库门建筑的存量最为丰富，多达20 余种不同形态。在当代建筑平均寿命只有 25 至 30 年的中国，历史性建筑如此云集的田子坊，决定了其改造必须以城市风貌保护为重点。凡进驻田子坊企业的任何行为，均不允许与保护建筑风格的要求相背。这一实情，决定了田子坊园区管理的重点是要杜绝和纠正任何形式的违章建筑，服务的重点是要为任何有助于保护历史风貌建筑的言行大开“绿灯”。

从园区管理与服务的设定中，我们应引出的深层次思考是：亚当·斯密和马斯格雷夫关于政府经典职能的表述，是我国政府职能和行政方式转变的依据，其转变方向有三：**一是从政策型政府走向法治型政府。**要使政府的职能从“无所不能”、“无所不为”的地位，转向受制于法律约束的政府。园区管理的手段是法规，而非行政命令。**二是从利益型政府转向责任型政府。**要使政府的身份从特殊利益集团，转向公益集团。园区的管理和服务均属公共物品的范畴，而非盈利性质。**三是从管理型政府转向服务型政府。**要使政府的岗位从社会主管，转向社会雇员。园区“管理委员会”应当朝园区“管理与服务委员会”过渡和转型。权力转移的过程，其最高目标是促使一个由行政权威控制的计划经济转变成为一个自由交换的经济。铁路系统事故频仍的事实证明：政企关系扭曲下的我国铁路运输业缺失的决不是运行速度和先进技术，而是创新制度和先进管理。原因是，一个建立在准军事性质权力基础之上、政企合一的巨无霸企业，其诸多行为不受任何制约。

第四，园区政府组织与非政府组织的关系。政治经济学一个最基本的观点是**生产力决定生产关系，经济基础决定上层建筑**，而决不是相反。历史上每一次重大经济危机发生之后，社会之所以会继续前进，均源自两大创新，一是制度创新，二是技术创新。1998 年东南亚风波如此，2008 年金融海啸也是如此。危机发生之后普遍出现的制度变迁，便是生产力决定生产关系的铁证。而制度创新之后伴随着的一场场新技术革命，又是生产关系对生产力具有反作用的明证。我国之所以发展模式转变迟缓，源自于政府职能转变滞迟；而政府职能转变滞迟，又源自于执政党地位转变的滞迟。因此，早在党的十五大中央就向全党提出了要尽快从革命党向执政党转变的号召，党的十七大中央又重申了这一历史性的号召。政党地位的转变，其本质意义是要使执政党从公权力的“化身”，转化成民众与公众权力之间“桥梁”的地位，其任务是要维护好社会不同群体的合法权益，实现社会利益最大化。

这一号召的背景有二：① 从政治经济学观点出发，当经济基础从计划模式转向市场模式之后，与计划体制相适应的高度集权政府体制，应当及时转向与市场体制相适应的相对分权的政府体制，这就是政府职能的转变，其核心是将手中部分权力让渡给社会；② 国际社会政体变化的大趋势。20 世纪是各国政体发生重大变化的时期，从1975—1995 年的 20 年间，全世界权威主义政体的比例从 68%左右下降为26%左右，而民主政体国家的比例则从 30%左右上升到 62%左右。其明显标志是基层民主政治、企业民主政治和非政府组织的崛起。当今全球有 5 000 家民间独立智库介入国际冲突的调解活动，便是最好证明。政府职能的转变，实际上是一个职能分解并向社会转移的过程。这种转移的氛围是基层民主政治和企业民主政治，而其载体则是非政府组织。就田子坊一类的文化创意产业园区而言，其非政府组织架构的设计，应当有助于园区公益事务民主决策（参与）的制度，公共利益民主协商议事制度，公共建设听证会制度，园区企业与原住民利益诉求的表达与沟通制度，以及对政府部门工作的评议制度等的形成。之所以要设立此类制度，其原因在于管理是一种权利与义务的复合体，但其本质体现为一种权力，而权力往往具有自我扩张的惯性。因此，必须辅之以上述一系列制度去制衡和约束。许多历史事实证明，对于滥用权力的最有效的约束往往不是靠监督，而是制衡。原因在于，监督手段的先天性不足就在于它与被监督者之间存在着信息、地位和资源上的不对称性。人类社会食品安全事故频发的教训便在于此，而并非缺失监督者。

有人称，这个世界生活在谎言之中而又不能自拔，这里相当一部分原因是权力失去制约。请看：目前，人造化合物泛滥的700多种消毒剂、空气净化剂和杀虫剂，以及1 200种食品中的人造甜味剂，正在引发88种中毒状况，进而降低了人类免疫系统的抗病能力；学龄前儿童必须注射的9种疫苗，使儿童免疫的同时，正在导致汞中毒、引发多动症和自闭症；90%的加工食品，注入了一种未经毒性测试的转基因成份；在大型饲养场，100%的牲畜都服用了5种以上有致癌作用的、能快速成长的黄体酮和睾丸激素，这种现象发生于监管体系相对严格的美国，至于其他国家可是更不靠谱了。由此可见，监管作用的局限性之大。因而，有人断言：人类日益被化合物食品所包围而致病，病后又去用化合物药品进行过度治疗，结果陷入了一个更可怕的化合物“泥潭”。看来，“辟谷”终将可能成为济善人类的不二选择。正如《抱朴子内篇·杂应》所言：“余数见断谷人三年二年者多，皆身轻色好。”每月进行一次辟谷，有利于体内毒素的清除与排泄，使内脏器官远离毒素侵袭，收到清净身心、健脑益智、陶冶情操、延年益寿之效。上海“觉之行”文化沙龙，就是这一新型养生理念的倡导者和实施规范的演绎者。

城市怎样才能“让生活更美好”

城市开发建设过程中，是必然会要发生交易费用的。但是，只有经过双方博弈的成本，才是经济学意义上的交易费用。在城市动拆迁过程中，由政府或开发商单方面出价基础上的交易成本，实际上是一种扭曲了的成本，因为它是以牺牲被拆迁方的民生利益为代价的。在市场经济条件下，对于交易双方来说可以面对多种可供选择的交易方案，以求确保各方在交易过程中个人权利价值的最大化。这种选择过程，便是讨价还价的过程。只要没有触犯公共利益，这种公民享有的权利应该可以延伸到城市建设及其规划之中。由于社会主义初级阶段的历史局限，“公权”界限的模糊性，导致公权对私权替代的历史并未完全结束。因此，个人在城市规划与建设过程中面对的是一个具有垄断地位的规划品种提供者，从而基本上使自己丧失了通过公共平台表达异议的权利。基于上述思考，并结合“城市，让生活更美好”的理念，未来城乡发展规划的制定应作如下多元角度的系统考量。

我国正在普遍制定的2010—2020年城乡发展规划，应该着眼于未来10年规划区域将经历的时空维度变迁。这些变迁分别是：① 我国社会经济的转型将从理念、制度、机制、价值观、方法论诸方面对城市规划产生的深刻影响；② 城市功能发展定位的实现程度、城市行政区划管理体制改革的走势及其与之相适应的空间结构的变迁；③ 规划区域未来发展定位、产业布局的演化趋势及其“让生活更美好”的民生诉求。

第一,要更新城市规划理念

随着人口的增长、科学技术的进步和生产力的发展,人类与自然的冲突和对抗与日俱增。由于城市人口的高度密集,工业资本的高度集聚,建筑梯量的日益扩张,这种冲突和对抗被放大。为此,城市规划思路必须建立在城市功能多目标的价值体系之上。从我国城市规划历史中得到的启示是,大凡城市规划的正确制定和实施,应立足于五大视野:

一是城市规划的前瞻视野。城市建设性的破坏是城市规划性浪费的必然结果。这种浪费体现在规划跟不上变化。从我国城市规划管理严重滞后的现状考量,城市规划的前瞻性主要体现在两大方面:

① 城市规划管理的前瞻性。随着 WTO 时代的降临,作为现代服务业重要领域之一的城市非总体规划项目终究要向社会开放,我国政府也早已承诺要尽快制定城市规划领域中的“市场准入”标准和“国民待遇”标准,以适应未来激烈的市场竞争。规划者应当充分意识到**未来 10 年是我国规划领域对外开放的重要年代**。因此,**10 年城市规划必须顺应并体现这种开放趋势**。

② 城市规划管理的主动性。土地利用模式从“无偿划拨”转向“有偿转让”之后的负面效应是,受盈利机制的驱动导致土地偏离了合理利用的轨道。这种偏离使城市规划丧失了控制与引导相兼顾的主动权。因此,**城市规划应从被动地被开发商牵着鼻子走,转向主动地引导土地利用和开发朝着城市功能定位走。作为城市规划管理的微观层面,其主动性的确保是要严格执行《城市规划法》和许可证制度及其控制性详规。因为,它正是我国城市规划管理主动性缺失的根源之一。**

二是城市规划的伦理视野。城市规划学科定位的变化始于 20 世纪中叶,其科学属性的专注型逐渐被公共属性的兼顾型所取代。1980 年国际建筑师协会马尼拉会议,举行了以《人类城市:建筑师面临的挑战与前景》为题的学术研讨会。会议强调城市规划必须注重环境的综合设计,突出以人为中心的发展理念。人的生存权益必须在城市规划中得到尊重,这种尊重体现在三大价值之上。

① 城市规划的公共价值。严格地说，城市规划基本上属于为“满足公共需要”所需的“公共产品”，其目标既要有利于提高政府的社会管理能力，又要使城乡公民能非排他性地共享，这就是民生的目标。城市建设的规划思路不能继续停留在“四维空间”的概念里，应当扩大到人们的“心理空间”和“情感空间”。城市人口中患有神经系统的疾病之所以是乡村的 3 倍，而城市高血压患者之所以是乡村的 2 倍多，全在于城市规划忽视了人们的心理环境。长期以来，**我国城市公共利益正在被两大矛盾冲突所侵害，即城市空间及土地经济利益最大化与城市生活空间环境人性化之间的矛盾；政府长远的公共价值目标与短期的经济价值目标的矛盾。**为此，城市规划有效实施的关键在于：要确保“规划指导土地开发”的原则，不能屈从于“土地开发进程胁迫规划改变”的现状。

② 城市规划的公平价值。城市规划失之于缺乏公平性，其原因往往是公共资源的配置偏离了公共选择的轨道，缺乏利益分配决策资格和诉求资格的弱势群体是不合理分配格局的被动接受者。城市中“贫民村”的存在，除其他客观因素外，一个重要原因就是这种利益分配格局在城市规划实施过程中产生的影响。因此，各地城市规划的实施过程中应跳出这种传统的思维模式和分配格局。

③ 城市规划的公开价值。城市规划的制定和实施过程中，必须做到建设项目事先公示（有利于公共选择和社会监督），最大限度地排除行政干预，力戒一切违规建设行为。因为，**公开透明是城市规划生命力最有效的保障。**我国城市规划管理的非公开性，源自于市场行为的非对称性和政府行政方式的非透明机制。因此，政府在加强有效市场建设的同时，要转变传统的行政方式，从传统的政策行政走向依法行政，从暗箱行政走向透明行政。

三是城市规划的生态视野。从人类生态学的观点认知，城市是一种以人为主体的复合生态系统，其中既有不同地貌特征的生态系统的复合，又有人口、资源、环境生态系统的复合，更有经济、社会、文化等生态系统的复合。这里特别应当强调的是，人口、资源与环境的生态关系之间的协调。例如，城市郊区作为城市市中心城区和郊县的结合部，其水乡的特色应当充分体现在水陆相依的原生态建设之上。但是，在以往规划实施过程中常常被忽视，为此在全国城乡一体化进程中必须突出做好三件事：① **地区生态要素评价。**一方面要对地区生态特征、生态过程、生态潜力与制约因素进行调查；另一方面要运用相关的理论与技术方法，对已掌握的生态数据与资料进行生态过程分析、生态潜力分析、土地质量和区位评价、生态敏感性分析和生态适宜度评价。② **制定生态建设规划。**生态建设规划应包括规划区域人口容量规划（旨在确定区域人口的最佳适宜规模）、自然生态环境规划（污染排放总量的预测与监控）等。③ **建立生态规划指标体系。**生态规划指标体系要注意涵盖城乡经济、社会、环境发展的指标，旨在有利于提高居住群体生活质量，又有利于提升城市有限资源的利用率，还有利于提高地区经济、社会、环境协调发展的程度，更有利于提升地区综合要素生产率。

四是城市规划的投资视野。既然城市是人类社会生产劳动经过分工之后，形成的一种对于乡村而言更为人性化了的社会载体，那么，城市规划必须将民生及其公共设施建设的投资提到议事日程上来。当前，城市发展是21世纪全球发展的主旋律。据联合国人居中心发布的《世界城市状况报告》，2002年全球已有半数人口居住在城市，城市总人口超过30亿。而绝大多数发达国家和部分发展中国家（地区）90%以上人口居住在城市。又据联合国开发署推荐的标准，发展中国家城市基础设施应占GDP的3—5%。为适应这种标准的投资需求，城市建设投融资体制将面临三大变革：① **投融资主体的转变。**政府作为投资主体的负面效应是模糊了管理职能和投融资职能的界线，导致投资效率低下。② **投融资形式的转变。**我国未来发展趋势将是扩大直接融资规模，缩小间接融资规模。③ **投融资理念的转变。**需要转变的投融资理念有二，即：从以物为本理念转向以人为本理念（即从“先生产，后生活”转到“城市，让生活更美好”）；从“豪华型”城市化转向“经济适用型”城市化。

五是城市规划的经济学视野。城市定义的认知纵然难以统一，但它在一定地域范围内集中了经济实体、社会实体、物质实体这三者实体的有机统一体，已成共识。因此，城市规划已无法无视经济活动的空间存在及其变迁规律。长期以来，人们将城市空间结构常常只看成城市地理学、城市规划学的核心研究内容，而忽略了它与经济学关系的研究。其实，**产业结构、产业组织、产业关联与城市空间结构具有十分密切的关系**。当地区经济处于劳动密集型产业发展阶段时，作为主要生产要素的劳动可以就地取材，所以在空间布局结构上呈现相对分散的状态。同理，由于资金要素和技术要素在城市集中程度的特殊性，决定了处于资金密集型和技术密集型产业发展阶段时，企业的空间布局结构分别呈现为相对集中和高度集中的态势。**产业层次越高，企业集中布局于城市中心比分散孤单布局于小城镇更有利可图，这是由其收益与成本之间的关系所决定。为此，城市规划部门应注意从产业经济学视角审视地区空间结构规划。**

第二，对城乡发展规划的若干具体思考

1. 关于规划作用与目标的实现。这里必须强调的有两点：一是根据产业组织理论与空间结构理论的相关性判断，规划在通过“探索产业转型”，以求达到“整合产业空间”目标过程中，尚有待于“**优化产业组织**”。因为，产业组织创新既是产业转型的重要内容，又是产业空间整合的主要依据。二是城市规划提出“空间资源优化”目标已成常规，但它不能仅仅限于“提供优质空间资源”，更重要的还要提升“空间资源配置效率”。当前，我国土地资源利用效率低下的主因，便在于土地资源配置模式的非市场性。

2. 关于规划背景的“发展特征”分析。注重发展特征，有助于提高规划的针对性。中小城市工业园区分散布局的原因分析应注意抓住两点：一是分散低效的城市建设的负面效应导致生产要素的非集聚性。尤其是资金要素和技术要素的分散，必然导致资金密集型与技术密集型产业的分散性。二是我国现有多数产业的低层次决定了产业组织的传统性（即非集群性）。产业层次越低，其在供应链管理中必然处于低端分工位置，即被支配的地位，且往往多为劳动密集型企业为主，其要素获取的分散性决定其非集群和非集聚状态。

3. 关于城区功能定位。城区功能定位中在设定“客运交通枢纽和商贸”功能的同时，应注意配置并强化**商务、中介的功能**。因为，枢纽地区的商贸功能离不开商务平台的依托和一系列中介机构的配套，诸如通信、金融、质检、法律、财务、广告等业务。

4. 关于新增建设用地的年度安排。为适应城区改造用地规模的增长需求，政府必须考虑采取灵活的政策措施，去引导炒作资产的社会闲散资金到改造土地中获利。这一举措既有利于增加规划区域土地要素的供应能力，又能有助于稳定地区物价，还能提高社会闲散资金的配置效率。

5. 关于整合重大项目。重大项目的整合，有利于提高投资效率，改善地区功能布局。但经验证明，投资所产生的效益不具有普惠性。因此，项目的选择和布局，应注重兼顾社会效益。重大项目“整合”的关键，是要使**节点地区的功能目标定位、重大项目带动效能的发挥、社会民生建设的承诺**和**政策资源配套定位**相一致。它们彼此的关系是：地区功能目标定位是目标管理，重大项目选择是决策管理，民生承诺是诚信管理，政策配套是过程管理。

6. 关于构建城市现代产业体系。城市产业发展的中期目标往往会依托区域重大产业项目，形成初具规模的工业体系和较完整的先进制造业产业链。因此，在先进制造业的产业选择时，政府应注意其先进性的标志：**一是产业结构高度化**（具有自主知识产权的产品）；**二是产业组织集群化**（具有供应链配套管理）；**三是产业关联数字化**（共性技术从模拟化走向数字化）。产业高度化是导向，产业集群化是路径，产业数字化是保障。

7. 关于城乡统筹发展中的村庄改造。对于当前国情条件下的城乡统筹建设，政府应注意把握两点：**一是城乡统筹建设的难点之一是缺失规划指导。**我国已有的城市规划（重点是建设）和农村规划（重点是保护），均难以适用城乡统筹建设。这个我国规划系列中的“新品种”需要人们去探索培育，而没有现成的条款可以照搬援引。二是**乡镇政府处于权力配置与职能分工相背离的状态。**从马克思主义国家学说判断，我国乡镇政府显然背离了“**政府首先是个政治组织，要履行管理社会的政治职能**”这个主业。换言之，它应是个“代理型的政权经营者”，而非“谋利型的政权经营者”。**我国80%以上乡镇政府的财政入不敷出的事实，足以证明它无力承担一级政府的职能。**因此，在我国乡镇政府管理制度未能重新安排之前，上级政府应充分体谅其履职难度，不要继续加剧其事权与财权相背离的困境。

8. 关于综合交通规划的思考。城市空运与铁路客运应实现“零换乘”，这是城市综合交通枢纽功能培育的关键。因此，**城市对辖区内地面交通枢纽体系进行规划时，应寻求强化枢纽机场与铁路客运之间快速通道建设的途径。**而轨道交通最大的缺陷是不能适应负重旅客的换乘需要，因此它难以独立承担起“快速通道”的功能。**这个问题的解决程度，将直接决定铁路交通枢纽效应的放大系数。**

9. 关于规划思路的调整。规划思路调整是规划管理过程中的正常举措，通常的调整是由于上位城市对下位城市的定位要求变化所致。但调整时必须注意两点：一是应确保自身总体规划不作大变动为前提；二是功夫要下在与上位城市规划的协调和衔接上。

10. 关于城市发展规划实施中的操作性问题。本文以广州番禺为例。

一是番禺区在广州10区2市中的分工问题。

其一，鉴于番禺区已从广州市的一个副中心之一的定位，调整为广州市中心城区的南部中心，其独立发展机会已不复存在。当然，这里指的“独立”是相对而言，是指决策的自主性程度而已，而真正意义上的独立，指的是区划独立，计划单列。

其二，番禺区南部三镇(209.6平方公里)划归南沙之前，尚有成为南沙新区一部分之可能。但当三镇划并成为既定事实之后，这种可能性大大减小。原因是，一个行政区划不可能在短期内重复调整。但按照我国多数城市摊“大饼”式的发展路径分析，不是说南沙区没有继续扩张“地盘”的可能，但不会在短期内发生。

其三，广州市总规调整的事实本身，体现了中心城区规模性扩张的一种决策指向。因此，番禺区成为广州市区重要组成部分已成定局，除非出现重大机遇促使市府改变决策，诸如行政区划升格为直辖市后，因网络型城市体系构建的需要等。

二是番禺区产业选择问题。从长远发展判断,番禺区产业选择应以现代服务业为主,辅之以先进制造业(二者在产业组织创新上往往会互为因果)。依据是:

其一,南沙新区战略定位对番禺区产业的关联性辐射。南沙“国家级新区”、“世界级城市群枢纽”的定位,决定其产业层次具有高辐射性和强支配性。且其临港低碳经济区尚在扩张之中,番禺的大岗、东甬、榄核三镇归并的目的就在于此。

其二,广州市重大项目在番禺区的布局定位。广州大学、广州南站、广州国际商品展贸城和广州亚运城的落地,昭示了市政府对番禺区产业发展定位的长远考量,即枢纽物流的基地、教学研发基地、国际商贸基地和大型文化产业基地的培育。

其三,番禺在 10 区 2 市格局中的交通区位优势。番禺辖区内六横六纵的路网规划,加之七条铁路九个站点的设定,必将在番禺区内形成区域性集疏运中心,辅之以大学城为依托的区域性科技咨询中心的形成,终将使之成为以服务经济为标志的区域性战略性服务、生产性服务和生活性服务的中心。**而从短期发展的现状判断,番禺区产业选择的重点是:① 传统产业改造。**产业改造以制造业产业结构层次调整和产业组织创新为主,方向是形成以装备制造、电子信息、汽车制造和生物医药为主体的现代工业体系。**② 生活性服务业提升。**提升内容是:大众化服务走向个性化服务,生活性服务走向生产性服务,技术性服务走向战略性服务。因为,教学与研发系战略性服务业,三者互动的方向是构建多层次的现代服务业体系。

三是番禺区的农村建设问题。沙湾水道以北农业的发展,应与南沙区水岸的发展相适应为宜。因为,同一沙湾水道,虽分属不同行政区划管理,但从水乡特色的整体性考量,建议两岸统一规划、统一开发建设。规划的取向应与番禺区主导产业选择的目标一致起来,尽量以都市型生态农业、观光农业和休闲农业为主。

四是“三旧”改造的土地利用问题。旧城镇、旧厂房和旧村庄的改造,是城市增加土地要素供给的重要途径,是我国土地集约和节约利用的重要方向。番禺区的“三旧”改造,关键是要严格按照城乡发展规划具体设定的定义执行。在番禺区政策性用地约束条件日趋苛刻的态势下,“三旧”改造的土地必须留有储备。因为,番禺区三镇划归南沙区之后,区属功能性土地的储备已经不多,且广州未来区划定位尚有相当变数。从服从于番禺区未来发展的最终定位考量,“三旧”土地的利用决计不能“满打满算”。

五是番禺在城际空间结构中的地位问题。从新一轮广州总规修编中提出的“大广州”空间格局判断,由于区域性交通设施、基础性制造业和信息服务业等在番禺的集聚,番禺区作为“大广州”与“核心城区”的连接点,有望在广州地区重大发展战略空间中扮演举足轻重的角色。但从现代网络型城市体系的作用规律分析,单体城市在网络型城市体系中的地位由彼此的经济关系所决定,而非单纯的地理位置。构成网络型城市体系的有两大网络,即作为形态性网络的交通和通信网络,作为功能性网络的市场网络、产业网络和管理网络。这一特征,导致城际地理位置上的相近性优势和能级上的规模化优势,逐步让位于城市的汇聚效应及城际之间的依存关系。这种“关系”主要体现为经济上的分工、合作和互补性,它以市场需求和市场效率为导向,而非政府利益偏好为导向。为此,番禺区政府要在“大广州”空间结构中奠定自身地位的话,就必须努力实现三大重心的转移,即从依靠行政导向转向市场导向,从注重空间关系转向注重经济关系,企业资源配置从“小而全”的垂直整合转向供应链关系的虚拟整合。

第五篇
从伴侣身上发现社会责任

中国人往往是由社会安排了一系列角色之后，依据对角色定位的规范，自觉地提高自己的角色意识，以便为社会去做人，而不是为自己去做人。因为，中国人认为，每个人都是属于社会的，这与西方人的人生观不同。对此，诗人泰戈尔曾经谈到，“东方的基础是社会，国家可以灭亡，社会仍然存在，而西方的基础是国家，国家就是一切”。

中国人的角色意识，是在追求一种精神上和道德上的优越感，进而将自己的地位严格地界定于“名正言顺”的社会等级系统之中，它明白无误地表明了自己与他人角色地位的差异。角色地位成为推动人际关系互动的依据，这种关系包括了亲情的、非亲情的，甚至是更为宽泛的关系，以此构成礼义之邦的重要表征。而人生伴侣，正是人们为有效体现社会角色所需的一种与人际互动关系相适应的协同者或同路人。

由于人类的双重属性，使人的需求具有多层次性，作为生理学意义上的人，有其物质生理方面的各种需求，但作为社会学意义上的人，又具有心理、精神、情感、事业、信仰、自我价值实现等文化方面的需求。无论是哪一种需求，人均需要物色自己的伴侣，其作用有二：一是在社会分工日益细化的今天，生活上和事业上的伴侣，可以起到激发并放大自身有限能量的作用；二是有助于从关系协调的角度去约束

并规范自身利己主义的非理性行为，诸如家庭关系处理的求同存异，企业发展中利润最大化与社会成本内化的关系，进而可以引伸扩大到人类与其他生物种群的正常关系的建立之上。约翰多恩在《丧钟为谁而鸣》中说过："没有人是一座孤岛，可以自全。如果海水冲掉一块，欧洲就减小，如同一个海峡失去一角，如同你的朋友或是你自己的领地失去一块。任何人的不幸都是我的损失，因为我是人类的一员。因此，不要问丧钟为谁而鸣，它就为你而鸣。"其深刻的哲理可以从家庭关系推广到社会关系，即你永远不要对他人的苦难无动于衷。

人生伴侣有三种类型：其一是基于法律关系的夫妻。这是关系相对稳定的伴侣，其组建的家庭成为社会的"细胞"，这里是人际互动的起点，也是社会行为准则的载体，更是人类社会繁衍的温床。在伦理文化积淀丰厚的中国，夫妻伴侣关系具有特殊的稳定性和责任心。其二是基于同一行为目标而结成志同道合的伙伴。这种伴侣关系虽无任何法律或伦理道德的约束，但彼此事业相依，情趣相投，志向相同，是一种可靠的、有联系纽带的、阶段性的协同关系。其三是基于人与特定生物种群之间感应传导为基础的依附型的结伴关系。这种伴侣关系形成的初衷是解闷、消遣和寻趣，进而会演化成忠贞、呵护和友情。其对象多半是宠物狗或宠物猫为主体，人与它们之间是依附与被依附的关系、服从与被服从的关系、服务与被服务的关系，其特点是侍从关系相背，它服从你，你得侍候它；依附关系则相向，你越依它，它越附你。两种关系的发展趋势，会与日俱增，直至不能自拔，而其背后折射的却是人类固有的社会责任感。

我之所以会选择第三种伴侣类型来阐述主题，是因为这种伴侣关系正在向主流社会渗透，但却远没有被主流社会所认同。我曾养过一条宠物狗，名叫贝贝，它成为我 1999 年 10 月至 2012 年 6 月间整整 13 年的伴侣。它临终前的 37 天里，我们惜惜相依，彼此激起了超乎寻常的情感共鸣，也引发了我对人生诸多反思性的哲学思考。我的日记《贝贝生命周期倒计时》几乎是用心、用血、用泪记录了贝贝生命最后日子的每一天，为的是希冀现代社会的人们能从社会责任的视角，珍惜生灵、关爱生命、同情弱者。

人到痛时方知晚

人生对长期拥有的东西往往熟视无睹，不仅不觉稀罕，反觉多余，甚至是负担。但当你预知它即将消失时，会倍觉珍贵，甚至会陷于无措手足的苦痛和不舍之中。我对贝贝，一头非我同类的宠物就有此感。贝贝生命周期进入倒计时之后，作为我13年之久的伴侣即将离去，令我竟有顿失瞻依之痛。这种痛是刻骨铭心的，它驱使自己彻底反思对动物世界曾经有过的忽视和失责，其中包括人类对动物生存权的歧视，对动物追求物欲的冷视和对动物与主人之间依恋之情的漠视。

它折射出“人类干预主义”行为已经超越大自然的无生命世界，进入了大自然的有生命世界。而人类对于有生命世界的干预，已经从野生动物种群，进入了家养动物种群之中。这种干预，不仅体现在对生物种群生存权利的漠视和歧视上，更体现在对它们赖以生存的生物圈环境的破坏上。从统计获知，地球生物圈中的已知生物约有250万种，其中动物约有200万种，植物约有34万种，微生物约有4万种。它们彼此呈现千差万别之态，但有一点是与人类共同的，就是其生命活动均离不开一定的环境和空间，必须有良好质量的水、空气、土壤和营养物质。恢复已经被严重破坏的生物圈生存环境和空间，这就是我们的社会责任。从贝贝走过的历程中，我已经充分地感受到这一点。

5月7日上午9:30　晴　最高温度32℃

经嘉兴市凯旋路256号“伙伴宠物医院”陆医生B超确诊：贝贝患肝硬化、脾脏肿大，导致腹腔积水。存活期约2个月左右。

陆医生嘱咐，贝贝病后饮食应以清淡低热量为主，可适当喝肉汤及吃蔬菜。据他判断，贝贝的病因多半与误食被黄曲霉素污染的食物有关。国内食品供应商，甚至不惜敢在人的食品中添毒，更何况是对不会言语的小动物了！因此，这种可能性我并不怀疑。

贝贝不幸的消息犹如晴天霹雳，我和内人艺峰竟不忍信以为真！我心中的满天星斗，顷刻之间化作晓风残月。

我生平头一次感到无助，泪水浸润我的眼眶，无穷的思念萦绕脑际。贝贝的不幸，既有缘分所致，也有我们的疏忽。唯一可以弥补的是陪伴它过好生命最后历程的每一天。从它惊讶而又莫名的眼神中，我依稀看到了贝贝的期盼、凄楚和憨厚，它似乎也在为我们的忧伤所动。

但愿贝贝从今日始天天开心，随心所欲。过去，我们给它的自由度太吝惜了。这是我一直在自责的。

宠物与主人之间往往会产生心灵感应，它们会敏锐地预感即将发生的事变及其后果。记得5月4日下午我们与贝贝从望吴门绿地回家时，在梯道中遇到对门的阿婆。我告诉她，2天后我们要去外地一段时间，估计一周左右回禾，期间将贝贝托付她照料。贝贝睁大了双眼，显然是在倾听我们的交谈，我却没有在意。不料，晚饭时贝贝用乞求的眼神注视艺峰。艺峰忽然惊奇地发现，贝贝眼圈竟然浸润了泪水。这是我们有史以来头一次看见贝贝伤心落泪，它仿佛在提示我们，一旦离它而去外地，短暂之别将成诀别！其实，贝贝已感自己身体不适，在忧虑自己未来的同时，生怕我们会错失与它见最后一面而伤感。于是，我们果断地取消了行期，决计陪它到最后。

这一晚，是我们最伤感的一晚。大家都很晚入睡。

据DNA比对，狗的祖先大约是15 000年以前的野狼演化而来的。狗的外表与野狼有诸多相似之外，其构成骨架的骨骼数、牙齿数等在解剖学上也很相似，而且狗与野狼的皮肤上均无汗腺，都需用嘴来调节体温。这也就是贝贝夏天总比冬天开口欢笑机会多的原因了。狗和野狼都是以摇头摆尾表示满足，尾巴夹在两腿之间表示恐惧，卷起舌头嗥叫表示愤懑。

据说，狗的祖先在15 000年之前即新石器时代与人的关系就很密切了，并以与今天相类似的自然繁育方式不断地繁衍后代。人类通过对狗进行杂交繁育，不断培育出具有狩猎、牧羊、守卫、伴侣等各种特性和功能的狗种来。贝贝对于我来说，其主导性的功能就是伴侣，替贝贝做B超的嘉兴凯旋路上的“伴侣宠物医院”便择取了狗的“伴侣”功能而命名的。

5月8日　雨　20℃

我在晨练时，贝贝照例央求艺峰为其推拿背部。因为，这个部位是它自己平日触摸不到的，所以艺峰在上海时经常为贝贝做按摩式的搔痒，逐渐成为贝贝的一种嗜好。

其实，按照中医理论，哺乳动物背部脊梁是督脉的位置，经常按摩有助于增强肌体抵抗力，贝贝当前十分需要用这种力量去延续生命。因为，单靠饮食调理去达到这一目的，已具局限性，原因是贝贝的消化系统已受严重损害。

5月9日　阴转多云　27℃

贝贝仿佛知道艺峰今日要回上海，双眼一直盯着我们的行踪，并将祈求的眼光落在我的身上，显然是在央求我不要离开。当我在房内来回走动时，它不时地变换位置，注目我的去向。贝贝的灵性，令我怜悯，也为之伤感。我想，连这一点温暖也不能给它满足，枉为人也。因此，我决计从现在起不会离它超过12小时的间隔。

今天贝贝吃的仍是“四合一”的快餐，即狗粮、米饭、牛肉粒和蔬菜，少些肉汤。吃完后，贝贝依然静卧在地板上，不时地打量着我们，迟迟不肯入睡。

送艺峰上火车之后，我急忙赶回寓所看贝贝。只见它昂首注目，先用奇怪的眼神凝视我，转而迈步跟我进了书房，我俩对视良久，一种凄楚又上了心头。我想贝贝也是这种感觉。为化解这种氛围，我带贝贝外出散心，半小时内它在绿地上大便一次，小便竟多达20次，似乎风采依然不减当年！

5月10日　晴转多云　27℃

我晨练回家，贝贝早在候我，显然是肚子饿了。

早餐还是“四合一”，蔬菜是生菜、豌豆加芒果。看它吃得欢，我十分高兴，就像自己孩子喜欢我做的饭菜一样美滋滋的。

艺峰来电告知，岳父病况有加重之势，自主能力日下。闻之，联想贝贝的境况，更觉暮年对于任何生物种群而言，均是一种悲哀，只是表现形式有所差异而已。

规律是无情的，抗拒是痛苦的。人总是会老的，面对快速老龄化的局面，许多国家显然已措手不及，包括我国。听说，“常回家看看”将进入立法程序，足见其势已成燃眉。又据可靠消息称，我国《老年人权益保障法》将作修订，其内容将包括首次明确老年人养老以居家为基础。这一设想，既符合国情，又顺应了国际养老的时尚。目前，我国许多老年人排着队在苦等养老院的空床位。因为，眼下我国千名老人拥有养老床位只有 19.7 张，每年取得养老护理员国家级资格证书的只有 2 万人，全国从业人员不足百万，远远无法满足老龄人口高达 1.78 亿(60 岁以上者，占全球 1/4)的现状。居家养老既是历史的必然，又是世界之潮流，但对于当今中国家庭小型化(平均家庭人口仅 3.1 人)的社会而言，家庭养老功能已明显弱化。因此，提倡子女“常回家看看”，倒不如养个宠物做伴，对于解决老年人精神的慰藉更来得实惠些。

5 月 11 日　晴　27℃

贝贝依然心态平和，从眼神里我知道它在等早饭。四菜一汤、荤素搭配是它的最爱，吃罢便舔鼻伸腰自娱自乐起来，这种景象倒成了我的最爱。

艺峰来电话时，贝贝正在玩耍，全无病入生命“倒计时”之态。但每每念及贝贝不可逆转的病势，我冷气倒抽，又悲从中来。

但愿佛祖保佑，能延贝贝寿年，赐我快乐！

我虽不笃信天命之说，但有赌注天运之念。君不见，人间处处不在睹明天么？走进小小的嘉兴城区秀州北路街区，你就会发现“福利彩票”销售点与你近在咫尺。据北京师范大学中国彩票事业研究中心透露，我国现有彩民 2 亿人，其中“问题彩民”700 万，“重度问题彩民”43 万人。该中心将“想钱想疯”的彩民归结为“问题彩民”，这些人已将终身的信仰投注在彩票之上，2亿彩民为梦想“2元中500万元”而进行的心理博弈，支撑起了我国为促进社会福利事业与体育事业发展而构筑的博彩大厦。那么，有多少人想过：这座构筑在人们心理博弈地基上的大厦有多少稳固吗？与其说博弈，实质上是赌博。以双色球为例，我与家人曾去买过，但并没有想到过获大奖概率仅为1 772万分之1。“人一生中遭遇雷击两次的概率为900万分之1，是中大奖概率的2倍”。换言之，其中大奖概率几乎为零。尽管如此，彩民队伍仍以滚雪球之势增长。有鉴于此，从2009年起三年之内全国彩票发行量翻了一番，其发行指数(即彩票发行总量占GDP的比值)远超西方七国。2009年之前，彩票发行规模每年增长20％多，但从2011年起增长率高达30％多，远远超过GDP增速的3倍。据有关研究证实，我国地区彩票发行指数与GDP总量成负相关，越穷的地区彩民购买彩票越多。发行指数最高的云南和西藏(发行指数超过1％，即100元GDP中有1元是彩票的贡献)，经济却是最落后的地区。有的“问题彩民”，一年收入不满2万元，消费彩票却高达1万元。照此速度发展的“福利彩票”，能使广大彩民享受“福利”吗？

下午溜贝贝时遇到养狗的同伴，又说起狗粮的生产原料有可能受黄曲霉素污染一事，这令我想到了企业诚信体系的重建。早在计划经济时代，企业以国有为主导，诚信靠政府的信用作为支撑，消费者不怕货不好，只怕买不到，这就是短缺经济时代的特征。当走向市场经济之后，过剩经济的负面效应就是“白热化竞争”高于一切，“利润最大化”压倒一切。因此，短斤缺两、以次充好开始司空见惯。其背景之一是企业所有制转制导致企业信用缺失。

全国工商联研究室、中山大学中国家族企业研究中心、浙江大学城市学院家族企业研究所和李锦记家族公布的《中国家族企业发展报告》(2011年12月)称，在占中国经济总量70％—80％的民营企业中，有90％以上是家族企业。全国工商联的一位负责人表示，中国GDP的一半来自家族企业。经济产出的企业结构变化，正在演化出两大问题：一是财富传承成为不可回避的难题，因为据调查，只有18％的“第二代”愿意去接家族企业的班；二是诚信缺失将成为企业进一步发展的瓶颈。这个瓶颈若出现在食品类行业之中，我国老百姓终将修炼成“百毒不侵”之身。

5月12日　多云转阴　26℃

贝贝醒得早，起得也早。

我出门晨练前与贝贝招呼在先，方可脱身。每天晨练已成国人习惯，原因是图个新鲜空气。其实，经科学家们测试证明，一天之中上午10点至下午4点的空气最新鲜，而早7点与晚7点空气污染最严重。但习惯成自然，改也难了。早餐中加了新鲜黄瓜，贝贝可能不习惯味道，所以吃得没有昨天多。但当我将扫把移过去打扫时，贝贝怒斥之声一点不亚于往日口吻，这是贝贝向“夺食者”发出的警告。

不过贝贝有一点小变化，引起了我的注意。昨天《博士科技》李华来我家更换复印机硒鼓时，贝贝厉声警告起来，这已是多日不见的景象。在相当长一段时间内，贝贝早已事不关己，高高挂起了，连进门送筒装水、更换煤气瓶，以至修理门窗的“外客”均早已不在它关注的范围之内。今天的变化，说明贝贝开始对周边事物有了兴趣，自然也有能力关注闲事了。

但唯一令我忧虑的是，贝贝腹水的肚子并没有丝毫减小。也许由于我与它天天相伴的缘故，可能察觉不出其变化的趋势。这也正是我最担心之处。艺峰来电说，昨晚梦见贝贝肚子小了。按传统释梦之说，艺峰的梦加深了我的忧思。

5月13日　阴

为去上海参加一次夜间活动，不仅使我疲惫不堪，而且有计划地提前将贝贝病体康复的好习惯向坏习惯过渡，即贝贝每天早晚各一次外出溜达的合理时间强行改为在太阳当头的中午进行，为的是让它能适应傍晚家中无人的窘况。于是，昨天中午贝贝头顶烈日溜达时体力明显不支，小便次数比往日锐减近1/3，且气喘吁吁、不胜体力。今日上午，延续了昨天的趋势，尽管天气转凉，贝贝仍然体力难支，步履不健，且小便次数更是减至往日的1/3以下。我悔恨自己考虑不周，为满足我守信的虚荣，竟让贝贝的健康去埋单！

贝贝需要细心呵护，必须顺其规律地养护，决不能为满足我的需要而反其规律。我们已经盲目无知地反过一次规律，那就是在不明贝贝病重、需要卧地休养时，误将腹水当“肥胖”，为“减肥”而带其奔跑和上下楼梯。如再反时节地领其溜达，其结果无疑是促其早亡。

今天是阴天，我的心情与天气一样，满是阴霾，难见艳阳。天人是会感应的！

傍晚时分，微风拂面，丝丝凉意。我与艺峰带贝贝去绿地玩，不到10分钟贝贝便卧地不走，要求抱。艺峰便熟练地在贝贝背部和腹部反复按摩推拿，此招果然灵验，大小便随之畅通起来。一个多小时之后，只见贝贝神色开始回复。但是，回家之后贝贝对晚饭的兴趣仍然提不起来。艺峰为它精心做的晚餐，已过了近2小时，依然在盆子里纹丝不动。贝贝厌食了，这是个不祥之兆。我的脑海之中，有某种预感挥之不去。

5月14日　天气阴沉沉、湿乎乎

阴沉的天气，是我心情准确的折射。

贝贝昨晚纳食差，夜间也不消停，始终卧睡在我和艺峰的床边。

早晨起来，它吐出了昨天晚餐吃进去的少量土豆块，说明贝贝的消化功能已日渐减退。但当我们用早餐时，贝贝依旧如同往日一样，在桌前讨吃，可能是有了饥饿感。看到此景，艺峰赶紧去厨房安排水煮牛肉加蔬菜和米饭。然而，当吃尽肉粒之后，贝贝对饭菜仍无兴趣。

出门溜达时，贝贝除11次小便之外，竟然仍有大便，但便物中有许多白色的小虫，上海人称之为“片皮虫”，它是专食贝贝腹中营养之物。据艺峰判断，这些虫是贝贝从娘胎中带来的。因为，贝贝一来到我家的第一次排便，就带有此物。

由于排便时需使力，而早餐又基本上未吃多少，因此大便之后不久贝贝便在草地路边抽搐哭喊。这是贝贝从5月5日下午抽搐发生在“叮当”宠物店浴室之后的第二次。它令我们悲哀之情又起。

回家之后，贝贝照例守住食盆，但不吃一口，显然它毫无胃口，尽管疲劳了小半天。

从昨天早餐起，贝贝胃口大减，这是它生命周期倒计时进入了一个危险期的转折点。为此，我已约请友人帮我借了挖土的工具，决计提前准备在我们老家住宅的小园子里为贝贝安排归宿之处。这座带小园子的住宅原本想让贝贝与我们同住，然后在这里走完它生命的最后历程。但现在的事实，显然已经不可能支撑这一愿望了。

贝贝的安息之处将构建一个葡萄棚架，并立一块小石碑，墓志铭我已写好：贝贝（1999—2012）**既是宠物，却无娇意；虽非家人，但有亲情**。室内贝贝小像的纪言是：贝贝（1999—2012）**披银裹玉镶青珠，陶然开颜露丹卷**。

下午，友人张辉从上海来电提醒我，贝贝的疾病是长期过多摄入肉类之故，最终导致毒素累积，以致肝脏代谢功能下降。因此，他建议贝贝从现在起应以素食为主，如水果等，以减轻肝脏负担。随后，我和艺峰同去沃尔玛超市购买蔬菜和南瓜，作为贝贝的晚餐主食。贝贝似乎对此有所兴趣，尤其吃南瓜是它的嗜好。

5 月 15 日　多云

内兄国峰是贝贝在这个世界上最关爱它的三个人之一，理所当然也是贝贝最想见到的亲人。今天中午，国峰将从下班的岗位上直接搭乘火车来嘉兴专程看望贝贝。

清早，艺峰陪贝贝来到芦席汇沿河柳隐道上溜达。由于昨天下午未曾出门，今天看来贝贝神色不错，打老远就认出了锻炼身体的我。当我们在帮贝贝轮流按摩背脊时，明显感觉到它被毛发掩盖住的身体已经骨瘦如柴，其身子随着按摩动作的节奏，不时地在微风中颤抖。我与艺峰交换了神色，彼此心头一阵酸楚。古人“眠沙鸥鹭不回头，似也恨，人归早”的不祥感言掠过我脑际。

也许是昨晚的南瓜起了作用，贝贝早上小便之外，顺利地排下了大便，但小白虫依然如故。

艺峰琵琶别抱地将贝贝搂在怀中，帮它抚摸被积水隆起的腹部。由于怀抱的姿势，使腹水下沉而远离了上腹部的胸腔，减轻了对肺部的压力,贝贝舒坦地眯上了双眼,慢慢地进入梦乡……望吴楼及其开阔水面的背景下,勾勒了一幅"母子"亲昵的图景,令我陶醉。

我想,这可能是贝贝生命历程最后时段中,一种难得的享受,是带有苦涩的甜蜜,但快活还是显然的!艺峰常用"三口之家"来图解这种场景,过去我并不在乎,现在想来倒是挺准确的,也很经典。

我遐想之余下意识地看到芦席汇隔河对岸一座花几十万建成的"分水墩"牌坊突然被拆除,心中不免费解,一起晨练的老许和老何也感到莫名。我想,这里的原因可能有二:其一是分水墩只是地名,不是建筑的名称,名牌设置在这里显然有文不对题之嫌。因为,分水墩是唐代神龙年间水天庵的旧址,恢复重建的古庵当是"水天庵",要在山门前立牌坊理当书为"水天庵",而非"分水墩";其二是工程投资款的使用失去有效论证,会导致随建随拆现象频繁。本来,按国家规定从 2008 年 5 月 1 日起财政信息列入政府信息公开之列,已不成问题。但事实上,据清华大学对我国 81 座城市财政透明度的调查结果显示,只有 7 座及格,及格率占 8.6%。报告证明,政府更愿意公开预算,不愿公开决算,至于预算外花销则没有一个城市愿意公开,以致于项目开支漏洞百出。铁道部拍摄由张艺谋执导的所谓"宣传片",片长 5 分钟,每秒钟耗资竟高达 6.16 万元。片中内容毫无艺术修饰,基本上是火车来回跑的画面,多为大量视频可用素材资料。有人士认为,这 1 850 万元巨资的天价,实际上只需花十几万元便能拿下。更令人错愕的是,如此巨资工程的项目竟可以不经过任何招标程序委托。在我国反贪不用立法、官员财产不必申报的制度下,使铁道部这种政企不分的准军事化体制发挥到了极致,因而此类事件已是屡见不鲜的了。果不出所料,当铁道部文联副秘书长被调查时,在其家中查获超过 1 000 万元的巨额现金和至少 9 份北京市的房产证。由此牵出其丈夫、铁道部运输局车辆部副主任刘瑞扬。同一天,在刘瑞扬办公室发现大量存折和购物卡。

离开芦席汇我手中拿了两只一模一样的塑制提篮返程了。艺峰带了一只去菜场买菜,我则提着另一只装上贝贝,离开分水墩沿秀州北路桥徒步回家,这几乎是我俩每天的"必修课"。一路上的行人从好奇眼光打量贝贝开始,转而用怜悯眼神目送贝贝远去。在这条路径上,我已如此往复地走了无数次了，但唯独这10天来是我步履最沉重的，而且逐日沉重，尤如贝贝积水在加重一般。我真的不知道，这样的行程会持续到哪一天突然结束，说实在的，我没有勇气去多想。

午饭前，国峰如期赶到寓所。贝贝见到国峰时欣喜若狂，紧随其后，摇头摆尾，其亲昵之情，全在意料之中。见贝贝难得高兴，我们自然宽慰了许多。

午睡醒来，我与艺峰、国峰便驱车前往老家住宅。村里老顾同志带来锄头借我们使用，为的是在园子西南角为贝贝提前挖块茔地，深约一米左右。顾见我们笨手笨脚，耗时费力，便主动出手相助，不到半个时辰，70—80厘米的坑便已挖成。归程路上，我被一种莫名的思绪所笼罩。记得年幼时曾随祖母多次祭祖上坟，回家的路上，祖母脸上也有过这种伤感，至今令我难以释怀。

尽管贝贝做的是"寿穴"，但由于它的大限已至，总难免令我有寿终正寝之感。

5月16日　晴　28℃

一反昨晚萎靡不振的状态，今晨贝贝精神不错，一口气来回走了100米之遥，仍不见乏力气喘。尽管小便只有16次之多，但排便的功架却摆了26次，只因饮水不多，小便自然心有余而尿不足了。

贝贝走的时间越长，碰到小狗主人的机会也越多。我发现，在绿地或沿河绿带，与贝贝打招呼的小狗主人中，老人比重日趋增加。这里除了子女一时心血来潮养起宠物之后，由于种种原因缺失条件继续领养，转而交由其退休父母代劳之外，更多的却是年迈者外出散心养身之需。尽管有超过七成的网友反对延迟退休金领取的年龄，但我国人社部早已启动推迟退休养老年龄的动议。一旦启动退休新政，则意味着走下岗位老人的年龄将进一步"老化"。这种"老化"，将对我国入不敷出的养老金提出更高的要求，原因是被养老保险的对象更需要资金去"保险"。我国养老保险资金的三大顽疾是：总量不够、个人账户空转和收益率低下，进而形成了"劫贫济富"的局面：老人啃新人，机关事业单位员工啃企业单位员工，城里人啃农民工。据研究显示，按目前数据估算，未来30年我国养老金的收支缺口将高达10万亿元人民币之巨。政府正因为看到了这一点，才决定考虑推迟退休养老的年龄，这也是迫不得已而为之。严峻的形势也确实改变了人们，尤其是老年人的预期。于是，“健身即是赚钱”的理念在晨练或是散步的老人中十分盛行。溜狗散步在一部分不习惯运动健身的老年人群中，成为茶余饭后生活的主旋律。

张辉通过顺丰快递寄来了《吉祥萨迦解脱甘露丸》，据说是在吉祥萨迦幻化大雄宝殿修持制作而成的，说明书上面写着：“它集聚诸位菩萨上师大成就者等许多大德们的灵骨、舍利与无有错乱的珍贵圣物100余种，6种良药、牛黄、藏红花、佛手参等必需的118种药物所成，并能无余集聚增长寿年、福德、运气等一切顺缘，且有利于治疗溃疡病、胃痼疾、中风等疑难杂症。”为此，张辉建议贝贝服用一粒，以求除其五毒所积之烦恼、安稳身心、增强体力。

我照办了。贝贝服了下去。

5月17日　晴　30℃

今朝贝贝的神情丝毫不亚于昨天，一口气沿芦席汇沿河柳堤走到了分水墩。我与艺峰兴奋之余，轮流为贝贝推拿、按摩脊背。贝贝起身后又兴致勃勃地沿原路走回到秀州北路桥，其间小便超过20次，大便一次。这使我们对贝贝的肾脏功能恢复了信心，进而对其走向康复之路寄予期望。看来多管齐下的措施，对贝贝的康复有所奏效。

但愿贝贝的生命力量能将其导入有利于康复的转折性阶段，这种转折的标志是生与死博弈走向的改变。贝贝走势的去向取决于如下因素，它包括：贝贝情绪的愉悦程度，营养结构的合理程度，物理疗法与化学疗法的契合程度，机体内生性力量与外生性力量的匹配程度。

因此，我们开始修正对贝贝的起居饮食管理，采取了以下对策：一是做到天天有人陪伴贝贝，决计暂停一切旅行活动；二是改变贝贝的饮食结构，以素食和米饭为主，适当辅之以动物蛋白，并加入粗粮；三是采取脊背推拿与中成药护肝相结合的手法，增强其自身免疫系统；四是每日两次适度户外活动，贝贝行走路径的选择和休息间隔的掌握等均由其自行决断，我们不施加任何形式的干预，旨在确保它轻松、自然、愉悦。

贝贝吃过早餐后，便卧地玩耍，情景恢复如前。当我出门去接在医院推拿的艺峰时，贝贝竟然起身要我带它同行。而在我关上房门独自下楼时，贝贝竟大哭起来，哭声一直持续到我走进小区的园子。这是贝贝自患病以来，首次哭闹着要随主人出门。我想，若没有足够的体力和精力，贝贝是绝对不会有此举动的，它着实令我欣喜一阵。

5月18日　晴　30℃

今天又是一个阳光普照的好天气，春冷刚刚宣告结束，便迎来了盛暑，真正意义上的春天似乎不复存在了。

贝贝醒来时，我晨练结束刚进家门。睡意朦胧的贝贝，躺在地板上注视着我来回走动的身影。艺峰告诉我，贝贝精神不如昨晨。但话音刚落，贝贝便过来央我带它出去散步。看来，情绪还算可以。

我照例将它放在塑料菜篮子中，来到芦席汇的杨柳树下。贝贝对周边气味的敏感程度依然不减往常。这是反映小狗生命力指标的重要体征之一，它至少说明贝贝的嗅觉神经基本健康。从系统判断，还要观察它的尾巴，这既是狗狗行走的方向舵，也是向主人乞怜示意的工具，更是其健康的识别标志之一。尾巴高竖且向前卷曲，表明健康有力；反之，则已呈现病态。贝贝的尾巴基本上尚符合健康有力的标准。

贝贝食欲的特征是：有食欲，但挑食。吃了一辈子的“宝路”狗粮，它已基本对其不感兴趣，蔬菜、饭类若无肉作伴，它也无食欲。今天，我试着在早餐中加上狗粮，贝贝吃了几口便离开，显得对之索然乏味。这又是一对矛盾，因为贝贝欲增强自身抵抗力，就必须多吃富有蛋白质的食物，但它的肝脏代谢能力已难以适应蛋白质过多的摄入。然而，对以非蛋白质为主体的食物结构，贝贝又无法接受。

时至上午9:30，一个怪现象出现了。

贝贝竟然身卧地板，自言自语地在发火，不时发出“呼呼”的声响，然后会突然吼声大作，仿佛在与对手争斗。这种现象，似乎是一种“幻觉”或是“幻视”在起作用。约摸10分钟之后，贝贝恢复了平静，又开始玩耍起来。据医生告知，肝病到了积水程度，会通过传导对脑神经发生作用，不知贝贝此举是否也算是作用的表征之一，对此我不得而知。

看着贝贝亦步亦趋的背影，我依稀见到了岳父蹒跚于上海种德医院绿地上的姿势，这是任何一种生物种群都无法规避的规律性趋势：生成、成长、消亡。人类如此，哺乳动物均会如此，乃至万物载体的地球也会如此，这是生命周期在发生作用。问题的关键是，生命周期是可以调节的，正向调节可以益寿，负向调节则会短命。然而，调节不等于摆脱。长生不老之说，之所以子虚乌有，源自他们将调节之途视作摆脱之径。

我的思绪又回到了贝贝身上。由于我们今天午餐有花生酱肉丁，烧煮的香味充斥屋子，将贝贝的全部食欲吸引到了花生肉丁的香味之上。结果，原本为贝贝准备的饭菜被弃之不食。无奈，艺峰用别的荤菜添进贝贝的食盆里，小家伙勉强吃了几口，便又调头向我们饭桌要吃来了。事情往往就是这样，从小吃惯的东西，终身难戒。贝贝从幼儿起就吃红烧油炒的食物，如今因治病之需，令它改食清淡素食为主的东西，真是难以上青天。

傍晚，我们陪贝贝去“叮当”宠物店洗澡。高老板判断，贝贝病势比半月前洗澡时有扩展，要我们有思想准备。但是，我认为高老板的结论，是在缺失对贝贝综合观察了解的基础上作出的，只能作为参考。这些“缺失”包括：一是我们对贝贝的情感，这是贝贝激发自身免疫能力的基础；二是我们每日两次对贝贝实施的推拿式物理疗法，有助于贝贝激活经络气血；三是贝贝正在服用的中药保肝丸，功效是清热利湿，益肝化瘀。药品成份只是垂盆草、虎杖、丹参和灵芝，副作用相对较小。

当然，我与这位老板判断的差别只是对贝贝未来生存时间长短的判断，而非病情的逆转与否。这是因为，生命周期的运行规律是不可抗拒的，也是不可逆的。

5月19日　雨

今天是艺峰的农历生日，由于贝贝的原因，过生日的劲头早已不似往年。我一早去菜市场买了挂面，准备午饭吃寿面。

贝贝天性的感觉知道外面在下雨，不是出门的时机，所以懒洋洋地躺在地板上闭目养神。早餐时，贝贝过来讨吃时，艺峰竟然听到它叫了声“姆妈”。这是作为“寿星”的艺峰，收到的恐怕比 10 个生日蛋糕更宝贵的寿礼！

雨转小后，我与艺峰陪贝贝改去沿秀州中学北围墙林阴道上溜达。贝贝在雨中漫步，也算悠闲，不慌不忙地排便，倒淋得我满头雨水。但一看到小家伙的神情，我当然还是高兴的，并不在乎天气。

秀州中学是一所百年名校，曾孕育过一代数学巨匠陈省身大师。其铁栅栏北圈被一片绿色乔木所覆盖，每逢细雨濛濛时节，这里是贝贝休闲的好去处。盛夏能遮阳，雨天能避雨，更重要的是其柏油路地面很少沾泥。想到贝贝在这样环境下信步来日无多时，我不由一阵彷徨。

不觉已经走到秀州中学大门口，遥见马路对面耸立在环河绿带柳阴之中的《格致亭》，古朴而典雅，它是为怀念陈省身大师而建的。这里是平素贝贝沿河南行的终点，小家伙已有条件反射，见到亭子便知是行程折回的开始。《格致亭》的南侧是一块硕大的石碑，底衬的草坪上无序地散落着十数块阿拉伯数字的小石块，以示此乃数学的天地。南向正面的碑文记载着这位 20 世纪国际伟大的微分几何学家、美国数学家学会主席的生平：“陈省身(1911—2004)，1936 年获德国汉堡大学博士学位，1938 年任中国西南联合大学教授，1946 年任中国南京中央研究院数学研究所代所长，1948 年任美国普林斯顿大学高级研究院研究员，1949 年任美国芝加哥大学教授，1960—1979 年任美国贝克利大学数学教授，1981—1984 年任美国贝克利大学数学研究所首任所长，1984—1992 年任中国天津南开大学数学研究所所长、名誉所长(终身)。1984 年任中国中央研究院院士，1961 年任美国国家科学院院士，1983 年为第三世界科学院的发起人，1985 年任英国皇家学会国外委员，1988 年任意大利国家科学院外籍院士，1989 年任法国科学院外籍院士，1994 年任中国科学院首批外籍院士。2004 年国际天文学联合会将一颗永久编号为 1988CS2 的小行星命名为陈省身星。”这位大师成功的诀窍，在于他一贯严谨的治学态度。他曾说过，数学有好坏之分，“好的数学”是指探索的方向正是前人没能突破的领域。其实，这就是基于创新的数学研究模式的转型。这一判断，对于经济转型本质的解读，也颇具借鉴的意义。没有创新，沿用前人发展经济的老思路和老办法，哪来经济发展模式的转型？

艺峰一直讲，嘉兴是狗狗们的“乐园”，指的是这里开放式的绿地互相毗邻，几乎可将城市环河绿带连起来。成片的沿河林带是狗狗们争相“留记印”的地方，因此贝贝小便次数也会比上海时多得多。贝贝每每从上海来嘉兴之后，其每天散步的路程长度约为上海的5—6倍之上，自然有助于长期“圈养”宠物的身心健康，这也许是嘉兴被视作狗狗们“乐园”的原因之一。在大片的绿地上，你可以将贝贝身上的全部索套卸掉，轻装上阵，任其自由地在阳光下玩耍，尽享白云蓝天之美。这在上海狭小的地面空间里，通常是难以做到的。

“长脚雨”淅淅沥沥地下个不停，“狗狗乐园”的优势也已荡然无存，人的心情自然也提不起兴来，艺峰买的榴莲倒是一个极品，香甜醇厚，连贝贝也开了个“洋荤”，吃起新鲜来了。因不知此物对病重的狗狗是否有益，故也不敢多赐。

因明日适逢上海干部一年一度的体检，所以我吃好艺峰生日寿面之后，乘傍晚19:28分快车离禾去沪，由艺峰留守照顾贝贝，明天午饭后我返禾再替换艺峰陪伴贝贝。

5月20日　雨转阴天

上午去瑞金医院完成体检后，我的思绪又回到独居嘉兴的贝贝身上。因为艺峰上海有事，午饭前赶了回去。在返沪的列车上，艺峰电话告诉我，贝贝状况又出现低潮。散步时小便6次之后，小家伙便不想再动，要求艺峰抱。后经几次推拿，贝贝活力再起。当艺峰提篮回府，送贝贝走出篮子时，它竟不想下地。艺峰判断，贝贝因在篮子中的姿势使其处于爬坡状态，客观上减轻了腹水对肺部功能的挤压，因此贝贝不愿意改变这种姿势。这一举动隐含的一个可怕信息，可能是腹水已向贝贝心肺脏器逼近。如果这一分析被我不幸言中，则贝贝存活时间又有变数，我为之忧心再起。

“屋漏偏逢连夜雨”。我每次返沪办事，总想以最短时辰结束途中往返。但每每事与愿违，总是买不到沪嘉之间通勤的直达特快票。松江站仿佛是我几乎永远无法摆脱的梦魇，最近三次往返，我在松江站滞留的时间竟在25—40分钟之间，最长一次停靠几乎是沪嘉全程通勤所需的时间。今天在返禾的列车上，随着列车毫无生气的轮轨声，我的心又开始牵挂起艺峰告知的贝贝今晨的饮食状况来，并为之担忧。为解决贝贝的饮食问题，上车之前我们专门去上海长春食品店特地买了30元钱的糖炒栗子，这是贝贝的至爱。为买栗子我耽误了乘坐T114特快，它是摆脱松江站"纠缠"难得的直达车。

下午5:10总算到家，我放下行装后的第一件事便是给贝贝剥栗子吃。久违的香味，引得贝贝胃口大开，一口气吃了十只，竟还不满足。随后陪其溜马路，途中为防早晨情景重现，我给贝贝推拿了2 000下，直至夜幕降临后我们才回家。进门后，贝贝自觉自愿地走出了篮子，这是我今天最高兴的事。

5月21日　多云　27℃

天空的阴霾终于被阳光驱散，但是，我心境里的阴霾并未消除。

贝贝上午兴致勃勃地外出，因为吃了栗子的缘故，其大便比往日多，但小便次数有所减量，虽经2 000次推拿仍少收效。回家之后，贝贝只对栗子情有独钟，传统饭菜已明显不在它的眼中了。我的忧思是，栗子一枝独秀的饮食结构显然失之偏颇，更难以为继。

午饭开始了，贝贝依旧过来讨吃。但今天是农历初一，是我的素日，根本没有贝贝喜欢吃的，因此小家伙一掉头，屁股对着我，便卧地睡了，活像一个顽童。

我午睡醒来看到贝贝还在东张西望，已无睡意，它见我起身看书，也挪动笨重的身子凑了过来。我想，大概贝贝肚子饿了，因为上午没吃多少。但一想到张辉的劝告，我决计再让它饿饿透，免得让嘴巴吃"刁"了。我的盘算是等它将饭盆里的早饭吃了再说。于是，我没再理它，但有意思的是它也在与我对峙，对剩饭一副满不在乎的样子，令我苦笑。

傍晚时分，西斜的夕阳，在初夏微风中无力地下沉。

贝贝伸过懒腰之后，随我去绿地放松。因时过6:00，狗狗也多了起来，贝贝显得有点烦躁。8 次小便之后它便执意折回沿河绿道，在柳树下蹒跚踏步。我见它举步欲止状，便将之抱上坐凳，照例推拿了 1 500 次。推拿的作用果然能起到活经络、通肠胃之效，贝贝从凳上下来后，继续 6 次小便，并排下了有如 6 支日光灯管粗细的大便。回到家时，时针已指向了 6:45，夜幕早已落下，贝贝的食欲自然增强了，一口气将配好的杂色饭基本吃光，我一天提着的心总算落了地。

晚上 8:20 左右贝贝突然喘起粗气来，显得呼吸乏力。我落地之心重提，生怕腹水压迫其肺功能。我开始全神注视贝贝的行为举止，观察其兴奋点有否消失，这是狗狗生命迹象的重要表征。于是，我用栗子引它，结果贝贝胃口不减，我的心稍稍放下。但我丝毫不敢大意，因为腹水对贝贝脏腑功能的挤压，是迟早的事。于是，夜间我的心境又从多云转向了阴，只差下雨了。

5 月 22 日　多云　28℃

外出溜达和推拿之后，贝贝今天的食欲似乎仍比往日减退，除栗子尚有兴趣之外，贝贝对其余食品，包括牛肉粒一概索然无味。食欲是当前维系贝贝生命的关键要素，一旦饮食不正常，其后果不堪设想。想到此，我愕然了！

从 5 月 7 日 B 超确诊贝贝病情至今，正值半月，其间我天天为贝贝健康祈祷，该采取的各种措施从未放弃，也算是尽力了。但是，贝贝的现状仍然令我愧疚，从严格意义上说，我们过去并非将贝贝视作自己的同类。传统的人类至上的理念，诱使我们自觉不自觉地凌驾于贝贝之上，全然没有顾及它的需求和偏好。为方便自己的出行，我们曾数度准备将贝贝转送他人，并将并不适应贝贝的衣食住行强加于它，还有意无意地将之限制在极其狭小的活动空间之中。反正，哪里不适合人群居住的地方，就让贝贝住，憨厚的贝贝从无抱怨之意。直到近年，这些待遇才有所改变，但为时已晚，贝贝毕竟快要远离我们而去，每每念及此，我不禁悔恨不已。

只顾写日记了，也不知贝贝是什么时候悄悄进来的。见到它我才想起今天的第一次药还未给它吃哩！贝贝吃的是糖衣裹着的保肝药，为骗它嘴巴，我们素以牛肉片卷起来喂它。谁料，今天的牛肉没有将药包住，当牛肉进入贝贝嘴中时，药粒却漏了出来，满地板地打滚。我正准备再花费一片牛肉让它重新吃药时，简直是奇迹再现：贝贝赶紧追上去将药丸一口咬住，二话没说便吞进了肚里。

只能有一种解释，可能是贝贝知道了我的苦心，也懂得此药对于它的作用。否则难以解释一只 13 年来从未直接吞药的狗狗，今天竟会像成人一样能理解良药苦口的道理。

贝贝今天的胃口锐减，午饭食量几乎减半，光挑栗子吃。傍晚外出，贝贝大便之后虽经推拿助力，但体力依然不支，最后以 6 次小便收篮回府。

看来，真是“病来如山倒”，其势大有压垮“病去如抽丝”的进程和功效。为贝贝准备后事的念头，又占了上风。

5 月 23 日　雨转阴

贝贝的状况，果然不出所料。

早上出门，4 次小便后的贝贝就失去腿力支撑，求我抱它。我将之抱上花园凉亭的环椅上坐定，开始帮其上下推拿，当我触摸到贝贝瘦骨嶙峋的脊梁时，我自感撕心裂肺之痛。踏上熟悉的回家路上，听到贝贝无助的喘气声，我徒唤奈何！

8:30 左右艺峰陪同侄儿张晟乘早班车到了寓所，这令贝贝大感意外。贝贝见到艺峰时双眼湿润，似乎央求艺峰留下陪它，艺峰见状也悲情再生。当艺峰下楼离开时，贝贝突然仰头嚎哭，对此我不胜悲楚！

有道是“未老莫还乡，还乡须断肠”。上午 9:30 我与艺峰、张晟去了老家小园子，因为他是专程前来为装修设计方案的。在园子里见到一周前为贝贝挖的土坑时，我不禁悲情重起。园子设置的本意是想成为贝贝暮年生活的乐园，借此期望结束它 13 年之久的圈养生活，过上自由放任的田园式散养日子。岂料，人算不如天算，即将入园的竟然不再是贝贝的生灵，而是躯骨。我从二楼阳台眺望着贝贝未来的茔地，陷入了沉思之中。我祖上是以开茶馆为营生的，名号为吉祥楼，地点在长水塘桥堍。因此，我也想在小花园内设一茶亭，以志怀念。中国有礼义之邦之誉，衣冠大国之称，更有品茗王国之尊。茶叶于黎民百姓生活，可谓息息相关。但据上海《新民周刊》称，某绿色和平食品与农业项目主任于2011年12月至2012年1月，先后在北京、成都、海口随机购买了吴裕泰、张一元、中国茶叶、天福茗茶、日春、八马、峨眉山竹叶青、御茶园以及海南农垦白沙绿茶等9家茶叶品牌的18种茶叶，涵盖了绿茶、乌龙茶和茉莉花茶，价格在60元至1 000元一斤不等。为了确保茶叶品牌的真实性，所购茶叶都来自专卖店窗口，并且还按照茶叶包装盒上的条形码，一一进行了查证。随后，将这些样茶送到第三方专业实验室进行农业残留检测。

结果显示，茶叶样本“均含有至少3种农药残留，检出的农药种类总数高达29种。其中6个样本含有10种以上的农药残留，而日春803铁观音竟含有多达17种农药残留”。国人只以为入口的茶叶能解毒，但鲜为人知的却是未入口的茶叶早已有毒，这无疑是对我国茶检“国标”的一种讽刺，也是对最近热播一阵的《舌尖上的中国》电视纪录片的热讽。原因是电视片制作方有一点儿“不食人间烟火”的味道，报道中全然不顾中国传统风味小吃的食料中渗透着激素、化肥、农药等严重超标的事实。更令人不安的是，稀土这种稀有元素已开始悄然进入了茶乡。有研究报告称，被奉为“中国乌龙茶之乡”的福建安溪的铁观音，已检出稀土含量严重超标，其五大产区虎邱、西坪、金谷、感德和祥华，四季茶样稀土合格率分别仅为45%、20%、0%、40%、15%。稀土储量全球老三和中国乌龙茶之乡的“联姻”，竟酿成人类之悲剧，这可是“地大物博”陶醉者所始料不及的。

因此，我倒赞同北京一位读者的建议，既然我国国内农产品零售价已经与国际接轨，甚至价更高于发达国家，国家又没有能力为百姓提供安全的食品，还不如实行农产品进口的零关税，让国外安全的农产品进来替代国内的有毒农产品。民族保护政策的前提是不保护落后，如果保护的结果连食品都不能吃了，真不如不要保护了。这叫做“扶不起的阿斗”，自作自受了。

离开院子，在当地食府简单用餐之后，我送艺峰、张晟上了去高铁嘉兴南站的公交，独自返回嘉兴寓所。在等候计程车的梅嘉公路上，我目睹川流不息的车辆，简直不敢相信它就是曾经生我养我的故土。记得 48 年前考入上海交大离开时，我脚下的这块土地还是广袤田野之中的一角，不消说是汽车了，连人迹也罕至。“人们不可能走进同一条河”之说，隐含了一个哲学命题，即任何事物均处于动态变化之中，一成不变的事物是不存在的。从哲学上理解，说的是没有时间的空间是不存在的，而没有空间的时间也是不存在的。时间是不会停滞的，空间也就随之改变。古人虽有“小河不减旧时波”之诗句，但眼前的河已经不再是儿时的河了。佛法所言“世界万物皆虚幻”，说的就是“世事无常，人事无常”。

有道是“佛法难闻”。如果真能探知佛法真谛，便能看破红尘，我也就不会为贝贝的死去忧伤，因为在佛法看来，死是生的延续。但是，佛法难闻就“难闻”于此，否则人人都能红尘看透，则天下庙宇破门，人间公寓罗雀了。

5 月 24 日　阵雨

初夏的阵雨，有别于酷暑之下的“夏雨隔爿田“那样苦乐不均。偌大个嘉兴城同时被笼罩在雨水之中，严丝合缝，没有尽头。低凉的气温，丝毫没有给人带来多少喘息的机会。遥望环城东路上在风雨中飘摇的行道树枝，我心中一直是沉甸甸的。

我讨厌雨天的另一个原因是贝贝，它的腿比其它狗狗短得多，肚子几乎是贴伏地面爬行。如今肝脏腹水之后，贝贝更是蹒跚匍匐而行，其所到之处，不论是水，还是泥，皆被擦净吸干。回家之后，给小家伙大扫除的工作量是可想而知的。

乘着雨势转小，我马上陪贝贝去绿道。我发现，贝贝头几场小便，其量不比孩子们少多少，难怪后面几场小便只是摆摆“功架“而已，挤不出几点尿来。因此，我琢磨着，不能仅仅凭贝贝小便的次数来衡量其肾功能好坏，主要还是根据其排尿的总量水平来判断，至少也应二者兼顾。当然，其综合健康水平的指标还应观察它的散步时间长短，对周边环境因素的敏感程度，及其五官神态等。而所有这些观察点的良莠，全然离不开贝贝摄入食物的质量和数量。

因此，回家之后，我尽量在贝贝饮食的花样上做文章。今天，上午煮猪爪，其味香再度激发了贝贝的食欲，这从它在厨房门口窥视的神态上便能明了。因此，我试着用其汤汁拌狗粮(这是 5 月 7 日以来久违了的食品)，让它尝尝。结果，贝贝胃口大开，基本吃尽不剩。由此，我明白，贝贝的食欲是具有调节性的，它钟情某种特定食品的时间不会长，换言之，它对某种食品的兴奋是间隙性的，不会持久。不断变换口味，也许是维持贝贝持久食欲的一个办法。

5 月 25 日　小雨转阴

持续不断的阴雨，使贝贝也进入了持续不断的休眠状态。

上午天空稍透出些光亮点，我便知天将转阴，现在不出门更待何时。贝贝耐力确实有限，3 场小便 1 场大便以后，就此止步，便摆尾求我抱它。我照例在巴金广场塑像旁的《随想》亭里为贝贝推拿，一面欣赏着巴老凝视远方的学者神态。巴老祖籍浙江嘉兴，其父一辈举家远去四川成都安家。因此，成都是巴金的出生之地，年轻时代的巴老重返故里，就在老家嘉兴放鹤洲一带居住。从籍贯渊源上说，文学巨匠巴老与文坛泰斗茅盾(沈雁冰)先生也算是嘉兴同乡。他们作为同龄人，成名之作均诞生于新中国前夜政权更替的乱世之中，这是一种特殊年代的人文效应，推而广之可以覆盖到鲁迅的《狂人日记》、曹禺的《雷雨》和老舍的《茶馆》等。总结这种现象所隐含的内在规律，可以延伸到对当今野生与家养牲畜质量高低的原因进行通释。事实反复证明，任何生物种群，只有处于野生放任的状态下，它才能如鱼得水，博采众灵，质地纯正。而圈养管制后，营养单一，身心受缚，拔苗助长，肉松骨脆，华而不实。无怪乎各地“铁甲将军”必须在江苏阳澄湖里“洗澡”之后，方能上市卖得高价。

由此联想，宠物的健康之路应当是圈养与散养相结合。据此判断，从豢养的条件而论，大城市不如小城镇，小城镇不如乡村。但从豢养主人的需求而论倒是乡村不如小城镇，小城镇不如大城市。这是一种需求与条件的错位现象。贝贝从大城市上海来到嘉兴，其豢养条件大大改善，又由于特殊原因，我们对其需求不减反增，与它之间已经远远超越了人们对宠物一般需求的范围，而是构建起了深度的依赖关系。领贝贝外出散步既是贝贝的生理需要，更是贝贝的生物本能，可惜的只是这样的时日不会很多了。

人们似乎永远生活在遗憾之中而不得自拔，这不啻又是社会进步不可或缺的一种要件。通过社会的呐喊，可以而且应该将前人的遗憾转化为后人的无憾，以期使普天下的贝贝们能颐养天年。

5月26日　小雨转阴，再转多云

今天天气转好，我带贝贝去位于唐代大诗人刘禹锡塑像南边的绿地上溜达。那里回旋余地大，树木成林，是贝贝病前常去之处。

刘禹锡祖籍河南洛阳，生于浙江嘉兴，唐代大诗人，诗与白居易齐名，世称“刘白”，传世的诗作多达800余首。据知，我的祖先迁徙轨迹也源于中原的这次人口变迁。河南，人地矛盾的资源结构特征，左右其经济社会发展已长达1 000多年的历史，至今仍是我国人均占有耕地最少的省份。刘禹锡最著名的诗作当是脍炙人口的《陋室铭》。“山不在高，有仙则名。水不在深，有龙则灵”的名句，几乎家喻户晓，传颂千古，连建筑设计图纸上的解释词中也少不了引用它。

说件不恭的事，贝贝在刘禹锡雕塑的小广场上玩耍时，最喜欢将“印记”留在刻有《陋室铭》的石壁附近。看了电影《蜗居》，再读《陋室铭》，有异曲同工之感。蜗居是陋室的别称而已，二者成为跨越千年时空的姐妹篇。一位才学超群的官吏，其诗格与人格齐名，刘禹锡是唐朝少数敢于直言的文人。这令我想起马克思曾经感慨过：“法兰西不缺少有智慧的人，但缺少有骨气的人。”当时的晚唐不就是如此吗？后因他仗义直言，被贬居陋室，但在刘诗人看来，“屋宽不如心宽”。当今城里的白领们，并非才学不济，也非政见各异，而是入不敷出的财务状况导致“居不易”，只好屈居于陋室之中，但境界显然没得刘禹锡“惟吾德馨”。政府有意在这里塑像，我想其意图一则是以刘禹锡是嘉兴人为荣，二则恐怕是为高房价时代的年轻人做点心理疏导：谁说“蜗居”不雅，请读《陋室铭》！

贝贝喜欢在《陋室铭》留印，也许与它的陋居生活有关吧。从贝贝来到我家之后，先后住过四个笼子。第一个笼子其实是只鸟笼。贝贝进门头一天，个头很小，犹如一只小白猫，鸟笼又正好空关在那里，便让贝贝委屈了一夜。当夜，由于贝贝初次离开小伙伴，又独居铁笼，难过得哭了一宿。第二只笼子贝贝住得最久，是我们给贝贝量身购置的。贝贝每每醒来，总是吵闹着要出笼来玩耍，但碍于打蜡地板，我们舍不得让其出来糟蹋。基本上是外出溜达刚回家，便令贝贝踏进笼房，几乎没有半点儿自由，连小家伙翻身戏耍的空间也被剥夺。第三个笼子只是增加了"层高"，而"使用面积"并不扩大，这是为贝贝在嘉兴小住期间准备的蜗居。虽说此笼购置的时间不短，但贝贝主要生活在上海，它居住的实际时间并不长。第四个笼子是一个过渡品，贝贝在这里居住的时间极短。这是一个比较宽敞的大笼子，可以容纳大型犬，但我们想到已届暮年的贝贝终身过着"囚禁"的生活，心有不忍，故基本上弃之不用，为的是还贝贝一个有幅度的自由，这个幅度就是将贝贝的牵绳拴牢在凳脚上，任其在以凳脚为园心，以牵绳为半径的范围内活动。

看到今天贝贝兴致勃勃地绕着《陋室铭》石壁周旋，我不禁有时空倒流之感。人与其他有灵性的生物种群一样，追求自由、向往空间，是其天性，彼此差别只在于人是有理智的高级动物，他为捍卫自己理想的纯洁性，敢于不惜牺牲自由、放弃空间，终于留下了"惟吾德馨"的千古绝唱。

我离开了刘禹锡和他的《陋室铭》，手提篮中悠闲自在的贝贝心满意足地回到了自己的寓所。这是一套完整的小三居室，但竟然还蜗居过贝贝，我为之汗颜！面对一副憨厚脸孔的贝贝，我愧疚之极。

5月27日　晴　27℃

久违了的阳光终于回到了多愁善感的禾城，说她多愁善感是因为这里有说不完的吴越春秋情侣缱绻相依的故事。哲学家海德尔曾经说过："人，诗意地栖居在大地上。"足智多谋的范蠡和美丽动人的西施，便是这样的人。吴王灭越之后，范蠡送西施去吴国，出发地点便是吴越边界的嘉兴，范、西分手之处就在嘉兴城北门的北丽桥堍。看着西施向吴国远去的倩影，范蠡百感交集，久驻不弃。后人将历史的足迹物化，在此建碑缅怀奔赴国难的忠良，也就有了今天的“望吴门”。

被一年一度龙舟训练击鼓声所吸引，我带贝贝去了望吴门。划船比赛成为嘉兴每年端午节的保留节目，意在纪念吴王爱将吴子胥(也有纪念诗人屈原一说)。吴、西各为其主，吴子胥为吴王捐躯，西施则为越王献身，吴越虽为敌国，但丝毫不减两国后人共颂同缅之情。这里引出的启示是，凡忠贞不二者，永为世人楷模。当前，市场经济大潮正在冲刷神州大地，顺之者昌，逆之者亡。在生产力大幅提升的同时，人们的道德水准几乎同幅滑坡，“忠”字之前已被冠之以“愚”字。大利当前竞相争，大难临头各自弃，已成时尚。物以稀为贵。在物欲横流的世俗社会里，人情的可靠性已大不如前，相比之下狗狗的忠诚堪为无价之宝了。

巴金是如雷贯耳的名家，在其周边“忠诚者”如林。但在十年动乱降临上海武康路巴老寓所之后，昔日“忠臣”便顷刻作鸟兽散，但也有忠贞不二者，那就是终日陪伴巴老的一条爱犬。在造反派破门抄家时，巴老人身安全遭受严重威胁的当口，爱犬义无反顾地冲向造反派，当场为主人壮烈捐躯，对此巴老痛心疾首。此时此刻曾经门庭若市的巴金寓所，早已门可罗雀，过去的不少追随者早已忙着追随新的主子去了。

贝贝见我心事凝重，久坐不起，便叫唤着要从板凳上下来。贝贝是宠物，虽不及巴老爱犬勇敢无我，但只是心有余力不足而已，并非缺失忠心。记得帮我照料贝贝的阿婆，有一次与邻里交谈时声音只是大了点，贝贝误以为阿婆要与对方发生冲突，便厉声呵斥对方，竭力维护阿婆，弄得双方啼笑皆非。阿婆事后逢人便夸贝贝讲“义气”，有“良心”。其实，所有狗狗都有这份心，恩格斯说过，狗认为它的主人就是上帝。这也就是人们养狗的一个十分现实的理由，何况当前社会治安单凭警力维系已难保全，一只狗顶得上一位贴身保安。在老龄化社会快速到来的今日，狗狗既是保安，更是伴侣。与其千呼万唤儿女“常回家看看”，倒不如养只狗狗来得现实。原因在于，狗的听力是人的 4—16 倍，通常人不易听到 6 米以外的低音，而狗能听到 24 米以外的低音。狗狗听力的音域也很宽，人的听力音域一般为 2 万赫兹，而狗为 4 万赫兹，甚至更高。人类听不到声音的“犬笛”，就是根据狗的这个特征制作的。

狗狗还能凭藉人们呼唤它名字的音调来判断此人来意的善恶。此外，狗的听力不会因休息或睡眠而停止，它的耳朵会像雷达一样地不停转动。

因此，只要贝贝在我身边，我的睡眠便踏实万分。至于狗的视力与听力正好相反，它的眼睛虽很大，但其调节力只及人的1/5或1/3。由于狗的眼球水晶体比较大，难以调节视力，而且狗又是色盲患者，辨色能力极差。导盲犬能识别交通红绿灯，全仗色彩的光度来判断，而非靠辨色。还有个弱点是狗具有直视倾向，当它要看两边东西时，必须经常转动头颈。我牵贝贝走路时，它要看身旁的艺峰，只能左顾右盼。但它另有长处是，一到夜间或是微弱光线下，视力反而增加，具有夜行动物的本领。因此，在日本，越来越多的家庭青睐于养宠物，他们将宠物视为“亲生骨肉”，这是后工业化时代老龄化社会现实生活日益走向孤独化的结果。日本官方估计，宠物数量已高达2 200万只，或更多，宠物业的估计市值在100亿美元。与此数字相对应，日本全国15岁以下儿童只有16 000万人，平均生育率为每位1.21个孩子。前后数字一对照，便知宠物业的价值了。韩国于2006年的宠物业市场营业额已高达1.2万亿韩元，仅宠物狗已有300多万只。2009年，美国人在自己小宠物上的花费约为460亿美元。

贝贝今天精气神不错，从望吴门回家有1/3路程靠自己走，大小便次数和质量也令我满意。也许主人眼里有偏爱，我仿佛觉得贝贝肚子有所减小，否则走路不会那么利索。究其原因，我自然想到了每天4 000下的推拿，当然还会有保肝丸的功效，至于它的饮食并不理想。

声声都是唤我音

看到病痛之中挣扎的贝贝，我心如刀绞。它的一举一动、一言一行，似乎毫无阻隔地进入我的心田。我与贝贝之间长期以来存在的语言上和举止上交流的障碍，其实是源于情感交流上的障碍，根子依然是"大人类主义"的优越感在与一切生物种群之间关系处置上的顽强体现。失伴之痛促使我与贝贝之间感情关系的升华与回归，终于让彼此之间的第六感觉取代了其它五官的功能。我醒悟到，贝贝与穿梭于大街小巷的其他小动物一样，都具有与人类相同的七情六欲，它也需要新鲜空气和水源，也需要无毒的食物，更需要无私的爱，只不过在人类"优等生物"的架势面前，这些欲望和需求被长期掩盖了而已。

5月28日　27℃　多云

我发现，从昨天晚上开始贝贝的生命迹象出现了两大新变化。第一个变化是贝贝喝水多了，有时稍未注意，盛水的碗会"断水"；第二个变化是，贝贝出现饥饿感，甚至连纯狗粮也要吃，而不必加拌肉末之类去哄它。这是5月7日以来我最高兴的事情，它增强了我对贝贝康复治疗进程的信心。

一觉醒来，贝贝不再贪睡，在屋里东张西望，精神不错。但老毛病似乎又重来，狗粮、菜饭又开始嫌弃，只挑肉吃。贝贝对饮食的态度有两个层次可供判断：一是有食欲，二是择食。二者统筹考量，贝贝得的是选择性厌食症，并非绝对厌食，而是相对的。这个结论，至少与贝贝的病理性厌食无关。再结合考量昨晚贝贝独吃狗粮的行为，我准备采取适当饥饿的手段，迫使贝贝走上饥不择食之路。我之所以选用"适当"

一词，是鉴于贝贝仍在病程中，必需的基本饮食量不能不“保有”，丝毫马虎不得。但任其择食，大量摄入动物蛋白，其后果同样可悲。

为巩固疗效，我今天起将每天给贝贝背部推拿的次数从 4 000 次增加到 5 000 次，还不包括其颈部的按摩，手推的力量也逐步加大，以贝贝能忍受为度。

正在推拿时，介绍贝贝去凯旋路伴侣宠物医院诊治的那位热心阿姨，牵着一群由她收养的流浪狗赶过来，询问贝贝的病情。当我介绍了贝贝的病况之后，她连连说“可怜”、“可怜”。我道谢之后在想，同为人，这个世上有人将狗狗遗弃不顾，也同样是人，有人却将之收养，并竭尽所能给予关爱。大千世界，就是这样的奇特，没有恨，就无所谓爱；没人弃狗，也就无处去收容弃狗。这也是人类生态学的基本原理，即多样性导致稳定性。从哲学上认知，没有对立，也就没有统一，正如没有死，就没有生；没有坏，就显示不出好。

贝贝有所变化的另一个症状是，过去当你完成推拿之后，它还是懒洋洋地躺在凳子上不肯下来，除非你去催它。现在则不然，尚未推完次数，贝贝便口中嚷嚷，要求下去玩耍。这一事实说明，贝贝疲劳恢复的间隙期在缩短，无疑是好事，也许是物理疗法的功效。

傍晚舞起了东风，绿地树叶沙沙作响，贝贝的卷毛也被掀动。这是一天时间里，主人频繁外出溜狗的“旺时”。一位同住小区的邻居看着贝贝走路的姿势，打趣道：“给它吃得太好了！”对此，我报以苦笑。但仔细一想，此话未必言之无理。给贝贝吃得好，当然是指动物蛋白摄入过量。现在看来，这也正是导致贝贝体内毒素累积的重要因素之一。当然，邻居显然是误将贝贝的腹部积水当作“肥胖”来解读，但我们自己一个月之前不也是这样误解过吗？正在闲聊，一条酷似贝贝的京巴在我身旁利索而过，其后影引我注目：体态轻盈，毛发光亮，从颈部直至腰部线条简洁，匀称得体。这正是 2 年前贝贝的形体，2 年之后却判若异类。我追怀贝贝的过去，忧虑它的未来。

5 月 29 日　多云转雨

春天有乱着衣之说，源自于这个季节气候反复无常，变幻莫测，冷热不均，阴晴失调。因此，此季是老少门诊量的高峰时段。

贝贝的状况，似乎也应验了春天气候无常之说。从昨天起，小家伙饮水量明显增加，艺峰从上海来电分析，认为这是天气渐热，贝贝汗腺分泌开始加大力度之故。但是，今天早晨贝贝的状况却令我忧虑，它在厌食的同时，饮水量达到了一个半月之前疑似“糖尿病”的程度。我一早起来，就发现昨晚盛水的盆内已“断档”。我重新洗刷盛水之后，贝贝迅速赶过来大口饮水。这显然是一种病态性饮水，而非单纯季节更替补给性饮水。

为此，早上陪贝贝在绿地溜达时我特别关注其排尿量是否与饮水量相对称。遗憾的是，贝贝的排尿量并不增加。那么，这些多余的水哪里去了？我自然想到了贝贝的腹部积水。当然，不能用简单的物理方法去分析贝贝体内水量的去处，但一个不解之惑，开始萦绕我的脑际。我再度陷于烦恼与不安。此愁真是无计可消除，才下眉头，又上心头。

午睡起来，贝贝依然在房内不安地走动，忽而在呻吟，忽而鼾声阵阵，但食盆里的饭菜纹丝不动，水盆里的水位却在不断下降。与艺峰电话里交换情况时，她判断贝贝为时不久了，肾功能可能已深度受害。

一阵凉意从脊梁钻进心头。望着窗外划破清末民初马头墙建筑倒影的环城河水，宛若不尽东去的伤心泪流。

傍晚，我在厨房为贝贝煮牛肉汤。在我准备倒掉贝贝一天未动过嘴的剩饭时，突然看到小家伙目不转睛地盯住牛肉汤锅。我便取出一块牛肉，刀切成丁，稍加狗粮去试贝贝。结果，小家伙竟然吃了大半，尽管数量并不多。我寻思，贝贝的食欲有两大特点：一是晚餐比早餐胃口好。也许是近来夜间气温低，贝贝伏地而卧，胃部受凉减弱了胃纳。相对而言，白天气温高，胃部受凉机会少，因此，晚餐胃口比早餐好些。二是贝贝并非拒绝一切食物，而仍然独钟于新鲜肉类。这可能与贝贝病后味觉变化有关，它只对味鲜汁美的食物有兴趣，而对淡而乏味的敬而远之。这对于遵守陆医生的医嘱无疑是一种挑战，因为，陆医生明确告诫过贝贝不宜食肉。

对此，我面临两难的选择。动物蛋白对于贝贝而言是把双刃剑，既有助于它恢复体力，强化免疫系统，但也会加速其体内毒素的积累，弱化免疫系统。

5 月 30 日　大雨　20℃

北方冷空气与南方暖湿气流在神州大地“会战”，导致我国除东北之外的大面积降水。从昨夜起，嘉兴大雨如注，彻夜不停。艺峰昨夜坐 197 次列车于 10 点钟回家时，贝贝已处朦胧状态，仿佛并不认得艺峰。直至我们入睡以后，贝贝才缓过神来，央求艺峰为它搔痒。

清晨醒来，贝贝与生俱来的识别功能使它确信，现在并不是出门溜达的最佳时机，于是在房内围着我们打坐，不时地在地板上翻身。看到贝贝仰天时露出的犹如皮囊般的腹部时，艺峰判断其积水又超过了她离开时的程度，其间仅隔 8 天。贝贝积水的扩张速度，令我揪心。

雨稍转小，我和艺峰轮流在巴金塑像广场的凉亭里为贝贝推拿，但仍然难以提振它的情绪，笨重的身躯压得小家伙四条小腿不想挪动。艺峰想试着推拿贝贝的腹部，以指望起到腹水收缩的作用，但小家伙一反常态，不准艺峰触摸，可见积水确有发展之势。半个多小时的雨中溜达，贝贝小便 8 场，大便一次，这倒全仗推拿的功夫。

宠物推拿纯属罕见之举，这是艺峰的创新。以经络学说而论，其原理犹如经济学上的资源配置机制的优化。同样的资源供给，不同的配置机制，可以收到完全不同的效果。因此，资源配置机制优化创新的过程，与生物体内疏经通络的过程有异曲同工之妙。贝贝由于消化功能衰退，摄入的营养极其有限，营养作为它体内供给的稀缺资源，只有在经络上下功夫，方能起到充分吸收之效。因此，我一直坚信，贝贝维系生命时日的主导作用是：推拿、保肝和抚爱，主要可能并不是靠摄入食物了。进入生命周期衰败阶段，指望增加贝贝的食量，是一种不切实际的奢望，它注定会令我失望。

艺峰的到来，大大增强了我对贝贝的信心。因为，艺峰懂医道，有办法，更重要的是她对贝贝爱的程度与我不二。贝贝似乎也明白了这一点，不再像“跟屁虫”一般，紧随我后寸步不离，而是将时间省下来做自己的春梦去了。

狗狗常常将自己的“家庭成员”定位在男主人之后，女主人及小主人之前。因为，狗的天性决定了它只服从强者，女主人调教得法，才会改变在狗狗心目中的地位，但这种地位只是狗的依赖对象，甚至是撒娇的对象，而非敬畏者。我与艺峰在贝贝心目中的地位就是如此清晰分明。

看着贝贝睡意甚浓的神态，感受它那跌宕起伏的呼吸频率时，我想，贝贝离我而去只是时间问题，但不确定的是离去的形式。贝贝的走，可能会有三种情况：最佳的一种是安详地在睡梦中毫无痛苦地离开；第二种是可能当腹水挤压肺部器官达到极限程度之后，贝贝在痛苦挣扎中离去，这是我最不愿看到的；最后一种是宠物医院大夫提供的选择，那就是当贝贝出现第二种征兆之际，立即给它注液"安乐死"。我的选择将是痛苦的，但也许事出无奈：要么任其在痛苦无助中离去，要么在我的授意之下让贝贝人为无痛苦地早走。前者是医疗技术范畴的问题，后者却是道德伦理范畴的问题。我不敢再揣摩下去了，只得将选择的痛苦留给时间去消蚀。

傍晚时分，雨止转阴。

贝贝在寓所底层商铺行道上走出篮子后，发现地上有肉骨头，便抓住机会大啃不放。我们见状，深感对于来日无多的贝贝而言，再限止其饮食结构已无实际意义。因为，优化饮食结构，是对于一个尚未进入生命倒计时者而言的。因此，艺峰决定从明日起准备给贝贝购买肉排骨去，供其在结束生命之前享用。实践证明，若控制饮食结构，会从减少贝贝食物摄入量的角度降低其免疫功能；若放开食物结构，则会从毒素累积的角度降低贝贝的免疫功能，二者殊途同归。既然如此，我们为何不能满足贝贝生命结束之前为时不久的"口福"呢？

5月31日　阴转多云　25℃

艺峰大清早起床，打算为贝贝去菜场买肉排骨。只见贝贝懒懒地在地板上张望，丝毫没有随我们出门的兴趣。贝贝往日生怕被独自丢在家里的情绪，早已被了无生气的眼神取代，我们也就自己出了门。

菜场归来，艺峰小火煮上排骨后，我们便带贝贝去了芦席汇沿河林隐道散步。小家伙 2 场小便之后，便"五体投地"。艺峰反复数次的推拿之后，贝贝总算小便8场，但无大便。看来，贝贝的肾脏功能已严重受损，寿数无多已成定局。

我与艺峰在归路上达成共识：我们面临的任务已发生重大转变，即从维系贝贝生命为重点，转向体面、无痛苦地为贝贝送终为重点。因为，生命的“维系”是以贝贝躯体痛苦为高昂代价的。每每看到贝贝艰难的步履和急促的呼吸，我和艺峰简直难以忍受，仿佛这种痛苦发生在自己身上一样。

上午9:00艺峰在电话中向伴侣宠物医院陆医生作了咨询，对方告知：贝贝呼吸急促，标志着腹水已向上推至肺部，影响了呼吸功能。显然，它已经很难受。陆医生警告说，若腹水发展下去，贝贝甚至会喊叫，那时应当及时注针使其“安乐死”。听后，我们一阵心酸，艺峰哽咽了，泪水不能自禁。贝贝在一旁无助地注视着艺峰，它感应到我们的痛楚，也预感自己不幸的未来。见到贝贝忧愁无望的眼神，艺峰禁不住失声抽泣，本想规劝艺峰的我，也禁不住即将面对的生离死别之痛而泪沾衣衫。

十三个春秋的日日夜夜，贝贝始终是我和艺峰不离不弃、忠诚不二的伙伴。当我们孤独时，贝贝是我们的警卫，是信号员，是同伴，也是亲人，甚至是调侃的对象。贝贝给予我们的是温馨、安全、热闹和快乐，而从我们这里得到的只是廉价的狗粮和我们餐后的余食。一旦贝贝离我们而去，其留下的空虚，乃至创伤，将在相当一个时期内难以弥补和修复！因此，我和艺峰从来不敢正视这种无可规避的未来，每每念及于此，心中的悲哀无法克制，它正是十三年来我们对贝贝真情积累的发泄。

无疑，今天是自5月7日贝贝被B超确诊为肝腹水以来，全家第二次陷于无比悲痛的日子。苍天仿佛也在为之动容，原本预报的多云天气，顷刻乌云遮日，天际阴霾又重来。

下午3:00贝贝去绿地大草坪，2场小便之后，有了大便，但就此伏地不动。艺峰将它抱起，反复推拿之后效果已大不如前。显然，贝贝的肾脏功能已经严重衰退。

回家后，艺峰痛哭不语，我只能强忍悲痛劝之。否则，我的失态只会加剧艺峰的痛楚。我们心里谁都很清楚：贝贝的大限之日已经逼近。

6月1日 阴霾

我们沉重的心情在阴霾的天气作用下，如坠无底深渊，没有丝毫光明。

贝贝依然伏地而卧，瘦瘠的躯体随着它的呼吸而上下起伏。唯一的安慰是，贝贝仍与往日一样，守在我的身旁，不离不弃。至少迄今为止，我生活的全部要素还是完整无缺的，这就是贝贝在我心目中的重要地位。

贝贝的早餐是4粒栗子和一块肉排，这是近几天来饮食结构比较理想的一次。但消化能力的弱化，使贝贝处于浑身无力的状态，连出门“方便”也缺失了兴趣。因此，我们只得等候适当出门机会的到来。看着地板上贝贝喘气的样子，真是既无助，又无奈。

与在病榻上的亲人诀别，我曾经历过4次。前2次是在上世纪50年代故乡老家发生的事，一次是1952年送别伯父，那时我7岁，尚未入学，另一次是1958年送走祖母，那时我小学即将毕业。第三次是1984年在上海送别母亲，那时我在上海交大党办供职。第四次是2008年在余姚人民医院送别艺峰的三伯父。亲人诀别时的痛苦，更多地体现在对小辈的牵肠挂肚之上，尤其是祖母那句“四官(我乳名)太小了”的话，我至今记忆犹新，仿若昨日。当然，病痛也是离世者诀别时的痛苦，伯父患肺疾而终，其惨状令我无法忘怀，与艺峰三伯父相似，不同的只是他在家中病榻上结束生命，那时的医院还没有ICU。

没想到距最近一次送别亲人的4年后的今天，我们又将面临送别贝贝，其心境是难以言喻的。联想起我伯父和艺峰三伯父临终前的苦痛，我们想到过贝贝的“安乐死”。但这种手段意味着是借我们之手，人为地提前结束贝贝的生命，想到此我们彷徨了，陷于举棋不定的艰难选择之中。

时针已指向上午10:45，贝贝仍无出门之意。如果今天它不能外出排泄，则其后果将不期而至。小家伙躺在厨房瓷砖地板上，下巴依托在高于厨房地砖的客厅木质地板，即两室连接部位的错层上。眼睛东张西望，注视着周边的一举一动，贝贝这样的卧姿，能降低向颈部施加压力的腹水水位，既能起卧床休息之功，又能达到减少痛苦之效，还可借用瓷砖高密度材质的低温特点，降低自己的体温。可见，京巴的智商确实堪与8岁的孩童比肩。就贝贝自保求生的本能而言，与不谙世事的孩子相比，有过之而无不及。

中午11:30左右，贝贝的眼神突然提振，并注视正在厨房忙碌的艺峰。艺峰见状，估计贝贝想出门。于是，我们便提着篮子带贝贝去“巴金广场”绿地，2场长时间的小便和1次大便，使我们深深地松了一口气。回家后，艺峰给贝贝吃了几小块“特小凤”西瓜，既补充了水份，又增加其维生素C的摄入。一个上午揪住的心，总算有个暂时落地的机会，接下来的状况就看贝贝傍晚的表现了。

艺峰因贝贝的病况而伤神过度，身体不适已有多时。在喂贝贝吃完肉排之后，便按预约去春波坊“回春堂”熊氏推拿室去做康复性推拿了。刚当过贝贝“推拿师”的艺峰，自己反倒匆匆去请推拿师助推。可见，贝贝的病况丝丝入扣我们的心弦，令人寝食不安，心力交瘁已是难免了。

艺峰因推拿时间较长，晚回家，我独自领着贝贝去溜达。承佛祖保佑，贝贝3场小便几成小溪，另又有大便。排泄过程，小家伙使尽了浑身解数，乏力得赖在地上不想动弹。

华灯初上时分，我踏实地带着贝贝回家。看到我们用餐，贝贝起了食欲，瞪大了双眼要吃的。出门前贝贝刚吃了肉排，现在又要讨吃，看来其食欲不见得与病体同步消退，这是不幸之中的万幸了。于是，艺峰重新开锅煮肉，直至贝贝吃得心满意足，卧地入睡为止。

贝贝依然随心所欲，了无心事，我和艺峰却度日如年。6月1日这一“年”，终算平稳地过去了。真是阿弥陀佛，上苍保佑！

6月2日　阴转多云　25℃

淅淅沥沥的一夜雨，令人心神难宁。

雨止后，我迎着清晨富氧离子弥漫的气息，穿过农副产品地摊密布的秀州北路桥，例行去菜场购买放生鱼，为贝贝做点善事，以求来生让它超渡为人，不再任人摆布。

看着贝贝吃了肉排之后的神态，我和艺峰既定了决心，准备每天让贝贝饱食其钟爱的带骨鲜肉。既然贝贝终究要离世，与其让它饿得骨瘦如柴，凄惨地上路，倒不如给它吃饱喝足，神清气爽地西归。体质健康的演变趋势，是敌（毒素）我（免疫力）博弈的结果。如果考虑到我方援兵的投入，会增加被俘的几率，进而壮大敌营，所以不敢实施增援的话，这无异于一种因噎废食的自杀行为，贝贝当前面临的正是如此阵势。

在当今医疗体制下，任何一位兽医，乃至一切大夫，面对患者病情诊疗时，其态度不可能是完全超脱、公正、无私的。原因是商业利润迫使医家对病情作出的倾向性医柬，往往会定向诱导患者购买其产品（包括治疗手段及其药品），因而过度医疗在所难免，既延长了患者康复治疗的进程，又加速了医家财富积累的程度。因此，医患关系实质上是一种交易关系，其本质是一种商业关系，这是我国财政体制偏离民生性目标的必然结果，因此，医疗价格虚高的责任不全在医院。医疗事业商业化是全球性趋势，以美国为例，其医疗以及相关行业已占美国经济总量将近三分之一。但其财政投入多于我国。长期以来，我国财政对医疗事业的投入占 GDP 仅为 1.35%（2011 年），而发达国家这个比例一般高达 6-8%，发展中国家也在 2-3%。医院缺钱，必然要向患者伸手敛财；患者以高价看病，必然会对治愈率寄予厚望（预期往往超出实际可能），一旦人亡财失，患家势必绝望相搏。

中国特色的医患关系，某种意义上是传统财政体制的产物。这在全球其他国家极为罕见，其责任不在医患两家，谁该为此担责，恐怕要从体制考量。有部电视连续剧叫《心术》，其生动的故事情节，我毫不怀疑都可以在现实社会中找到原型。问题是，导演的笔触重点放在医患两家之间冲突责任的切割上，而疏于对导致医患紧张关系的源头追踪。其实，导致医患关系紧张之源不在于医和患两家的“心术”偏斜，而是国民收入传统分配机制的“心术”有待纠偏。中国平均工资只是美国的 1/47（1999 年），但普通老百姓吃的消炎类药品却与美国总统没有区别。其结果，必然是药品贵了。

本着对医家的建言“不可不信，不得全信”的理念，我们设计的贝贝生命周期结束之前短暂生存期内荤素搭配的“送君”食谱，确实起到了作用。艺峰放在狗笼盖上的肉排香味，往往引得贝贝六神无主，令其不断地投去欲望之光，生怕有人靠近它，这种担心出自贝贝相沿成习的本能。贝贝对于我们动手移动或干预它身边的器物，表现得十分警觉和不安，甚至是反抗，尤其是当食盆内还有剩饭菜时更是如此。据分析，这是贝贝从小被绳索拴养的结果。我们拴养贝贝，是出自它常常会就地小便，尤其喜欢在洗衣机箱壁和浴缸壁上撒尿。但拴养的结果，强化了贝贝的“领地意识”，无形之中它认定绳索半径范围是它的“领地”，不容外人侵犯。我想，贝贝表现出来的强烈食欲和占有欲，是它生命火花熄灭之前的耀斑，是残阳坠落之前的余辉，其光芒所指，直向生命之神。

可能是由于骨头消化的难度所致，贝贝今天的大便分三次完成，且粪便质地坚硬，几乎耗尽了贝贝彻夜积蓄的能量。因此，2 次较长的小便之后，贝贝便央求我打道回府。贝贝现在需要的是通过休整来恢复体力，故我迅即陪其回家喝水、卧睡，目的是让其与死神赛体力、抢速度、争光阴。

天色逐渐由暗灰转为白亮，尽管太阳仍然深藏于云层之中，但大明之前的启明之光终于显现，我低沉的心情也随之趋向明朗。望着地板上闭目养神的贝贝，我的思潮开始起伏，自感作为贝贝后援团的“父母”，既责无旁贷，但又前景渺茫。我仿佛在无涯的平川上为贝贝送行，明知悬崖即将到来，却依然义无反顾，只是不能确定危险还有多远而已。当我回首时，发现退路显然已被截断。望着走在生命之旅末路上的贝贝，此时其天真无邪的神态和可爱纯真的模样，令我肝肠欲断。

我自问，在贝贝来日只能以时针计量的今天，我究竟是在将它引向光明，还是护送它去“认祖归宗”？但我在干啥已不再重要，重要的是其结果，而我所作任何行为的结果，都是在眼睁睁地看着贝贝无助地走向死亡。这一事实本身，足以令我终身难以平息心中无穷的悔恨和失责感。

6 月 3 日　阴转多云　25℃

凌晨 4 时天色未亮，贝贝就在床头将艺峰叫醒。艺峰起身把水放至贝贝跟前，小家伙便大口饮水。随后，贝贝呼吸加剧，发声从前几天的哮咪音转变为发自气管的喘气声。4 时 20 分艺峰打开电灯，我俩起身安抚贝贝，只见它抬头睁眼望着我们，并起身想挪动位置，但四肢已不听使唤，支撑躯体的力量显然大不如昨天。片刻之后，贝贝呼吸趋于平稳，我们才敢上床休息。我们心中有痛，再也无法入睡，不一会天色渐明，便起床出门。

回家时，贝贝正在卧睡，见我们进来便抬头注目，随后又是昏睡。直到早餐，贝贝照例蹒跚过来，仿佛要吃。但今天早餐是粢饭油条，没有它的喜爱，贝贝便恢复睡态。两天来，贝贝除喝水吃肉之外，几乎全沉湎于睡梦之中，生命迹象弱化的趋势已经无可挽回地向尽头逼近。我心头闪过一阵"无可奈何花落去"之感。

晨练时，艺峰在芦席汇河边向我谈起昨天某省台电视节目中，播放两位名家重提钱学森关于中国难以实现诺贝尔奖得主零的突破(莫言获奖是在 4 个月之后，且他并非科班之身，与我国教育制度恐难有因果)之话题，自然不避教育痼疾。医学奖是诺贝尔奖评选奖项中的重要奖项，自设奖以来得主颇多，但始终没人能超越 1945 年伦敦大学生物学家弗莱明关于青霉素发明的得奖水准，以致迄今为止连消化系统中的常见疾病——肝腹水竟然会成为无可挽回的绝症。中国医学无诺奖得主，是意料之中的事。原因在于中国教育在国内缺失应有的地位，其依据有四：一是财政分配体制对教育的歧视，导致许多教育机构沦为自负盈亏的盈利机构，又由于盈利能力的地区差异，导致教育资源配置失去公平性，进而导致高校在校学生平均智商低化；二是教育管理行政化趋势，导致高校学术地位的政治化，传统的知识传授目标取代了知识创造目标；三是学术民主化程度低，导致学术不能走向自由化，学术研究进入从众心理轨道而使创新成果缺乏个性化；四是教政管理的非专业化，导致教育管理背离教育规律，降低了教育资源的配置效率。上述四大弊端不除，教育前途无望，民族创新无望，科技领域诺奖零的突破也就无望。

按规律判断，一个国家人力资本存量与人力资源规模成正相关。但由于我国人力资源大国向人力资本大国转变时存有障碍，导致人力资本的结构性短缺，这种障碍来自教育功能的弱化。由此我感知了其因果作用链，自然从教育想到了“诺奖”，又从“诺奖”想到传统医学理论的突破，也就想到了肝腹水，最后又联想到贝贝的今天。当艺峰煮好了平日贝贝最爱吃的新鲜肉排后，贝贝却双眼紧闭置之不理。艺峰急了，误以为贝贝进入肝昏迷状态，此时正值上午 9 点，我赶忙打开南无阿弥陀佛诵经录音，准备为贝贝祈祷送行。不料，贝贝突然苏醒过来，见肉张嘴便咬，我们一场虚惊之后，顷刻转忧为喜。

见贝贝稍有气色，我与艺峰借势带贝贝去“巴金广场”溜达。苍白无力的几缕阳光，懒洋洋地落在贝贝软无骨力的身躯上。令我忧虑的是，贝贝行走许久后仍没有小便，经过艺峰反复推拿、抚摸后才勉强有了唯一的一次小便，至于大便更是难以指望了。回家之后，贝贝并无食欲，肉排被弃之不食。也许贝贝大限将至，人力已不胜天力！今天，2012 年 6 月 3 日上午 10 点钟，艺峰在巴金广场搂住贝贝，为其做腹部按摩的情景，也许是它在人世间留下的最后一刻温馨而又弥足珍贵的历史性瞬间了。为此，我用手机照相记录了它。

贝贝已经连续卧地三个多小时了，时而侧卧昏睡，时而正卧养神，其间只移动过几次位置，最后移到艺峰床底才静下心来。不一会，贝贝喝了几口水后，将艺峰几小时之前就放在地板上的肉排吃了。看来，贝贝下午有饥饿感了，倒不像上午一点儿也不想吃的样子。

贝贝已走不动了。过去紧随我的踪迹，在房内四处欢蹦乱跳的贝贝，从此不见了；当我外出归来，热情地叫唤着要与我打招呼的贝贝，从此不见了；当我忙于写作时，瞪大了晶亮的双眼吵着要我陪它玩耍的贝贝，从此也不见了……

总之，过去的贝贝已经走了，暂时留下的仿佛是我十分陌生的贝贝，惟有其双眼还是我所熟悉的，只是眼神中的欢乐和天真已经被忧伤和祈求所取代。俗语说，眼睛是心灵的窗户。贝贝忧伤的眼神，似乎在为自己即将痛别亲人而悲哀；其祈求的眼神则是一种无奈的表白，似乎是对救助的期望，也似乎是对国峰的一种期待。贝贝的祈求是无可厚非的，实是应该的，更是生命本能的折射，但又是难以满足的，这正是我和艺峰的最痛。

贝贝平日的情感是丰富的，它常常会体现在声调的起伏、眼神的变化、耳朵的移动及尾巴的动作中。贝贝高兴时，会摇摇尾巴发出短促而温顺的“汪汪”声，眼睛也温和而有光彩，耳朵会软软地贴向脑后，身体很放松。当不称心（如主人离它出门）时，它会发出“呜呜”的哭叫声，眼睛会泪汪汪似的，耳朵则会下垂无力。艺峰与张晟下楼那次，我留在家里目睹了贝贝的此情此景。当发怒时，贝贝会发出“呼呼”的低沉、哀怨、连续的声响，瞳孔放大，眼睛上吊，眼神凶狠而发绿，耳朵用力地转向后背，并会随着发声向后转动，鼻子皱起，上唇抽动，上牙外露，一脸凶相。见此状，我与艺峰往往会甘拜下风，不想吃眼前之亏，惟念“来日方长”。贝贝是一种京巴的杂交犬，这类犬原为清皇朝皇室的专利，故有“皇帝犬”之称。1860 年义和团事变，英法联军攻占北京时，掠走 5 只，其中一只作为战利品，取名“Looty”献给维多利亚女王。

傍晚 5 时 20 分，贝贝从床底探出头来向我发出熟悉的叫唤声，也许它感到该是外出的时间了。想到贝贝外出的次数已屈指可数时，我觉得陪它外出已是一种奢望。5 时 30 分我与艺峰领贝贝去了河边绿地，小家伙使尽吃奶力气挤出了两小段大便，质地依然干如卵石，可见骨头消化是一个艰难的过程。回家后，贝贝乏力之至，甚至对艺峰送到嘴边的肉排也没了兴趣。一种分明是意料之中的结局，却仍然令我感到意外。我对贝贝的矛盾心理，几乎使我丧失昔日对事物判断的理性思维。

时至夜间 8 时 20 分，贝贝仍不肯进食，步履已经连拖带爬，只得就地入眠，其境况与昨天相比又下滑了。我的判断是，今晚对贝贝来说将是最凶险的一晚，也是我与艺峰最黑暗、最揪心的一晚。

等候天明，可能是我在这漫漫长夜里唯一能做的事，舍此我已别无他招。

走向重生征途的驿站

如果人类有前世、今生和来世的话，那么小动物作为一种生灵，未尝不是如此。贝贝即将离开喧嚣不堪的人世，是摆脱"人类至上主义"干预之下的世俗世界之极端途径。它离世前夕，一方面令我沉浸在一种"死别已吞生，生离常恻恻"的伤感之中。但另一方面，却又感到有一种朦胧的庆幸感。我的这种庆幸依据有二：一是贝贝作为自己的亲人，从此将摆脱与死神搏击时无限痛楚的境地。每每看到贝贝无助地在地板上喘不过气来的情景，我真有肝肠欲裂之痛。我不忍心去用贝贝这种高昂的病痛代价来换取我失去贝贝的痛苦。人们饲养宠物的初衷就是出于利己的动机，因此贝贝生命的提早结束，其原因中本来就有人类自私的成份，而现在该是我从利己动机转向利他动机的时候了。二是我指望贝贝离世过程的全纪录能起到唤醒人类平等对待动物世界的良知，无论如何不要再让"人类至上主义"无休无止地去歧视和干预地球及其整个物质世界演化的本能和自由！因此，从此意义评说，贝贝不是简单的死亡，而是走向重生征途的驿站。

6月4日　阴

艺峰告诉我，昨晚11时30分左右，贝贝四肢已站不起来了。贝贝在原地叫唤艺峰要求喝水，但已无法像往常一样自己走向水盆。此时艺峰发现，贝贝的四肢已不听使唤，这是贝贝身体走向崩溃的讯号。艺峰认为，四肢不能站立，并非完全是贝贝体力不支之故，最可怕的可能是支配肢体的神经已经损坏。

清晨，我在芦席汇沿河林隐道上晨练，老远就看到艺峰手提沉重的篮子向我走来。开始，我还以为艺峰赶早从菜场回来，走到近处才发现篮子里装的是贝贝。我迎上去接过篮子扶贝贝下来，小家伙除双眼还在转动之外，躯体已不能自主，连走出篮子也得靠我去帮忙。出篮以后的贝贝，一身瘫痪在地不想动弹，经过推拿才伏地小便。尿液浸透了贝贝的腿毛，从身躯下流出一大滩。看来贝贝尿液量依然不少，但小便的方法犹如截瘫老人只能在床上排尿一般。我们本不想以“安乐死”的方式人为地去结束贝贝的生命，但此时此景引发我和艺峰的思绪重新回到了“安乐死”的话题上来。截瘫的发生，导致我们思考的回归，再度回到贝贝生命终极方式的改变上来。对于“安乐死”我们似乎再也无法抗拒了，继续抗拒的后果，可能是用贝贝生命无价值的延续，去换来巨大的生理痛苦这个高昂代价。

上午 9 时，贝贝还在伏地而卧，没有进食。不进食、不排便，意味着贝贝体内外能量交换的循环已基本中止，而能量交换是维系生命的根本保证。看着贝贝渐趋衰竭的生命体征，我只能在无助中悲叹。当你的最爱用祈求的眼神，向你呻吟时，你却无能为力，这是人生的悲哀，也是最痛！此时，让贝贝“安乐死”的念头犹如魔咒，在我心中挥之不去。

望着窗外微风中摇曳的衣被，我脑海中闪过一念，天下苍生不就是犹如在清风中飘然无踪的浮云吗？昨天还能起身行走的贝贝，今天竟然已瘫痪在地；今天还能睁眼呻吟的它，也许明天已经灰飞烟灭了。浮生如梦，过眼烟云。

中午时分，贝贝嚷着要走路，艺峰估计小家伙想去绿地排便。于是，我们陪贝贝去了巴金广场。贝贝果然是有便感，它痛苦地拖着身躯向树根爬去，准备摆个架势排泄，但刚爬了上去就被笨重的身子拉了回来。因此，排便落了空。当场，我与艺峰达成了共识，与其任贝贝在丧失最基本生活功能的情况下痛苦地离去，还不如让它在丧失思维功能的情况下无痛苦地消失。方针确定之后，艺峰失声痛哭，我也随之落泪。痛定之后，艺峰含泪电话预约了叮当宠物店的高老板，准备为贝贝送行。

一个小时之后，预约的回电还没有来。我们却又反悔了：“安乐死”实际上是借我们之力在朗朗乾坤之下手刃了贝贝。所以，我们改变了主意，决计任贝贝自然地走向天国。艺峰果断地挂了取消“安乐死”的电话给叮当宠物店，店主丢失了一笔生意，我们却免除了一次杀生之痛。

我们行为的反复，折射出思维理念的博弈，其中包含了理智与亲情的博弈，法律与伦理的博弈。博弈的结果不可能是一种双赢格局，而是苦乐均沾的后果。行为之所以会反复，是因为每一种行为的选择都不会是最优的决策，而只是相对满意的决策，其价值性缺陷在所难免。因此，当选择了放弃“安乐死”之后，其可以预见的不良后果正在等待着我们。

“安乐死”的合法化之路不无坎坷崎岖。1934 年英国希尔夫人面对 31 岁低能儿子的未来，不得已用煤气毒杀其生命。结果，一审死刑，二审死缓，后又赦免。次年，英国发起成立了全球第一个安乐死协会，提出安乐死法案。此案遭教会强烈反对而不了了之。世界范围内，最早对安乐死进行“除罪化”处理的是日本法院。1950 年，领风气之先的东京地方法院，在判决中提出，为解除患者痛苦，不得以侵害其生命的行为，属于刑法上紧急避险，不应受到司法追究。但迄今为止，全球安乐死合法化国家依然屈指可数，也不过就是荷兰和比利时两国而已。当下的中国，全民健康保险制度尚且未曾建立，安乐死合法化更是遥不可及。由于人与动物立法上的差异性，动物当是法律歧视的对象，至于轻如草芥濒临死亡的小动物，更是无关社会痛痒了。

当“安乐死”的决定通知宠物店的当时，艺峰便放弃了午休，目不转睛地注视着贝贝，生怕数小时以后再也见不到它了，就连小家伙在地板上艰难地拖着身子呻吟的模样，也显得那样的“耐看”和“难得”。而当放弃“安乐死”的决定告诉实施方之后，贝贝同样伏地爬行的神态和同样呻吟的声调，在我们眼里突然变得那样的凄楚和“不忍多看一眼”。这是人生得失的悖论，当你在得失天平上向任何一端倾斜时，你都会发现：在“得到”的同时就会有“失去”，而在“失去”的同时也会有“得到”。自古得失难两全，若能两全的话便不再是人生的得失了。

因此，智慧者不该在得失取舍上做文章，而应当在得失关系的调整上下功夫，即一旦决策选择定局，功夫就该下在强化“得”的效应上和弱化“失”的效应上。当贝贝自然结束生命的决策已定，我与艺峰的精力主要应当放在陪伴它过好每一小时上，以确保其短暂的生命延续期过得有质量、有价值、少痛苦，而不能满足于“好死不如赖活”的生死观。我们的承诺，是对贝贝13年来给予我们欢乐的回报，也是13年来我们对贝贝失责而应该支付的一种成本。

贝贝已陷于极度的痛苦之中：由于腹水的扩张已经挤压到生命中枢系统，呼吸开始急促，消化功能走向衰竭，饮食和排泄已凸显障碍，肢体瘫痪使其无法挪动身子……。但贝贝的忍受能力超常，除发出喘气的呻吟声和流露出哀苦的眼神之外，并未向我们表示过任何痛楚。贝贝越是自忍，我们越是愧疚难安！每每念及于此，我总是泪水不禁。我似乎看到了贝贝那种“忍人所不能忍，行人所不能行”的品格，心中禁不住要呐喊：救救我的好贝贝，帮帮我的好孩子！

我无奈地看着时针无情地移向前方，很快到了下午4时。往日这是贝贝嘟嘟囔囔要我陪其出门溜达的时间，但现在的它却在地板上苦苦地与死神争斗。当然，不管贝贝的状态如何，至少在这一时刻我还能有幸地与贝贝同处一室，还能接受它的示意，以及它与我的对视，还有央我帮它挪动位置等等。我总觉得，在贝贝与死神搏击的过程中，上苍已经给我够多的帮助了，以至于在贝贝被确诊肝腹水之后还能将它珍留在我身边一个多月。因此，我没有理由再有奢望了，我只能由衷地感谢上苍！

下午4:30贝贝外出溜达，一场小便之后，并无大便。经分析，可能是前几次肉骨头没有消化，导致大便干结阻塞。因此，艺峰准备明天启用“开塞露”促贝贝排便。当晚，我与艺峰借酒浇愁，彼此相对无言，自感“须愁春漏短，莫诉金杯满”了。

6月5日　阴转多云　25℃

昨晚贝贝从10时起一直折腾至凌晨3时，喊叫声与喘气声相互交织。艺峰已被迫在客厅沙发上就寝，我则在原位半醒半睡地与贝贝耳语。

清晨起床时，贝贝还在安静地伏地休息。晨练回来，贝贝的吵闹声促我带其去巴金广场绿地“方便”。本想，它昨晚喝水甚多，理应有小便，甚至是大便(因昨日没有大便过)，但出人意料的是贝贝大小便全无。这是极其可怕的征兆，贝贝已经进入“只进不出”的零排泄状态。据养狗同伴告知，几乎所有走到终点的犬类，无一不是这种结局。我和艺峰心里十分明白，贝贝即将会发生什么。此前不久，国峰从上海来电，称他昨夜梦见一群小狗散尽之后，只有一头小狗随他不弃。国峰定睛一看，竟是贝贝。贝贝事前托梦给自己的至亲者，其“梦缘”所传递的信息，往往是一种灵验的暗示，那就是贝贝将远离国峰而去。

我在写日记的当下，客厅里不时传来贝贝的阵阵哀诉声，其凄楚之情伴随窗外秀州中学下课的铃声，我仿佛有置身穷途末路之感。

中午，艺峰推拿好腰伤回家，告诉我说，大兴路118号宠物诊所的医生认为，贝贝归去之后的深埋必须在1.5米以上，并在坑内填上石灰，否则腐味会四溢。于是，下午艺峰通过嘉兴服务热线96345询问购买石灰和铲子的商店，以备不需之用。想到已到了为贝贝准备后事的当口，再看看小家伙睁眼遥望四周的漠然神情，我难言的伤感涌上了心头。

我原想与艺峰同去购置贝贝的临终用品，但贝贝不愿我俩同时离开它，因此我只得留在家里陪它。显然，贝贝已感受到与我们同处的时间已属难得，生怕离世刹那没人陪伴。这种预感和担忧，是亲人诀别前的常态。贝贝的这种心理行为，未必与生俱来，更多的可能是我们与它之间长达13年之久亲情关爱结的果。

现在已是下午3时30分，贝贝嫌我在书房离它太远，便大声唤我到客厅去陪它。我应声前往客厅在沙发上写日记，贝贝竟然使尽浑身力气，在喘气声中爬到我的脚跟边，直至嗅到了我身上熟悉的气息之后才停了下来。我为贝贝这种不顾一切追求亲情的行为而感动，要知道，爬过这区区2米的距离，对于今天没有进食，且已瘫痪成疾的贝贝来说，是何等的不可思议！

贝贝不断地在发出呻吟声，声声刺痛我的心。这是贝贝对生命之神的呼唤，仿佛也是对亲人的求助。4时左右，艺峰买好了铲子和花卉回来。她诉说在月河街区选购花卉时经过了“叮当”宠物店，这是一家唯一能吃透贝贝脾气并帮其洗澡的店，艺峰触景生情，想到贝贝今生今世再也没有机会进去洗澡的时候，不禁一阵心酸，再度失声痛哭，泪水纵横。

日落之后我先陪贝贝出门去绿地，艺峰随后赶到，但贝贝嘟囔着并不时回头向艺峰的来路张望。我立即意识到，说不定今晚是贝贝最后一次外出，小家伙希望我俩一起陪它。出人意外的是，贝贝艰难地拖着身子站立了起来，并有了一次大便，但已不成形，并沾到了尾毛上。艺峰用白纸帮它擦净后，说出了自己的担心，她认为这也许是贝贝临终之前的“净身”(即放空大小便)，我听后悲情再涌。艺峰坦承，她已数度送别亲人，诸如祖母、二伯父、三伯父等，均没有像面对贝贝那样悲痛难忍。

陷入极度苦痛之中的人，转而会对致痛的原因作理性的解读。我们与贝贝的情感所致，决定了会痛贝贝之所痛，乐贝贝之所乐。当看到贝贝在我俩的抚摩之下，平静而安详地眯上了双眼时，我俩同样想到如果贝贝能在这种状态下离世，这应该是我们的期望。艺峰便提出了一个新的苦乐观，那就是只要贝贝无痛苦地走，就是一种解脱，甚至是一种善报和福音，我们应该高兴，应该知足。对此，我表示完全赞同。

6月6日　阴转多云　26℃

6月6日，是我与艺峰相识相知相爱的纪念日，从此我与“6”字结下不解之缘，上海寓所电话号码中有4个“6”，手机号的尾数又是连续4个“6”，连嘉兴寓所的电话号码中也有2个“6”，而且这些号码的得来均非我个人意志的选择。按以往惯例，我们会以聚餐的形式庆贺，但今日鉴于贝贝已病入膏肓，我们也失去了往日的雅兴。

昨夜，贝贝彻夜平静，除喝水之外，没有叫唤，也没呻吟，出奇的安份。凌晨4时，贝贝开始小声嚷嚷，想喝水但身子又远离水盆。我闻声后，便去喂它水喝。喝水之后，贝贝又对着房内发声，我领会它的意想，便帮它从客厅移至艺峰床下。此后，贝贝一直保持平静无声，直至我晨练回来还在大睡。

我在寻思，贝贝突然恢复平静，连呼吸也很平和，这倒底是体力耗尽导致呼吸功能衰竭所致呢，还是小家伙的“回光返照”呢？我不得而知，只想待早上溜达时再见分晓，关键是要看贝贝有无大小便了。

时至上午9点，贝贝仍在微弱的呼吸频率中沉睡。为备不测，我打开了诵经录音盒，为其诵念“南无阿弥陀佛”，唯恐错失其停止呼吸、送终超渡的刹那。9点45分，贝贝睁眼起身，注视我和艺峰，神态恢复如常。于是，我们照例陪贝贝去了“巴金广场”，但小便无法排出，肾功能障碍似乎已成定局。

我们无功而返，一路上在惨淡阳光的陪伴下，贝贝了无生气地闭目养神，萧瑟的东风带来一丝丝与初夏季节的禾城极其不和谐的凉意，我产生了乾坤颠倒、时节错乱的幻觉。我和艺峰手提贝贝回家，给邻里留下的依然是三口之家打道回府的美满印象。但有谁知道，舌苔红润不逊丹色、毛发光亮不差玉尘的贝贝，将不久于人世。想到此行之后恐无来日时，我心如刀绞，欲哭已无泪。

一个困惑始终难以解开，贝贝既然已丧失了排泄功能，为何还能保持食欲？中午时分，艺峰与往日一样水煮牛肉，贝贝见后眼睛发亮，依然食之有味，喝水的劲头也没有减弱。那么一个疑题油然而生，即：贝贝进肚的食物和水到哪里去了？尤其是看它那昂首注目的神态，根本不像病夫。那又是什么力量在支撑贝贝？唯一可以自圆其说的理由是大爱无疆，我们对贝贝真诚无瑕的爱，支撑着贝贝追求生存的欲望。

据情况判断，社会上宠物临终前结束生命的途径多半是两种：一种是受宠物医院误导，夸大了爱犬临终前痛苦的程度，导致客户普遍接受“安乐死”，人为地提前结束它们的生命；另一种是为忌讳宠物在家中丧生，故当其重病开始时便弃之荒野，任之在孤立无援中断粮断水和断爱，以致加速死亡。由于贝贝病后我们愧疚不已，转而对其关爱不减反增，这是小动物丰富的第六感觉所能接受到的。这种信息，通过脉冲传导到贝贝的神经中枢，并及时反馈到机体的免疫系统，起到了强化器官功能的作用。

中午，艺峰包了六种食材合成馅的馄饨，以贺“六合”之缘。这六种馅分别是：肉、虾仁、香菇、小白菜、鸡蛋和胶白。贝贝吃饱了肚子，边卧地休息，边注视着我们碗中的馄饨，也算是苦中取乐，共享天伦。

下午2点，午睡醒来，贝贝抬头看着我，专注的眼神，小声的呼唤，使我觉得，贝贝有话要说。它似乎想告诉我："半个月来全家再也没有分开过，我虽然很累，但很开心。下辈子有缘的话，我还想这样过日子。"因为，5月29日艺峰从上海回来后，不再离开过嘉兴，终日与我一起陪伴着病重的贝贝。我常常想，可怜的贝贝对生活的诉求其实是很低标准的。过去，我们之所以常常不能满足它，全在于现实生活中我们往往会将贝贝忽略不计。

贝贝痛苦的呻吟声，将我从思绪的海洋中召唤回来。天空阴霾再起，沉闷的低气压卷土重来，逼得贝贝喘着大气。衰败的脏腑和低压的天气，使贝贝在内忧外患的双重压力之中挣扎，其苦痛无以表示，只得以无助的呻吟声去释怀。在我听来，阵阵都是诉哀情，声声都是唤我音。

傍晚，我与艺峰冒着零星雨点从南湖国际水泽之畔散步回来，只见贝贝仰天大睡。我们洗完澡已是晚上8点30分，此时贝贝刚醒。小家伙定神之后，便要吃的。艺峰见状，便当场煮肉喂它，贝贝依然张口大吃，像没病似的。晚9点过后，贝贝又卧地入睡，我们才松了口气。

艺峰观察仔细，她发现贝贝的眼神紧随我的动向，表明有可能小家伙想外出溜达。此时已是晚上9点30分，我随即陪贝贝去马路对面的绿道。贝贝似乎想迈腿小便，但只留下少许尿印，而无正常的小便。

今晚贝贝入睡后，基本彻夜相安无事。我和艺峰也睡了个囫囵好觉。

6月7日　阴转多云　27℃

今天是贝贝被B超确诊肝腹水以来整整一个月，自从发现它没有排尿以来也有3天时间。

早7点钟贝贝醒来要翻身，因它独立翻身已经无法做到，我就上前帮它翻了过来。看到我吃淡馒头，贝贝睁大了双眼讨吃。我便将剩下的馒头分成三块，逐一送至贝贝嘴边，结果统统被吃掉。这是贝贝胃口减退以来10天中，头一次吃非肉类食品。肉类与碳水化合物的最大区别，在于后者在体内产生的毒素大大少于前者。

7点半后，我与艺峰一起出门，她去菜场，我去“巴金广场”溜贝贝。贝贝早已不能行走，与其说“溜”不如说“提”更准确。我将贝贝放在巴金坐像前的石树桩上，为其按摩抚慰，小家伙则静卧养神。起身时，与昨晚一样，在贝贝身子卧过的石桩上留下了一滩馒头大小的尿印。

位于“巴金广场”东侧的《随想亭》，是外来务工者每天上班之前小聚的场所。在那里，我边陪贝贝溜达，边能听到这些年轻人互诉衷肠的心声。他(她)们远离故土，来到嘉兴求职，十分满意这里的人文环境和区位条件，尤其对于当地美丽的绿色情怀欣赏备至。但是，一谈到社会待遇享受上的差异，心中不无怨意。其实，这种现象是全国性的，上海的外来务工者也有同样的抱怨。

从数据上判断，我国城市化进程很快，2011年12月19日中国社会科学院在北京发布社会《蓝皮书》称，中国城市化水平首次超过50%。但同时又应该承认，工作和居住在城市中的农业户籍者大多处于“半城市化”状态。城市化率指的是城镇常住人口占总人口的比例，当农民工进城而不能享受市民待遇的便是“半城市化”。二者差别在于，前者包括了就业、福利、教育等完整的市民待遇，后者只限于就业待遇，并没有包括福利、教育待遇。要消除二者差别并非易事，它事关人们生产方式、职业结构、消费习惯、生活方式和价值观念的深刻变化。

《21世纪经济报道》披露，根据2010年数据，10年时间内全国常住人口城市化率提高了12.1%，达到了46.6%的水平，而其间户籍人口城市化率只增加1个百分点，只有26%的水平。由此可见，落后的户籍制度是我国城市化率提升的主要障碍，也是我国半城市化率形成的主因。由于这个障碍的存在，廉价的2亿多农民工成为城市经济获取“掠夺性红利”的体制性保障，其后果有二：一是广大农民工难以成为社会消费的主力军，导致鼓励消费的初衷与抑制消费的结果相背离；二是城市为常住人口所建配套设施的闲置与农村每年新增276万亩宅基地的闲置之现象并存，导致我国资源短缺的国情与资源浪费的结果相背离。

从巴金广场回家之后，贝贝向艺峰示意讨吃。时至今日，贝贝表达意愿的方式，已经从嘴巴发声转变为眼睛传神，这就需要主人用心关注，因为眼神方式易为人们所忽视。

趁贝贝神气尚存，而且目不转睛地注目我们的模样，艺峰先后用手机，拍下了10多张珍贵的贝贝相片。上午9点20分左右起，贝贝的呼吸声开始变得微弱而异样，艺峰判断是腹水向贝贝心脏和肺部逼近所致。如此发展，贝贝今日有可能劫数难逃。这几天，由于对贝贝的归宿我俩早有心理准备，因而过去的忧伤正在被一种新的责任感所取代。这种责任感，可以归纳为替贝贝圆满送终的几件事，包括安排好贝贝每天的饮食，24小时不间断的监护、为贝贝设计归宿茔地以及整理《贝贝日记》和影像资料等。

贝贝的喘气声趋于平稳时，已是上午9点30分。突然，我与艺峰同时听到放屁声，随后是一阵臭气。原来，这是贝贝在地板上爬行用力时所为，这是小家伙有生以来没有过的生理现象。自病重以后这是贝贝第三次放屁。究竟是犬类临终前的共性现象，还是贝贝特有？我缺乏数据采样，难以判断。但有一点我可以肯定，即贝贝之所以舌苔如常，毛光不减，且胃口尚存，其根本原因是另有一条排泄通道。通常说来，哺乳动物（包括人类）的排泄物有三种，即固态（粪便）、液态（尿和汗）、气态（屁）。贝贝虽然在排泄物中缺失固态和液态，但还有气态。贝贝放屁，我们已经听到的有3次，那还有没听到的呢？这就解释了贝贝没有“出口”（排大小便）却还能“进口”（饮水纳食）的原因。

但是，贝贝昨天起出现了一个不良的症状，那就是排尿口发生了感染，在地板上流出了白色稠状的液体，犹如牛奶滴漏。造成感染的原因，可能是贝贝无力站立，长期伏卧地板或草地，加大了细菌感染的几率，再加上机体抵抗力的下降，使细菌有机可乘。由此想来，贝贝喝水频率的变化与炎症引发体温的变化成正相关。

上午10时过后，贝贝才消停入睡，但眼睛像声控灯光一样，随着我步履的声响时张时闭。贝贝对周边“闲事”关注和反应的程度，是其生命体征衡量的标尺之一。若当贝贝对周边事态麻木不仁的时刻，往往是其极度难受或精神极度疲惫的时候。因此，贝贝对周边事态的关注度与其生命体症的强弱度也成正相关。

时至上午10点30分，太阳虽未露脸，但阴霾基本消失殆尽，随着低气压的减弱，我的心境在转好。想到我记录的每一天终将成为可供后人翻阅的青史时，我的心中五味杂陈。贝贝在我脚旁发出的呻吟声，伴随着南无阿弥陀佛的颂经声，令我心平如镜，全无杂念。我仿佛正在迈向“静坐常思己过，闲谈不论人非”的境界。如此专一的静思度日，我平生并不常有，全是借了贝贝之光。我自当珍惜、自重、上敬、下和，是为贝贝，也为我和艺峰自己。据称，宋美龄能健康地活到106岁，在很大程度上与她虔诚地信仰基督教有关。她每日都要诵读《圣经》，使她能坦然面对人间万事变迁和死亡，从而超越了人生。

中午11时，贝贝仰天大睡。我有机会细看贝贝裹满腹水的身躯，原本前后粗细协调的身躯，现已成为前窄后宽的矩形体态。贝贝诱人的银色毛发，竟成为其晚年病灶的障眼布，这是我始料不及的。如今，贝贝坦肚的姿势，使其病态暴露无遗，因为B超所需，该部位毛发已被剃除，障眼布已不复完整。我上午推测的贝贝排尿处感染的原因，现在已一目了然，可能是其睾丸受伤发炎所致。

总之，贝贝忍受的病痛比我想象的要严重得多，它每一个动作所需支付的代价也比我估计的要大得多。时至下午1时30分，从中午11时算起，贝贝午休了2个多小时。贝贝用以恢复体力的休整，其时间并不算长，因为中间还有苏醒的时段。贝贝的病痛如果发生在人的身上，除在医院ICU抢救治疗外，还必须实行24小时“全天候”式的监护。但贝贝只是喝水饮食，此外无任何医疗措施和护理条件，可见宠物并不“宠”，其生命力犹如“野火烧不尽，春风吹又生”之势。

窗外天色又开始从明亮向灰暗过渡，我担心的低气压可能会卷土重来。天人感应有多种形式和渠道，天体引力变化影响人体血液循环是一种形式，另一种就是大气气压的改变导致人体器官功能的变化。贝贝病情的起伏就是这种变化传导的结果。春末夏初是长江中下游地区气候反复无常的季节，它不仅时处暖湿气流的推进和阴冷空气退出的交替时期，而且又值江南梅雨季节的前兆期。因此，冷热无常、晴雨不定，是人们“乱着衣”的时节。这样的季节里，为贝贝的护理平添了一份“操心”，那就是把握气候因素对病理变化的作用规律。

我从《博士科技》左琴处取材料回家不久，听艺峰大声呼喊“贝贝小便了”，我赶紧从书房赶到客厅，只见贝贝身子下似水盆倾翻，尿流成滩。贝贝三天累积的小便顷刻之间排泄成溪，从玻璃茶几前，流经狗笼，直到防盗门槛。我欣喜若狂，因为在我看来，这不是一般的尿，而是贝贝免疫系统展开的一次对体内毒素的清剿，其战果凝聚在排泄过程被清出躯体的毒素上。我衷心感谢佛祖庇佑，这也许是上午整3小时我为贝贝虔诚祈祷的结果。

下午5时30分，我与艺峰散步回家，正值国峰来电，他在询问贝贝的病情之后告诉艺峰，他明天下班之后于中午赶来嘉兴看望贝贝。颇有灵性的贝贝，是鉴别亲情关系的高手，它对谁的追捧，是谁对它真爱的一种响应。因此，这一消息，对于贝贝来说无疑是喜事，对于守护贝贝的我们来讲也是一种力挺。因为，在对贝贝的态度上，与我们最具共同语言者莫过于国峰了。因此，他的到来对于贝贝顺利而无痛苦地走完生命之旅，大有裨益。何况，除艺峰和我以外，国峰又是贝贝平素雀跃守望的人。换言之，国峰是对贝贝情绪的起伏能起举足轻重作用的人。

午夜1点以后，贝贝开始烦躁不安，叫声不停。艺峰起身到客厅陪贝贝休息饮水。凌晨3点半我起夜，应声前往替贝贝调整卧位。贝贝彻夜不曾消停，忧虑的气氛再度弥漫。

6月8日　阴转多云　34℃

低气压零转换为闷热天气，使禾城气温直扬30℃以上。清晨全城被灰雾笼罩，让人心情压抑。长三角发达地区工业气体排泄物与雾中水气的高度混合，成为窒息生灵呼吸系统的杀手。这种无法用肉眼观察到的城市毒素与靠上级凭肉眼检查出来的“全国卫生城市”形成反差，这种反差有助于国人修正“全国卫生城市”的检查标准及其验收顺序。

当前，PM 2.5的污染已成为全国性的难题。尽管我国在全国范围内尚未开展对PM 2.5的监测，但个别城市的监测数据证明，我国PM 2.5的污染已相当严重，必须引起国人的高度重视。2006—2010年，北京、上海、广州、西安和沈阳5个城市的PM 2.5年均浓度均在55微克/立方米以上。我国四大城市群，即京津唐、长三角、珠三角和成渝城市群在2001—2006年期间PM 2.5年平均浓度均超过50微克/立方米,而欧美发达国家普遍低于15微克/立方米。世界卫生组织在2011年9月公布了其首个空气质量数据库,以可吸入颗粒物(PM 10)计,我国空气质量最好的海口市在全球1 082个城市中,仅排名第814位,它间接地印证了我国主要城市PM 2.5污染水平较高的结论。我对此忧心忡忡!

上午9时贝贝用餐(牛肉)30分钟后,从书房写字台前艰难地跋涉到卫生间门口,先是大便,尔后又有一场大剂量的小便,流经卫生间地砖,到了地漏口。这又是出现在贝贝生命晚期不小的奇迹!大小便恢复畅通,表明贝贝体内外的能量交换并没有完全中止,它继续在维系贝贝的生命体征。因此,可以这样认为:贝贝的生命周期逐步从早期走向中期,继而发展到了晚期。而其陷入病痛的晚期,又可划分为三个阶段,第一阶段是贝贝免疫系统遭受严重破坏的阶段,阶段特征是生命中枢功能开始衰竭,大小便及其饮食走向失常,呼吸出现困难,四肢功能失去相关神经的传导支配。第二阶段是贝贝受到佛法的庇佑、亲情的支撑和物理疗法的刺激,体内免疫系统开始反弹,从而使病情进入相对稳定的僵持阶段。目前,贝贝的体征正处于这一阶段。至于这种局面能维系多久,其决定的隐函数比较复杂,它是一系列因果关系彼此博弈和相互作用的结果。这种结果将直接关系到贝贝进入第三阶段的时机、方式和程度。出于情感的因素,我最不愿多言的就是贝贝的第三阶段,尽管它会不可抗拒地降临。

中午,骄阳似火,12时左右国峰赶到寓所。贝贝高兴得从床底下独自走了出来,向国峰连摇尾巴示意。病重的贝贝独自站立行走是极为罕见的步履,摇尾示意更是多日不见的礼举。贝贝对国峰感悟的灵性如此神奇,令我吃惊不已。国峰更是心痛地注视着贝贝的身躯:除眼神与三周以前见到时一样亮丽外,贝贝腹水的肚子着实大了不少。国峰见此景况,一阵伤感。午餐时,贝贝再度艰难地从客厅沙发旁边出发,边哼声边拖着笨重的身躯走到餐厅门口,为的是向我们靠拢。国峰感慨地回忆道:贝贝最喜欢热闹,过去常常在大家的中心位置就坐。

在来日无多的贝贝身边,我们自然会怀念其昔日的点滴往事。记得贝贝在上海时,最想由国峰陪他去树阴下散步。一次,国峰借轮休的日子来上海寓所玩，贝贝见之高兴得不行。因国峰饭后有午休的习惯，贝贝只得忍住性子等候国峰醒来。焦急的贝贝不时地从桌子底下探头偷视国峰，看看他醒了没有。这个忍俊不禁的镜头被娟娟（国峰夫人）发现后，在我们之间传为善意的笑谈。可见，连小动物也有换位思考的本能，贝贝知道不能只顾自己外出的快活，而不考虑国峰午休的需要。

另有一事，也令我感慨。前几年，我经常去外地出差，有时与艺峰一起前往。由于考虑到贝贝在家无人照管，去宠物店寄养又于心不忍，故常托付对门的阿婆代管。虽然贝贝很不情愿，但也自感毫无办法，便硬着头皮将就了。到了阿婆家的贝贝，自知这里不比自家，不好随着性子来，更不可以光吃饭不干活。因此，贝贝对阿婆一家竭尽讨好之能事，唯恐失礼于人。据阿婆讲，贝贝早晨从不贪睡，醒来后第一件事便是先后去全家各人床前打招呼，叫喊起床，算是“义务劳动”，天天如此，时辰不误。如此礼数，贝贝在自己家里可不曾“表现”过。

下午 4 时，艺峰、国峰决定用双氧水和消毒粉为贝贝阴囊消毒治疗。我即去医院小药房购药，然后由他们实施治疗，在贝贝的阵阵怒斥声中完成了洗伤涂药。看来，这是个正确的决定。因为，贝贝伤处已有多日，口干发烧多半是此病所致。若不加处理，将加剧贝贝病情恶化的趋势。贝贝脏器走向衰竭的同时，维系输送营养和氧气的血液绝对不容再有病菌侵入，否则必将雪上加霜。正如我所预料的那样，国峰的到来确实有助于改善贝贝在不归路上的境遇。

刚刚告别初夏的阴雨季节，盛夏的酷暑以迅雷不及掩耳之势征服大江南北。人们不得不赶紧翻箱倒柜取出去年用过的凉席，替换昨天还在盖用的被褥。一夜之间魔术般地判若两季，是全球工业化进程改变大气层正常环流的结果。地理位置处于长三角地区几何中心的嘉兴，市民对农民的逐年取代，加速了工业用地对农业用地的替代，其负面效应是预料之中的事。季节反规律的变化，倒是苦了身处生命博弈之中的贝贝。它不断地挪动笨重的身躯，以至被弄得气喘吁吁。贝贝之所以这样做，原因在于久卧一处会引发体温的上升，进而空耗体力、降低机体修复病灶的能力。这种原地运动令贝贝今天胃口好于往日，大块的牛肉吃完还嫌不够，夜间 9 点以后艺峰只得重启炉灶，煲汤煮肉。这种现象，是反常之中的正常，但也是正常之中的反常。此话的解读是，若以贝贝健康的岁月为参照，现阶段贝贝的食量是不正常的，而今天的食量却是正常的；倘若以贝贝重病以后的岁月为参照，贝贝现阶段的食量是正常的，但今天的食量却是反常的。

入夜，闷热的气候使贝贝哼声不断，喘气不绝，艺峰与国峰为其守夜照顾。凌晨2时我被贝贝的呻吟声惊醒，便起身替换艺峰回房休息。我琢磨着，贝贝是被热浪所扰，才加重换气声。于是，我关闭门窗，开启空调帮其降温。果然不出所料，此后直至清晨贝贝一夜平静。

6月9日　多云　33℃

我每次晨练回来的路上，江南名庄酒楼前的两头看门犬辉辉和雪飞总会向我打招呼。它俩一见生人便大声训斥，因为我是熟人，便向我表示出亲昵，辉辉甚至还会爬到我的腿上撒娇。但是，今天回家路上我只见到雪飞，不见了辉辉的踪影。我向其主人打听后，方才知道辉辉因皮癣顽固不治，无奈将其弃之南湖区大桥镇附近的荒野。我听之，伤感良久。同样面临不治之症，辉辉与贝贝的境遇大相径庭，但贝贝毕竟已届耄耋之年，而辉辉才1岁半，正是黄花后生。我惊叹之余为之愕然！

想到辉辉走上流浪之途，我心中的感慨难以名状。流浪狗是丧家犬的代名词，是别称。丧家之苦，是所有流浪狗、流浪猫的最痛，它们一旦被新主人收容，其感激之情无以言表。我国政治运动频仍的历史上，丧家犬是一部分政治力量攻击另一部分政治力量的政治术语。攻击的对象分明是人，但是人们不愿用“丧家人”来喻之，而是用“丧家犬”来贬之。可见，在人类的眼中，犬是恶人的象征。十年疯狂中的“批林批孔”，曾经将孔老夫子比喻为“丧家犬”；“五四”运动时期在一派“打倒孔家店”的呼声中，孔老夫子也成了“惶惶之犬”。近年有教授将研究孔子后的心得著作名之为《丧家犬》，其理由似乎是说：“真正的孔子，活着时的孔子，既不是圣，又不是王，根本谈不上什么内圣外王。”当然，这只是中国当代的一家之言，他们注意到了活着的孔子毕生周游列国，居无定所，全然不顾母国国君及自己家庭的感受，说的是忠君守孝一套，做的却是另一套。

尊孔时代的跌宕，既有社会文化的崇拜，更有伦理操守的需要。在经济全球化的今天，尽管已有几十所孔子学院跨出国门收育洋弟子，但其三纲五常的理念未必能打动西方契约社会的道德观。你说“君为臣纲”，西方却认为，君臣同票，尽管总统有否决权，但议会可制约你；你提倡“父为子纲”，西方则主张“谁有理，谁为纲”。东西方之间不仅是道德观存在差异，就连对孔子的代表性著作《论语》的评价也有天壤之别。

西方人认为孔子的《论语》平淡无奇，颠三倒四，只是一些散乱的“道德箴言”。两位西方哲人更是看低孔子：康德不认为孔子是哲学家，将《论语》看成“不过是给皇帝制定的道德伦理教条”（《自然地理学》）。黑格尔则认为孔子只是“实际的世间智者”，其学说是一种“道德哲学”，“没有一点思辨的东西，只是一些善良的、老练的、道德的教训”（《哲学史讲演录》）。鉴于西方的评价抓住了《论语》的软肋，国人才有了《新论语》的问世，将之鸡零狗散的论述进行系统的整理和归纳，一改其杂乱纷繁的面貌。

回家后，我自然想到自己的贝贝。看到它醒后在地板上东张西望，我满足地放下了心。不一会，贝贝起身行走，蹒跚地来到防盗门口，这是外出溜达的“出口”处。我和国峰一阵惊喜，知道贝贝主动想要外出，这是近半个月来的第一次。于是，我们便陪其去了马路对面公共绿道的树丛中。显然，贝贝的姿势是欲小便，但许久未遂。我只得无功而返，但让贝贝有机会伏伏地气，吸吸清新空气也是值得的。

我住的小区里还有3条小狗令人喜爱，两条是非宠物型的犬类，与贝贝、辉辉同名，另一条是小巧玲珑、聪慧过人的流浪狗，主人为祈福择名“福星”。贝贝与辉辉胆小厚道，福星则知人善行，是取悦于人的高手。只要你外出归来一踏进小区大门，福星便迎上来，在前引路为你开道，一到楼梯口它与我马上换位，主动礼让要我先上，然后它才尾随断后，直至目送你开门进房。我暗想，福星若能入选城市犬类管理办公室主任的编外助理，倒是“人才难得”哩！

自从家里有了贝贝之后，我们价值观的某些传统理念悄然地发生了改变。过去，我们并不排斥人们冬天吃狗肉的进补习惯，但自从贝贝到来后就绝对无法接受，并义无反顾地反对。还有，当我们发现有流浪狗居无所、食无着时，会萌生怜悯之情，并自然联想到自己的贝贝。我们为流浪狗露露向犬类办申领办证，就是出自这种情感，也是对贝贝爱抚的一种延伸。当露露失踪之后，我曾去冷仙亭为其敬香祈祷。这是坐落于秀州中学西墙的居民旧宅院之中的一座小庙，始建于明朝万历年间，后经战乱焚毁几度重修。目前，只存大雄宝殿和面南的院落。但可谓“庙冷香客众，院静烛火旺”，每逢初一、十五更是“云低日隐烟雾重，绿阴深秀钟声远”。此庙相传是为纪念冷谦而建的家庙，冷谦因曾戏明太祖朱元璋而获名。嘉兴人金庸在他的武侠小说中提及的冷仙亭便是此庙。出庙南行百米的自由弄 37 号（古称“县前”）是南齐歌妓苏小小墓旧址，唐代大诗人刘禹锡晚年曾有“忆得童年识君处，嘉禾驿后联墙伦。垂钓钓得王余鱼，踏芳共登苏小墓”的佳句。

我在 2005 年 4 月上海学林出版社出版的《成败肃何》中，有一篇《三只为同伴送终的小狗》的文章，就是这种真情的流露。在 7 年之前的这篇文中我曾感慨过：“自从新古典经济学的原理问世以来，人与人之间的关系被严格地界定在一种固定的模式之中，这就是竞争。”因此，“伦理的天地里，只有在幼小动物中间还可以找到一块净土”。我这个结论的依据是，伦理文化发祥之地的中国社会，已经被以契约文化为根基的市场经济大潮冲刷得支离破碎。人们豢养小动物的兴趣日浓，不仅只是晚年排解孤独之需，更重要的可能是人们对那个“人情重于物欲”年代的一种眷恋和怀旧而已。

我国主流社会人士似乎并不认可事物具有两重性的哲理，他们不是责难市场经济是“资本主义的毒苗”，就是非议计划经济是“社会主义的杂草”。其实，计划与市场之间关系的本质是公平与效率之间的博弈，是经济学范畴的永恒命题，是无法解开的鱼与熊掌之关系。当计划经济将公平奉为圣典时，必然降低了效率；而当市场经济将效率奉若神明时，就必然失去了公平，贫富差异达到国际临界状态的中国便是教训。因此，对世间事物的评判必须坚持两分法，无一可以例外。计划年代公平思想的形成，是基于对资本主义行为方式的批判。这种批判的结果，使社会个体之间的联系纽带寄托在政府的公权力之上。那时确有“夜不闭户，路不拾遗”之风，养狗防盗，养犬防老的社会风情成为国内笑柄。到了市场经济年代，“夜不闭户，路不拾遗”已成不食人间烟火之举。因此，养狗事出无奈，既是被逼无奈，人们终究会追思不必养狗的年月了。

刚回家进门，国峰便将贝贝“出恭”的喜讯告知于我。我大喜过望，这是贝贝新一天的成果。虽然小家伙伏地而为，地板和身躯均需清洗，但这是我乐意为之的劳作。只要贝贝肯在地板上拉屎拉尿，我甘愿为它清洗服务一辈子。我一天中的喜讯，莫过于贝贝有排泄物，至于排泄方式和地点我全然不再在乎。

国峰下午坐 2 点 40 分的快客回上海。临行前，贝贝仰头目送国峰出门。国峰表示，贝贝生前他还会再来看它。说罢，国峰神色黯然，我们也会意无言。

下午 5 点起天色起变，闷热依然，但气压下沉，一副催人索命的架势。艺峰腰痛加剧，到了难以起身的程度，我也如腰缠磐石，人体下沉。贝贝则沉睡不醒，声息难觅。

5 时 30 分，贝贝醒来便想吃东西，艺峰便将一块熟牛肉切成 6 块喂它。6 时一过，贝贝径自在卫生间地砖上躺下，一是图凉，二是便于“方便”。约摸 10 分钟光景，贝贝果然有一场小便，这是我整天期盼的结果。连续第 3 天的排尿，使我们对贝贝的肾功能再度有了信心，这里传递出的一个极其重要的信息，尽管令我不解，但毕竟是事实。这个信息就是，贝贝连续中止 3 天的排尿功能又开始恢复了。

今天我与艺峰的晚餐吃得特别晚，主食是自制的馒头，主菜吃素，刚吃过牛肉的贝贝，见我们用餐又凑了过来讨吃。实在没它吃的，我无奈，就用馒头逗它，结果贝贝连吃 3 块。由于排泄恢复了畅通，贝贝的胃口看来也在逐步恢复。如果，这也算是一个重要信息的话，那么它与贝贝排尿功能恢复的信息构成了因果链。胃口的恢复提振了贝贝的免疫功能，免疫功能的提振有利于排泄功能的恢复，排泄功能的恢复刺激了胃口的恢复，胃口的恢复提振了……

当然，这种小循环的可逆性是在贝贝病理大循环不可逆的前提下发生的。因此，它并不能对贝贝的病势起到抑制的作用，而仅仅是延缓了病情威胁贝贝宝贵生命的进程而已。

6 月 10 日　多云转阴有雨　30℃

凌晨 4 时许，贝贝唱起了“山歌”，哼起了小调，语气活像三四岁童音。据我估计，这是贝贝从开过空调的客厅来到卧室之后感到温差不适所致。于是，我搬来“鸿运”扇为其降温，才使小家伙平静了下来。

我每天晨练的地点选择在嘉兴运河与环城河的分叉处，河水对面船形一般的分水墩上有一古庵残垣，名叫水天庵，是一座具有 1 300 多年历史的唐代古庵，是嘉兴文化源远流长的见证。据嘉兴府志记载，唐代神龙二年（公元 706 年）一高僧路经此地，夜泊系舟于水墩之畔。入夜，皓月当空，高僧独坐船头赏月，忽见黄龙（系黄色巨蛇）昂首向僧示意。高僧回曰：“请退避，我超渡你。”日后，高僧便募化建寺于水墩之上，名称“黄龙寺”。因水墩位于二水系交汇之处，四面环水，呈现“水流源归海，月落不离天”之势，故后人称之为“水天庵”，建庵以后香客不绝。直至清咸丰年间被毁，同治年间重建，传至 1953 年僧释真觉公主持，已延绵香火达 1 200 年之久。后因党的宗教政策受到冲击，导致国内寺庙普遍被毁，水天庵也难逃厄运。至 20 世纪末叶，水天庵几成废墟。为此，本世纪初叶我先后两次分别以《抢救禾城旅游资源，振兴嘉兴旅游经济》和《“水天庵”应重返水天之间》为题，书呈嘉兴市委、市府呼吁重建水天庵。现在分水墩水天庵原址上建成的庙宇，虽未标明寺号，但总算还是变相恢复了水天庵，因为庙宇重建须经省宗教管理部门下达“许可”指标。这一举措，暂时断了有人想利用该旧址的“风水”挪作他用的念想。

晨练归途上，我经过江南名庄拴狗处时，只见雪飞失去了往日的机灵和活泼，显然是同伴辉辉被主人遗弃之后的孤独，令其伤感不已。毕竟是朝夕相伴一年半的弟兄，彼此情感难以割舍，雪飞的心情不难理解。此时的辉辉已孤处荒野，结束了往日衣食无忧、环境熟悉的生活，除孤独以外，还将随时直面饥饿、病痛和捕杀的风险。我为辉辉担忧，为小家伙悲伤。我唯一能做的事就是为辉辉祈祷，并天天去看望它的同伴——雪飞，以寄托我的思念之情。

离开雪飞后，我迈着沉重的步履走在熟悉的街道上，只见一群群狗狗在主人的牵引下，无忧无虑地享受着生活。望着它们远去的身影，我真诚地祝福它们不要生病，甚至不要老去，辉辉和养犬场的大批种狗的归宿就是它们的前车之鉴。但是，哪条狗会不生病，又有哪条狗不会老呢？

我回到家里，只见贝贝正在等我，眼神似乎在责问我为何姗姗来迟。随着贝贝病体出现康复趋势，小家伙脾气也开始大起来，稍不遂它的意，便会厉声训斥，甚至咬你一口。譬如，今晨它在床底下叫我，我便好意伸手帮它出来，贝贝竟“恩将仇报”，咬我一口，幸亏没有伤及皮肉。13 年来，小贝贝已先后咬我多次，其中有 3 次滴血成害，注射针剂才算相安无事。但丝毫不减我对贝贝的爱，我原谅小家伙粗鲁行为的理由有三：一是宠物毕竟是动物，动物性在上，理性在下，无民事行为能力；二是贝贝从小养成对抗的性格，其中部分原因是我对之教育无方。可谓“养不教，父之过”么，责任在父不在子；三是贝贝的智商程度决定，它并不预知自己行为的后果，但当它见我滴血之后，便自责地躲了起来。稍加留意，其自责之情在它的眼神里能看得出来。我爱贝贝，就爱它的率直、透明和憨厚，实话它实说，实事它实干。这种表里一致的秉性，在当今人类现实生活中已属凤毛麟角了，照此发展未来还有可能绝迹。

以咬人为例，贝贝的行为逻辑十分简单：首先，它是个坚持原则的孩子。这个原则就是谁不顾它的意愿欲施于它，它必将坚决抵制、抗拒；然后，它是“内事不避亲，外事不避仇”的孩子。原则问题上，它一视同仁，大义灭亲；最后，它是“先小人后君子”的孩子。遇事充分尊重对方有思考和选择的权利，从不攻击毫无准备之人。因而它往往警告（训斥）在先，下手（咬人）在后。此乃君子之风也！我以为，天下狗狗均有此风，只是行为程度和表现形式有异而已。因此，爱狗狗要爱到点子上。

对狗狗的误解往往基于主人对它秉性的曲解及其行为的冲动。700 年前，北威尔士王子外出狩猎，留狗狗在家看护自己的婴儿。王子归来时，看见血染被毯，却不见了婴儿。狗狗在一旁舔着嘴边的鲜血，并高兴地迎王子归来。王子见状勃然大怒，抽刀刺杀狗狗。不料，狗狗的惨叫惊醒了熟睡在血迹斑斑的毯子下面的婴儿。此时，王子痛苦地发现，屋子角落躺着的是一头死去的恶狼。王子追悔莫及，但恩将仇报已生恶果。

贝贝的叫声，中断了我的思绪。原本计划上午 10 时陪贝贝外出方便去，但只到9点它就想出去，我与艺峰便随其所愿。到了树阴下的草地不久，贝贝便有了一场持久的小便，尿液渗透草丛留下一大滩印记。贝贝小便从多场次小剂量的方式，转向单场次大剂量的方式，其原因我估计是小便的功能发生了改变。通常说来，狗狗小便的功能是复合的，第一是排泄的功能，第二是识别记忆的功能，即在地标上留味道，以便宣示自己的"主权"。当贝贝的行走能力逐步丧失之后，无法远程行走去留下识别印记，故只得放弃第二功能，转向以第一功能为主。

贝贝今天的外出有以下难得的行为：其一，在排泄功能恢复以来首次在野外，而非在室内地板上小便。这不仅是贝贝排泄功能的恢复，而且又是排泄地选择上的恢复；其二，近半个月以来首次"陶然开颜"。整个上午贝贝几乎是笑口常开，情绪颇佳；其三，当艺峰在草地上为贝贝做推拿时，小家伙不断地投向艺峰的怀抱，最后干脆将头枕在艺峰大腿上打盹，撒起娇来；其四，贝贝的体重在下降。小家伙肚子皮肤的坚挺程度有所趋软，看来腹水似乎出现收缩之势，至少半个月来腹水没有扩张。对此，我与艺峰乐不可支，连声道谢上苍佛祖。

贝贝出现了生命体征反弹迹象的原因，我估摸有三个方面的因素，即佛祖庇护、亲情抚慰和推拿刺激。对于佛祖作用的认知，仁者见仁，智者见智。正如经济学将综合生产率喻之为在生产率总增量中，扣除劳动投入和资本投放份额之外，剩余的未能明确解释的部分。其中包括技术进步、管理水平、物价政策、资源配置效率及制度安排等因素。这是一部分难以定量描述的"虚功"部分，常为国人所忽视。佛祖的作用，也与此类作用有相似之处。当人们行为过程中阴差阳错地走向(或偏离)既定目标时，常被解读为"偶然"事件。当我们在6月4日下午将"安乐死"的决定通知"叮当宠物店"时，"巧事"出现了。操刀"安乐死"的高老板，在我数十次电话约请的记忆中，他从未离开过店堂，不是在闲聊，就是为宠物洗剪。唯独这一次，他竟然远离店堂，去从事一项我闻所未闻的业务——为宠物主刀，做手术治疗。为此而耽误贝贝注射"安乐死"约1个多小时，其间为我们反悔贝贝"安乐死"提供了充分的时间条件。否则，电话约请之后15分钟之内高老板必定飞车前来，贝贝生命的结束只在弹指一挥间。这种令人费解的"巧合"，实在难以服人。可能谁也不会相信，正是一种神奇的力量在调节彼此孤立事件之间的因果关系。那么，可能有人要问，这种神奇的力量为何会降临于贝贝这只普通宠物的身上？我以为，这很可能与我们对贝贝真诚的、冲破生物种群歧视的大爱不无关系。

下午 4 时以后，多云的天气已不复存在，能见度最大值不会超过 2 公里，云底高不足 200 米，已完全符合飞行员高度复杂气象的飞行条件。贝贝的呼吸频率随之提高，小家伙为避高温，不停地变换位置，并试图往水泥地砖挪动。我的下身如添重负，整个身子开始下沉。飞行员的这种严格训练意义上的飞行条件，在我国广袤的大地上是极其难以捕捉到的，唯有珠江三角洲的广州地区空域才会机会频仍。如今，长三角地区城市一反历史常态，成为高度复杂气象理想的训练之地，倒是没有想到的。这种气象云图分布格局的变迁，既是人类干预主义的结果，又是大自然报复人类的信号。尽管设定了 PM 2.5 的国标，但仍然无法改变加工工业密布的东南沿海地区正在日益沦为全球发达国家海外工业集中排污的廉价“飞地”之趋势。这种歧视性的国际产业分工，正在被国内某些学者解读为“按比较优势配置资源”，而全然不顾生活在这些地区的一切生物种群，正面临环境激素作用下的一系列变异。其后果正如我国卫生部 2006 年 5 月 8 日公布的城乡居民主要死亡原因的信息证实，恶性肿瘤已超过脑血管疾病，成为首要死因。且其特点是：其一，发病低龄化趋势。据北京肿瘤医院透露，2005 年几个月份间收治的病人，平均年龄不足 40 岁，最小的才 12 岁；其二，死亡高率化趋势。据对全国 30 个城市和 78 个农村的采样，2005 年我国城市居民死于肿瘤的比率同比上升 18.6%，农村上升 23.1%；其三，分布区位化趋势。自然环境的演化与恶性肿瘤之间的关系曲线，印证了污染企业的空间布局与恶性肿瘤死亡率的区位分布的相关性。

宠物与人同处一屋檐，共饮一泓水，其健康状况不可能不受人类生活质量的影响，尽管它们对病菌的抵抗力比人强。据晨练的一位友人告知，当地狗狗患不治之症的日益增多，今年更是巅峰年。因此，贝贝的大限被判定为今年，绝非偶然。小动物的呼吸区正值汽车尾气排放区，也是工业废物飞扬上空后的沉淀区，更是污水径流的地表区。它们长期吸毒气、舔废物、喝污水，其结果必然是毒素累积、脏器受损。肝脏是分解体内毒素的“化工厂”，其超负荷运作的结果，必然是肝硬化，直到肝腹水。贝贝，就是我国沿海城市 GDP 疯狂增长的殉葬品之一。与工业城市铺天盖地全方位立体式的生产性排污相比，狗狗们随地大小便产生的所谓“污染”简直是“污染王国”的冰山一角，且其成份对于经济作物的成长和园林花卉的栽培，是个宝，而非毒。

贝贝处在沉闷的超低气压与超高 PM 值的污染指数夹击之下，状态不如上午。除喘气幅度提高之外，眼神也变迟钝，只顾睡觉，不管闲事。更重要的是，直至晚上 9 点贝贝尚无大便。天气预报中的大雨，千呼万唤也没出来，几乎令整个长三角地区黎民为之失望。因为，按一般的认知规律，大雨将消解闷热的天气，唯此方能使天下苍生摆脱低云垂雨的高温低压之苦。

6 月 11 日　阴沉　28℃

又是一个阴沉闷热的天气，禾城宛如被一个黑色大蒸笼罩住，严丝合缝，光线惨淡，不透半点儿气息，连昔日欢快的晨鸟也消失得无影无踪，小区内只有几头狗狗在发出哀鸣般的叫唤。

为贝贝祈祷，我打开了诵经录音机。贝贝闷得难受，在“阿弥陀佛”的经声中，静卧浴室地砖上歇息。按理说，长时间身伏地砖对贝贝消化道有害无益，但考虑到它养精蓄锐的需要，我们没有惊动它。目标是期望它今天有力气大便，因为昨日全天贝贝没有大便，只有进没有出，大忌也！这种期待刚形成，便听到艺峰高兴地叫了声“贝贝大便了”。此时为早上 7 点 30 分，我进浴室定睛一看，贝贝的屎量几乎是一个大小孩的“规模”，且“质量”也好于它恢复大便后的前两次，质地从不成型转变为半成型。对此，我欣慰之至，并由衷感谢佛祖！

艺峰经过细心观察后发现，今早贝贝的胃口却不如昨日，估计是腹部受凉所致。因此，今天我们特别注意这点，尽量减少它去地砖休息的机会，饮食选择上要以暖胃为上。不到半个时辰，贝贝又是一场大剂量的小便，从卫生间门口直流地漏口。早有评价说，京巴爱干净。我经历的实践证明，此话不假。你看，贝贝早已四肢无力支撑腹水如鼓的身躯,但它的大小便却能坚持两条原则:一条原则是尽量跋涉到卫生间或是紧靠卫生间的地方去方便,而不想方便在木质地板上;另一条原则是,哪怕再无力支撑,贝贝也竭尽全力站立起来方便,不想沾污自身的毛发。

我想,待贝贝排泄功能渐趋正常之后,试做两件事:一件是按每日早晚两次坚持带贝贝去室外溜达;另一件是设法改善贝贝的饮食结构,逐步增加粗粮和狗粮的摄入比例。这样做,目的是优化贝贝的"进口"结构和"出口"方式,达到机体能量交换的动态平衡。

贝贝今天与昨日相比,也有了退步之处:一是四肢支撑力不如昨日,步履显得踉跄无力;二是眼神神色不佳,眼屎明显增加,说明肝功能已走下坡。晚上7点贝贝用餐之后,便开始入睡,疲乏之态令我不安。病情的反复,犹如潮起潮落寻常事,但贝贝处于病危阶段,任何一丁点的起伏都是一种信号,我不得不高度警觉。

我领贝贝回家后,在电视节目中看到了法国议会选举结果的消息,感觉到西方民主体制的权力平衡机制,也只是挂羊头卖狗肉而已。因为,6月10日第一轮选举中规定,只要能拿到50%以上选票者可直接当选。而在这次直接当选中居然还包括了刚被任命为法国总理的杜马克·埃罗。据悉在法国5月16日成立的社会党新政府中,35名内阁成员中有26名参加了立法选举。换言之,这26名内阁成员要是能当选的话,其双重身份,必将使法国"议会监督政府"的权力均衡理论,陷入"左手监督右手"之泥潭。这一有限的民主形式如同在我的著述《发展纵横谈》(2011年1月,上海文汇出版社出版)一书中说过的那样:"由于法国总统地位凌驾于三权之上,故其三权分立,只是一种鸟笼式的有限分立和制衡,旨在应对多党制导致缺失有效多数的政治棋局。"由此可以断言,这个世界上还没有产生过真正完美的政治体制。在政治体制改革的进程中,国人千万不要有"西方月亮比中国圆"的幻觉。

6月12日　阴转多云　30℃

又是一个阴霾雾沉的早晨,我改在室内晨练。窗外不时传来秀州路桥上蔬菜、水果的叫卖声,这里的农民和小贩起早贪黑已成习惯。现在是贝贝睡得最香的时候,原因是早上气温适宜,且是贝贝一天之中呼吸起伏相对平稳的时候，也是小家伙养蓄精力的最好机会。因此，艺峰叫我小心脚步，尽量不要惊醒它。正说着话，贝贝两只大眼睛扑闪扑闪地注视着我们，我刚想叫唤，小家伙忽然又闭上了双眼。看来，它似睡非睡，欲醒不醒，周边声响都能听到，只不过懒得睁眼就是了。

贝贝早餐胃口差于昨日，且呼吸又呈急促趋势。上午8点过后，我与艺峰陪其去沿河绿地，但无大小便，神气也渐衰。我与艺峰猛然感到贝贝的情况可能有变，一种不祥的预兆已经显现，即腹水再度紧逼贝贝肺部。一阵凄楚，重乱我的方寸。

回家以后，贝贝一头钻进卫生间，在地砖上入睡。我细看，贝贝的呼吸似乎趋于平稳。艺峰判断，刚才呼吸急促与早餐后血液集中回流胃部也许有关。现在，我最期盼的是贝贝今天的大小便，这是至关重要的迹象。当然，我不是理想主义者，贝贝总的趋势是难以逆转的，犹如辞岁不重来，落花难上枝一般。

午后1时左右，贝贝在卫生间发出尖声呼叫，我们应声前往。只见小家伙张口喘着大气，神色呆滞，我迅即口念“南无阿弥陀佛”，为其祈祷。一刻钟左右，贝贝虽恢复了常态，但神气渐散，喘急不减。突然，艺峰唤我道，贝贝快喘不过气来了。闻声我立即前往，只见贝贝气急，已无力换气，大有霎时断气的苗头。一会儿功夫，贝贝便有了大便，但其量极小，不能与昨日相比。

下午1:30，贝贝一反常态，只要我与艺峰一旦离开了它的视线，便发出呼叫声，直到见到我们为止。这一举动的背后，是贝贝已自感生命即将走向尽头，而又不愿意在我们视线之外孤单地离去。因此，当艺峰在客厅沙发上躺下休息时，贝贝便艰难地绕过沙发前的玻璃长茶几，走到艺峰身边的地板上卧伏休息。不一会，内急的艺峰赶忙起身去卫生间，贝贝立即边叫唤边艰难地连爬带走地来到艺峰身边，并试图在浴缸壁前调过头来，靠向艺峰。就在调头的一刹那，贝贝发出一声短促的尖叫后便倒地离世。艺峰见状大呼“贝贝、贝贝”，随之失声痛哭起来，我闻声迅即从书房赶向卫生间。只见艺峰泪如潮涌，连连自责道：“是我不好，不应该这个时候如厕呀！是我累倒了贝贝。”艺峰认为，是心肌缺血带走了贝贝，原因是贝贝舌苔铁灰并外伸，双眼外突倒地，呈现的是心肌梗塞的症状。贝贝在“南无阿弥陀佛”的诵经声中毫无痛苦地瞬间离世，也算是一种福份。此时挂钟指向 1:45。我看到，贝贝依然双目远视，眷恋亲人之情宛若往昔。艺峰含泪帮贝贝闭目，送其上路。我顿觉人去楼空，神情恍惚。真可谓十三年来成一梦，客路萧萧两鬓秋。

下午 4:30 我与艺峰怀着极其悲痛的心情，陪同贝贝去故里，在小园子西墙为贝贝挖地埋香。这里将来要建葡萄架，当我们休闲时，可以采葡萄西篱下，思贝贝南窗前。贝贝安详地躺在生前洗澡用的红绿两条全棉毛巾被中，宛若熟睡的孩子。端详其离世后的容貌，我眼前再度浮现出贝贝去世前的点点滴滴。贝贝能设身处地为他人着想，考虑到我和艺峰年事已高，且体衰多病，因此，在其离别时机和方式的选择上，别有一番苦心。它既不在高温酷暑的日子，也不在午夜破晓的时辰离别，而是在乌云遮日的正午合眼；它没有在漫长的折腾之后离别，而是在顷刻的瞬间永诀；它没有借寓所主区间（如卧室、客厅、餐厅或书房）离别，而是走到卫生间去长眠。想到这里，艺峰已数度泣不成声，我已欲哭无泪。贝贝的率直、善良、厚道，在我和艺峰的亲友圈子里早有口碑，这种品格竟会保留至生命走向历史尽头的最后一刻，足见其秉性永不泯。其时其景留给我们的是一份珍贵无比的记忆，也是一份无可原谅的愧疚，更是一份难以抚平的痛苦！

我们深爱的贝贝真的走了，它永远不回头地走了。贝贝离开了亲人，离开了同伴，离开了朝夕相处的绿地，但也脱离了苦海，去了它未来生命征程的驿站。那里，没有烦恼，没有争斗，没有欺诈，没有杀戮，虽然也没有了亲人的关爱，但有了佛祖的庇佑。

我为贝贝祈祷，为其诵念《回向偈》：“原以此功德，庄严佛净土；上报四重恩，下济三途苦；若有见闻者，悉发菩提心；尽此一报身，同生极乐国。”

贝贝有颗善良仁厚之心，离开驿站之后，将艰辛地走上重生之路。但愿它归于佛不入地狱，归于法不做饿鬼，归于僧不为畜生。

南无阿弥陀佛！我们的孩子——贝贝。

《贝贝日记》结束了。但我们的思念并没有随之结束，痛惜更没有结束，疼爱永远不会结束。此时此刻的我不再怀疑，人与动物之间其实并无本质区别，都可以归结为大地的孩子。

参考文献

（1）柏杨：《中国人史纲》，山西人民出版社，2008 年 10 月第 1 版；

（2）梁海明译注：《老子》，山西太原出版社，2001 年 6 月第 2 次印刷；

（3）李延国：《人生成本论》，上海三联书店，1999 年 1 月版；

（4）甘峰：《新理性时代》，学林出版社，2005 年 7 月版；

（5）[苏]N·T·弗罗洛夫：《人的前景》，中国社会科学院出版社，1989 年 7 月版；

（6）陈敏豪：《生态文化与文明前景》，武汉出版社出版，1995 年 7 月版；

（7）肖唐镖等：《中国乡村报告》，学林出版社，2005 年 12 月第 1 版；

（8）朱荣林：《发展求索》，上海百家出版社，2003 年 1 月版。

跋

原本想以个人回忆记事的形式来诠释人生，但个人活动天地的局限性及其个案的特殊性，决定了个人经历缺乏人生一般规律的基本特征。因此，我决计改从一般规律的多彩人生写起，跳出自我，跳出个性，跳出偏好，以求客观、历史和独立地去解读人生并还原人生。酝酿好书稿框架，开始执笔第一章之际，因一桩始料不及的事件迫使我停下笔来。那是一次偶然的机会，陪伴我13年之久的爱犬贝贝被确诊为肝腹水，令我心绪骤乱。痛楚的心态，将我对人生的感悟顿时引入一个新的领地，即人与其他生物种群的关系，并在贝贝生命周期倒计时的35天之内，写下了记录我陪同贝贝与死神搏击的日日夜夜。贝贝日记使我重新评估了宠物与家人情感关系的基础，极大地加深了我对动物世界反思性的认识。令人震撼的反思，促使我将贝贝日记整理成“从伴侣身上发现社会责任”，作为本书独立一章。

人生题目可谓浩瀚无垠，本人限于专业局限，只能从一般认知规律有限度地加以归纳，所作的概念性论述及其对社会实例的剖析，也难免失之偏颇。本书的撰写是试图从人类的社会属性和资源效率的视角，去思考我国经济发展战略的转型。中央政府决定将经济转型作为未来发展战略的指导思想，这在我国经济发展史上是具有划时代意义的决策思维。经济转型的基本内涵是资源配置方式的转型和经济增长方式的转型，两大转型互为关联，但资源配置方式转型具有先导性，因为增长效率受制于资源效率。资源配置方式转变的目标管理是提高资源配置效率，资源配置效率又受制于资源利用方式，而资源利用方式转变的价值指向是资源的节约、集约利用和资源的可持续利用。这两大利用的本质，又可归之于本书提出的“人与自然”关系的协调和“人与未来”关系的持续。

朱荣林

二〇一二年九月一日写于荣竹斋